谁主东洋

谁主东洋

程万军◎著

广西师范大学出版社
GUANGXI NORMAL UNIVERSITY PRESS
·桂林·

图书在版编目（CIP）数据

谁主东洋／程万军著．—桂林：广西师范大学出版社，2014.9

ISBN 978-7-5495-5824-7

Ⅰ．①谁…　Ⅱ．①程…　Ⅲ．①东亚—历史—通俗读物　Ⅳ．①K310.9

中国版本图书馆 CIP 数据核字（2014）第 184128 号

广西师范大学出版社出版发行

（广西桂林市中华路 22 号　邮政编码：541001
网址：http://www.bbtpress.com）

出版人：何林夏

全国新华书店经销

广西民族语文印刷厂印刷

（广西南宁市望州路 251 号　邮政编码：530001）

开本：720 mm × 970 mm　1/16

印张：18.75　　　字数：270 千字

2014 年 9 月第 1 版　　2014 年 9 月第 1 次印刷

印数：0 001~5 000 册　　定价：36.00 元

目　录

引言

谁是“东洋”？

中国在表面强大的背后是泥足巨人，很软弱。

——阿美士德

狮子睡着了，苍蝇都敢落到它的脸上叫几声；中国一旦被惊醒，世界会为之震动。

——拿破仑

东方睡狮是日本，而非中国。

——石原慎太郎

说第一句话的是19世纪英国人，“接龙”第二句话的是同时代法国人，最后那段“翻案”语录，言者系21世纪日本人。

最具争议的，当然是最后那段话。这是日本政坛“常青树”、右翼精神领袖石原慎太郎2005年接受美国《外交政策》采访时，发出的惊世之语。

“东方睡狮论”在中国几乎家喻户晓。拿破仑讲这句话时，时值近代中国积弱期，此言传来无异于给悲观的中国人打了一针强心剂，坚信只要国人奋发图强，业已衰落的华夏文明就有可能重获新生、再度问强。

那么，已经注明中国标签的"东狮"，为什么一百年后日本要争抢？

石原给出的理由是：亚太地区出现的新局势，迫使日本"重新获得它的军事实力"，从"被动中崛起"，当日本再次成为一个"强大国家"，这个地区的"力量平衡将被彻底改变"。

显然，日本争的不是"狮子"，而是"东方世界"的主导权。

而且，他们不是说说而已。

2012 年，美国重返亚太，变局一触即发。日本东海发力，"钓鱼岛事件"爆发。随后，日本提前大选，石原慎太郎"原战友"安倍晋三当选日本首相，石原本人也荣任日本第三大党——维新会党首。

2013 年，日本更是大动作频频。安倍内阁一边宣讲"一个强大的日本回来了"，一边践行岛链战略、围绕中国形成"自由繁荣之弧"。

树欲静而风不止，东方之洲，真的已到了"一洲难容二狮"的境地。

东方世界，到底谁是西方人传说中的那匹"睡狮"？至今中日各执一词。其实，比较"东方睡狮"之争，还有一个称谓却没有引起争议，而这个称谓，对于两国而言，更具"主导东方"多重标志意义。

它就是"东洋"。

不少中国人以为，"东洋"即"日本"别称，"东洋史"即"日本史"，其实，那是阴错阳差、送人之美了。

查阅史料可知，"东洋"版权不折不扣属于中国。此称来源于宋代，确立于元代《大德南海志》，是古代中国人原创的地理名词。"东洋"原指中国沿海，外延是东海以远、朝鲜半岛和日本乃至太平洋岛国，是以中国为中心的地理概念。日本人谈论 20 世纪之前的"东洋史"，就是以中国为中心的东北亚历史。譬如日本著名学者桑原骘藏的《东洋人的发明》中所言："我在此说的东洋，是极其狭义的意思，与东亚意思相同，且主要是指中国人。""我国现行的东洋史，以中国为中心，在多数情况下，倾向于排除西域的史实。"

此话表明了一个基本的历史状况，即"东洋"以中国为"中心"，谈"东洋"主要是谈"中国"。而近代以后，"东洋"词义却发生了急剧变化。日本历史学家重新诠释了“东洋史”，虽然他们没有否认“古代东洋史主体是中国史”这一基本事实，但是，在日版“近代东洋史”中，其“中心”已由中国向日本转移。

可见，地理名词一旦被赋予了“中心”含义，也会出现重大变换。在世界史中，与东洋对称的另一地理名词是西洋。19 世纪之前，“东洋”及“西洋”这两个地理名词是普遍意义上的通解——狭义的西洋指西欧国家，广义的西洋乃整个西方世界；狭义的东洋是东亚（主要指中国、朝鲜半岛、日本这片地带），广义的东洋泛指东方世界。但近代两场战争（鸦片战争、甲午海战）过后，“东洋史”中的主角不仅由中国变成日本，甚至就连“东洋”之名，亦被日本独享。

东洋易主成为近代东方历史分水岭。此前，东洋是个地理概念，此后，地理意义削弱，人文即“文明取向”意义增强。

东洋落入日本之手，从文明上讲主要由三个因素造成：

1. 华夏文明衰落，不能代表东方主体文明；

2. 日本称霸东方、显露一统亚太之志；

3. 海权成为世界霸权的天王山，“洋”国占据世界主体文明，“西洋”专指西方国家，“东洋”专指“东方西人”——日本。

异变的“东洋史”，确是日本史学家的“杰作”。日本于甲午战争同年（1894）提出“东洋史”新概念，曾经认为“所谓东洋史就是中国文化发展历史”的日本著名学者内藤湖南，此时也成为“新东洋史”的拥趸。而日本“国家大校长”福泽谕吉的“改辕易辙”更直截了当地写在他所创建的庆应大学的讲义中，他得出的结论是“中国文明停滞”。与福泽齐名的史学家白鸟库吉，有一个高徒叫津田左右吉，他的结论是“东洋文化抹杀论”。其中心思想是东方的文化中心已不在沦为殖民地和半殖民地的“印度和中国”，而在“旭日东升阳光普照”的“大日本帝国”，日本俨然成了亚洲文明的“新中原”。

内藤湖南进而一语道破：日本，今天将成为东洋文化的中心……日本与中国在政治上成了一个统一国家的话，文化中心移至日本，那么，日本人在中国的政治、社会上再活跃，中国人也不会觉得特别不可思议。

随着“新东洋”被重新推出场的，是“原东洋”的中心中国沦为蔑称“支那”。1910年，东京帝国大学把“支那史学科”正式改名为“东洋史学科”。新史主旨以所谓“文明中心移动论”，来证明“东洋文明的中心”是怎样一步步地移向日本的，表明日本“已经成为东洋文化的中心”。

耐人寻味的是，对于日本的“新东洋”论，当时的中国并不持异议。抗拒西化的清政府鉴于日本一天天强大如“西人”，又因日本地理位置在中国之东，遂接受此论，公称日本为“东洋”。

对中国而言，这不仅仅意味着中国海权的丧失，更深远的意义，是东方文明中心地位一去难返。

时光转至2013年，21世纪的东洋，中国和平崛起，日本宣称要成为所谓“强大国家”。在今日中国人眼里，大都以为“东洋史”与中国无关，或者认为“日版东洋史”是其用来征服东方的理论工具，而其中的历史真相和文明转向价值却被忽略。既然自甲午战争后，日本历史学者创造了以日本为中心的“东洋史”，那么，还原以中国为中心的“大东洋史”，是否更具历史和现实双重意义？

目前，围绕着许多历史遗留问题，中日有争。而我以为，议过去不如争未来、竞文明。迄今为止，“东方睡狮”也好，“东洋”也罢，并没有注册版权。但就文明的发展与价值取向而言，显然，中国与其同日本争“睡狮”，不如争“东洋”——更具“东方文明中心”标志意义。

纵观世界史，文明的比拼是个永恒的话题。借鉴日本这块“他山之石”，用通俗的语言表达“一个文明的主体”，我认为无外乎“魂”“才”“道”三大主干。华夏文明的主体，是“汉魂”与“汉才”；两千年核心之道，是“仁道”。隔海相望的日本，以“和魂”立世，以“洋才”崛起，以“武士道”争雄。中日之间的“东方文明中心”归属，无非是“汉魂”与“和魂”之争，“汉才”与“洋才”之争，“仁道”与“武士道”之争。故此，在“西方不亮东方亮”以及“西风东渐”的历史转向风暴中，较以两国“魂”“才”“道”三方质地，则孰强孰弱、孰起孰落，昭然若揭。

术业所限，本人无意面面俱到重述整部东洋史，只想史海淘金，打捞一段跌宕起伏的东洋变迁史。抚今追昔，不为咬文嚼字、探讨“东洋”地理概念，而是在世界文明演进大势及东洋古之未有大变局中，探寻东方文明中心的移动轨迹。

如是按图索骥，或许最接近找到东方文明的生死密码，预见21世纪“谁主东洋”的最终结局……

第一章
西方不亮东方亮——华夏文明，点亮东洋

从世界地理角度出发，现在人们大多习惯了“文明三分法”——大陆文明、草原文明、海洋文明，实际上这种分法强调了地理忽视了人文，过于简单。世所共知，汉唐中国，既是大陆国，也是当之无愧的海洋国。秦人徐福远航日本，唐朝战船与日船在白江海战，都记载了中国作为海洋国家的辉煌。

回顾那段历史，这不仅仅是一个国家属于大陆文明还是海洋文明的问题，也不止于有无海权观念，更重要的，是这个国家的世界人文认知度，其文明能否“出口”，漂洋过海，成为区域、洲际乃至世界中心。

1. 合战白江口——大唐战船，虎踞东洋

中国史书中，对这场发生于7 世纪的海战记载不多，但这场海战对东洋格局及日本国家战略的影响，不亚于20 世纪的太平洋战争。

古代东洋跟现代东亚的格局差不多，拥有“大三国”——中、朝、日。而大三国中，又有“小三国”。中日两国第一次战争，就缘起朝鲜的“三国演义”。

7 世纪，朝鲜半岛形成高句丽、百济、新罗三足鼎立的政治格局。虽然这

三国都与大唐建立了册封关系，但是远近亲疏不同。百济因受到高句丽和新罗的威胁，想借日本之力进行对抗。而新罗则向中国示好，意在投靠大唐一统朝鲜半岛。

东洋“大三国”的座次怎么排？7世纪中叶的这场较量给出了明确答案。

7世纪中叶，朝鲜半岛纷争升级。655年，高句丽与百济联合进攻新罗，新罗向唐朝求援。660年，唐高宗授大将苏定方为“熊津道大总管”，率水陆联军10万前往救援，联军大败百济，俘获国王义慈。百济遗臣拥戴王子扶余丰为王，两次遣使日本朝廷，请求援助。

此时日本，已拉开大化改新帷幕，羽翼稍丰，自我感觉不错，欲一现锋芒，于是应邀参战。663年8月17日，唐将刘仁轨、杜爽带领战船170艘列阵白江口。白江口，又称白村江，就是现在韩国锦江入海口，地处中国和日本中间地段，既是东洋战略要地，又颇具“执东洋牛耳”的象征意义。

直面白江口，“初生牛犊”般的日本势在必得。8月27日，日本援军万余人，分乘战船千艘，在这里与“虎师”唐朝水军不期而遇。

当时双方的实力对比，大唐水军7000余人，战船170艘；日军水兵万余，战船1000多艘。日军在人、船数量上多于唐军，但大唐水军船坚器利，武器装备优于日军。如此各具优势的两支水军交战，会出现怎样的结果呢？

对于这次战斗，中日朝的史书都有记录。朝鲜史书《三国史记》对这场关键战役进行了细致描述：“此时倭国船兵，来助百济。倭船千艘，停在白沙。百济精骑，岸上守船。新罗骁骑，为汉前锋，先破岸阵。”

这场战役的唐军主将刘仁轨是高宗时期的一位老臣，年届60。虽然是文官出身，但这位临危受命、初披海军统帅战袍的老臣，对日作战仍底气十足。

战役一共分两个回合。第一回合中，刘仁轨采用以逸待劳的战略战术，以旺盛的士气，率战船阵列于白江，不怒自威，轻而易举地使日军“不利而退”。

第二回合是决战。战前日军诸将与百济后主扶余丰商讨对策，意图依仗兵力优势，冲杀速胜。不料，战斗打响后，唐军不仅没有被日军“人海战术”和“船海战术”冲垮，反而采取迂回包抄战术将其瓦解。刘仁轨指挥唐军，利用战船高大坚固的优势，将日军的船只左右夹住，使其不得回旋，再施以火攻，焚日军之战船400多艘，一战取得了决定性胜利。

在整个战役中，无论战略还是战术，日军全处下风。他们先是盲目冒进，8月27日刚至白江，就与严阵以待的唐军交战，被迫“不利而退”。次日仅凭一股蛮勇，毫无秩序地向早已列成“坚阵”的唐军冲击，结果在“须臾之际”惨遭失败。最后决战中，日军大将朴市田来津战死，百济后主扶余丰逃亡高句丽。残军皆投降，百济复国化为泡影。

中国史书《旧唐书·刘仁轨传》记载了这场战役最后战况：“仁轨遇倭兵于白江之口，四战捷，焚其舟四百艘。烟焰涨天，海水皆赤。”

日本史书也对这场战役结果进行了细述，《日本书记》（卷二十七《天命开别天皇》）在记述这场战役的最后战况时写道：“州柔降矣，事无奈何。百济之名绝于今日，丘墓之所，岂可复往?”

白江战败后，日本天皇深恐唐朝与新罗军队一鼓作气趁势进攻日本本土，于是花费巨资，先后构建了四道“卫国”防线。然而，唐朝军队见好就收，止步朝鲜，并没有得陇望蜀，日本本土幸免被染。

这场战役主要是决定了朝鲜政治走势和东亚地区的政治格局。百济灭亡后，唐朝又助新罗联军攻高句丽，705年，朝鲜半岛终于按照唐朝意愿统于“亲唐”的新罗政权之手。

白江口战役虽然未对日本本土产生威胁，但在国家战略上，对日本的影响却不比朝鲜小。这是日本与中国的第一次直接较量，面对强盛的大唐帝国，战争的惨痛教训，促使日本当政者清醒，有了自知之明，国家战略也发生了重大转折——由对外进攻转向内敛发展。日本现代学者森公章曾就此发表《“白村江”之后》一文，评价道：“白江战败以后产生的这种冲击余波，如同明治维新和二次大战以后一样，可以说是一个举国奔走引进‘敌国’国家体制和文化的时期。”

白江口战役前，日本已经派遣过4次遣唐使。战后，日本不仅没有中断与中国的外交交流，反而加强了关系，派出遣唐使的频率、使团规模和影响

日本遣唐使船

力都远远超过战争之前,人数船只往往是战前的两三倍。这一时期中日间的文化和经济交流最为兴盛,彪炳史册。如果说战前日本遣唐使到中国还有几分自大傲慢情绪,战后再来中国却是毕恭毕敬、倾力学习唐朝文化,甘心做“准藩属国”。

小结这场规模不大的海战,战况一般,战果却是划时代的。“大化改新”刚刚完成初级阶段的日本,踌躇满志地要征服朝鲜,结果发现自己过不了中国这道关,与中国军队交手,方知“大化”只是化了点盛唐的皮毛而已,日本“汉化”得还不够。从这个角度解读,白江口之战也可谓强劲“大化”的历史战役,自此日本潜心汉化,千年不再造次。

白江口“合战”后,朝鲜纳入中国势力范围。665 年,日本遣使参加大唐泰山封禅;669 年,日本派河内鲸为“平高丽庆贺使”前往唐都长安,祝贺唐军在朝鲜半岛的彻底胜利。战败国向战胜国发贺电,主要内容就是祝贺对方战胜自己,也堪称千古奇事。这一方面说明中国盛唐在东方拥有无可撼动的强大实力,另一方面说明在比自己先进、强大的文明面前,日本采取现实主义，一边奉中国为东洋之主，一边潜心取唐之长、补己之短。

当然，其时中日两国古人无法料到，一千余年后这“白江口”战役一幕，会在东洋历史中两次上演（甲午海战和太平洋战争），中国和日本先后失去了东洋主导权。人言“三十年河东三十年河西”，而古代东洋变迁实可谓“千年等一回”。

2. 东洋无疆界——日本名流，中国“渡来”

战争可以征服土地，而文明却可征服人心。

白江口战后，日本臣服“中主东洋”近千年，这里除了军事原因，华夏文明的全面强盛更是令其心悦诚服的主要原因。

世所共知，日本是东方世界浸染华夏文明最深的国家，可以不加“之一”。早在中日第一次对垒的800年前，日本人的构成里，就有一部分“华夏因子”。

日本是个单一民族的国家，但这并不表明大和民族全是土生土长的四岛人。日本史公认，本民族一部分来自中国大陆和朝鲜，他们称这部分移民为“渡来人”，也叫“归化人”。现在中国百度百科中，把“归化”一词产权划给日本，显然缺乏对历史的了解。此词源头，系中国《汉书》，乃“归服而受教化”之意，后日本将此词引为“当用汉字”，意在突出日本“文明中心”地位，全世界各族“心向往之”。

话说回来，由古至今，许多“渡来人”成了日本显赫家族。如岛津氏、服部氏、长宗我部氏。他们大多宣称是古代中国名人的直系后代，长宗我部氏更是指名道姓为秦始皇后代。日本史传，长宗我部氏系秦始皇后代“弓月君”来到日本后的改姓。作为“秦始皇十五世孙”，“弓月君”为逃避战乱与迫害，应日本应神天皇邀请，东渡日本，引导日本人养蚕和织布，教习财务，被日本奉为“融通王”。

可见，“渡来人”在古代日本发挥的是“文明使者”的作用，他们为日本带来了纺织、制陶、铁器、土建及财务技术，同时也带来了中国的汉字，据说还有大名鼎鼎的“忍术”，其“原教旨”也系中国“渡来人”真传。

这就是中国“渡来人”为什么大多成为日本上流社会一员的原因。“文明使者”受到日本贵族的青睐而融入一体，这些人集中在日本文化发祥地奈良一带定居，他们的一些后代精英甚至成为创造日本历史的大人物。如日本战国名将岛津义弘、岛津齐彬、长宗我部元亲，都是“渡来人”后裔，在创造日本战国史中发挥了举足轻重的作用。现代一些日本名流，诸如在 20 世纪 80 代的中国创造过“幸子潮”的著名影星山口百惠、出任过日本第 80 届首相的羽田孜，亦念念不忘自己中国“渡来人”的身份。羽田孜两次到访中国，拜谒徐福故里（江苏省赣榆县），多次向中日媒体声称“祖上姓秦”、“身上有徐福的遗传因子”。

羽田孜的中国情结反映相当一部分“归化人”的心声。迄今依然有人认为，“万世一系”的日本首任天皇“神武天皇”就是秦人徐福。

神武天皇的原型到底是不是徐福？这个论证未果的千年课题，几乎成为中日血缘关系上的“哥德巴赫猜想”。以日本现存的遗迹看来，两千多年前，确有载有徐福和童男童女数千人的那个庞大的东渡船队到了日本，但没有撑得住的文字考据能证明徐福就是日本第一任天皇——“神武天皇”。

据《日本书纪》记载：“公元 540 年，召集秦人、汉人等诸番投化者，安置国郡，编贯户籍。秦户人数，总七千五十三户。”由此可知，秦汉时期中国内地移民定居日本的人数相当可观。所以，考证徐福是否“日本首任天皇”无可定论，而说徐福团队是大和国移民的一部分却比较靠谱。

实际上，在历史中，中国大陆移民日本情形多次发生，大规模的“移日潮”一共有四次，分别是在秦汉、魏晋、隋唐、宋明。古代中国人移民日本，战乱是一个原因，但最主要的，还是文明远播。就地理位置而言，中国北接朝鲜，南连越南，他们都与中国大陆直接接壤。日本与中国隔海相望，不是离中国最近的东方国家。但是，华夏文明对日本的影响，在东方诸国中却位列第一。众所周知，越南的前身南越国系中国秦朝县令赵佗开创，始建于公元前 203 年，赵佗被称为“中国历史上的第一个南下干部”。赵佗给南越带去了琴棋书画和华夏文字，对越人而言，既是“天子下凡”，又是“华夏文明的第一使者”。但即便这样，如果论及传播文明起始时间，羽田孜的先祖徐福还是比赵佗稍早些,《史记》记载,公元前219年、210年,作为中国第一个皇帝秦始皇信赖的“齐人”徐福,为秦始皇入海求仙,两次东渡,第一次到达“平原广泽”(多指日本九州岛),第二次“止王不来”。可见,他比赵佗出国至少早了十几年。

不仅如此,还有“干部资历”,徐福的级别也比赵佗大。诸多史书给予徐福诸多头衔,归纳起来,集中两职:御医,“准国师”。“准国师”的高位岂是区区岭南县令能比的?所以,如果说赵佗是“中国历史上的第一个南下干部”,那么徐福则堪称“中国历史上的第一个驻外高干”。无论从哪方面讲,广纳“渡来人”的日本都应该称得上是华夏文明“传播无疆界”的第一受益人。

尤其是白江战后,这种受益更是到了骨子里。隋唐中国,既是一个大陆国,也是一个海洋国,华夏文明虎踞东洋,通过战争漂洋过海,直抵一衣带水的日本心腹,主动拥抱战胜国的“水性”的日本当然又是“近水楼台先得月”。

3. 东土有“共主”——西域君主,流亡中国

汉唐时期的华夏文明,尽染东洋,但不止于东洋。盛唐时代,中国影响力扩展至“西方”,西域诸国奉“东土大唐”如今日奉“山姆大叔”。每当他们遭遇国内“政变”或国外“侵略”时,首先都指望“东土大唐”表态。

此非意淫,有史为证。

651年,波斯(今伊朗旧称)帝国遭新崛起的阿拉伯帝国侵袭,京城泰西封(今伊拉克巴格达南城)沦陷,波斯国王伊嗣俊殉难。伊嗣俊的儿子,也就是帝国的王储卑路斯“火线继位”,一边率残军退守抵抗,一边求助于“国际干涉”。

卑路斯首先退守到了吐火罗(今阿富汗一带),在吐火罗人帮助下,一度收复了边疆失地。然而,好景不长,在阿拉伯帝国的疯狂反攻下,卑路斯和吐火罗人难以招架,于是他们联合向外求援,卑路斯提出到大唐“政治避难”。

国破家亡,波斯君主最后关头为何向大唐寻求“政治避难”?

史学家多是从军事实力对比分析原因。7世纪,世界只有两个名副其实

的超级大国,那就是大唐与大食(阿拉伯帝国)。两国争夺的焦点就是现在的中亚与西亚。大唐帝国曾与阿拉伯帝国大小争战 20 余次,大唐军队“胜多负少”。

所以,当时西域各国,也就是中亚和西亚地区,政治流亡者首先想到去中国避难。从军事力量的对比上,只有大唐帝国能抵制大食的东进。其他中亚诸国,以及东罗马帝国,根本罩不住流亡政权。

当然,这类分析也是不错的,但显然不够全面。这里,除了不可或缺的军事原因,还有一个更重要的原因往往被忽略了,那就是世界“正统”地位。

无论是东罗马帝国,还是波斯帝国、西亚诸国,甚至在阿拉伯帝国眼中,大唐帝国无疑是占据“世界主体文明”的国家。这主要有两个标志:

一是占据政治文明制高点。从政体的先进性和影响力而论,唐均堪称世界领先。是时,和中国保持“政治交往”的国家多达七十个,研习大唐政治体制的国家不分东西。大唐政治,可谓红遍世界。

二是拥有她主导的、高举国际正义旗帜、具有军事干涉能力的国际组织——天可汗。说起中国主导的国际组织“天可汗”,举世闻名。“可汗”二字系部落对首领的称谓,而“天可汗”之称是西域诸国为唐太宗首创,即为“天下共主”之意。但它不仅指个人,也不是一个简单名誉,更不是一个纸糊的王冠,而是一种实质性的国际组织体系。

昔日“天可汗”,从范围上,算不上今日联合国,但却相当于“东方北约”。这是中国主导的第一个“国际组织机构”,其作用主要是政治与军事两方面。维系国际和平,仲裁各国间之纷争,为天可汗之首要任务。维护各国独立,不受强国侵略,为天可汗另一职责。为表示对天可汗之绝对服从,各国嗣君即位,必由天可汗下诏册封。各国军队必须接受天可汗之征调,受征中国平乱。

因为有了天可汗组织,7 世纪“国际道义舞台”就此由“中国领衔”表演。日本人称此时的大唐帝国为“中国历史上最具世界主义色彩的朝代”,亦非虚语。以唐帝国为中心的大东亚国际秩序,是天可汗国际秩序轴心。

“东方北约”——天可汗组织存在 137 年,其中以贞观四年至显庆年间,最为荣耀。卑路斯向中国求援时，正逢大唐贞观之治后如日中天的天可汗第二季——唐高宗统治期。高宗刚刚完成对西突厥的征服，唐新设昆陵都护府，西突厥的各个部落的宗主权尽归中国。灭高丽、西突厥，战吐蕃，昭武九姓、西域十六国归附，标志着天可汗实至名归。高丽的覆灭和安东都护府的成立，使大唐帝国发展成东有高丽，西至波斯，北至西伯利亚，南至林邑（越南）的疆域广大、多民族融合的强盛大国。

柳宗元有诗称颂此一盛况：

> 麹氏雄西北，别绝臣外区。既恃远且险，纵傲不我虞。烈烈王者师，熊螭以为徒。龙旗翻海浪，驲骑驰坤隅。贲育搏婴儿，一扫不复馀。平沙际天极，但见黄云驱。臣靖执长缨，智勇伏囚拘。文皇南面坐，夷狄千群趋。咸称天子神，往古不得俱。献号天可汗，以覆我国都。兵戎不交害，各保性与躯。

“烈烈王者”所向披靡。弱国被强国欺凌，大唐岂能坐视不管？高宗欣然接受了卑路斯请求，马上设立波斯都督府（位于今伊朗境内的扎博勒），以卑路斯为波斯都督府都督，将波斯与大唐“安西都护府”连成一片。

然而，由于波斯都督府没有中国军队驻扎，波斯全境不久便被大食吞并，波斯都督府也无法独存。670年，高宗召卑路斯入朝，授“右武卫将军”衔，命人修建长安波斯寺，卑路斯与其子泥涅师得到妥善安置，先后定居长安。

尽管大唐没能帮助波斯复国，但慑于大唐之威，阿拉伯大军终究未敢穷追卑路斯到中国内地。扶弱济困、主持正义的大唐帝国，还是赢得了弱国的尊重，“天可汗”占据了政治道义的制高点，而且在军事上，也基本保持着对大食的绝对优势。阿拉伯大军在天宝前期的几次中等规模的冲突里均败于唐军，后来倾其国力发动怛罗斯会战，20万阿拉伯军面对3万唐军依然难以战胜，最后靠唐军内部叛军才将唐军打退，而阿拉伯军的自身损失却是唐军的几倍。阿拉伯人虽胜犹耻，唐军虽败犹荣。后来即使安史之乱爆发，阿拉伯帝国也终未敢进兵西域。

因为有了大唐帝国的存在，阿拉伯帝国东进的步伐被阻挡在葱岭之外。

674 年，卑路斯客死长安。这个国破家亡的波斯亡国君，因为有了中国的庇佑，安稳地度过了他的政治余生，避免了成为大食战俘的可能。

世界主体文明大国的一个侧证，就是她能建立起让周边国家包括流亡者信任的国际组织，成为各国政治流亡甚至叛国者的首选国。从这个意义上讲，当时在东洋乃至“西域世界”，遴选“政治避难所”，首推大唐帝国。

4. 唐朝皇帝管中国的事，也管外国的事

从中国历史的“普适性”来看，以李世民为代表的“盛唐皇帝”，拥有“一般中国皇帝”所不具备的很多气质，尤其李世民，除了“弑兄逼位”，他的神行举止几乎不像是个中国皇帝。

中国的皇帝，一般都比较“内向”，仿佛拥有“自闭症”，而李世民则是个极其外向的皇帝，他的视野是没有“围栏”的，他管中国的事，也管外国的事，他并不认为，中国皇帝是关起门来“自称一统”的，而是应该做名副其实的“天下共主”。

纵观中国历史，除了“华夷之变”式的江山易主，中华几乎从未有效地统治过外部世界，更不要说建立过自己主导的“国际组织”。但是，绝无仅有，应该还能找到一次——那就是自李世民而起的“天可汗”。“天可汗”下的李世民所呈现的，是“准世界大帝”气质。

中国的皇帝万万千，何以出现李世民这个别具一格的“准世界大帝”？

有人认为，这是李世民的“血统”造就的。李姓虽属华夏大姓，但据传李渊家族因处西凉，是带有半个“鲜卑”血统的胡化汉人。后世曾为“李氏是汉是胡”争论不休，但我以为，李唐是否带有胡人血统，这不是问题的关键，具有胡人血统的中国皇帝多矣，为何独李世民创造了不一般的辉煌？

李世民所仰仗者，不是胡人的蛮力，而是大唐“底气”。

什么是大唐“底气”？那就是超级大国——政治大国、文化大国、人才大国、军事大国、经济大国。

政治大国。政治大国软硬两方面实力，当时的唐帝国都具备。“三省六部二十四司长官共议国事”的文官制、不设定门槛和考试范围的自由科举制将封建政治制度推向最具活力的成熟英年。当时，唐制不仅引来近邻日本、朝鲜效仿，就连西方欧洲国家，也对唐朝政治产生了极大兴趣。

文化大国。政治上的成熟，必然带动文化的自信。中国文化产品大量出口海外，大唐成为举世公认的东方第一“文化大国”，被各国才子“追求”。

人才大国。从政治到文化、军事，唐朝各个领域都有胡人以及海外人士的加入。大唐带出了大批“世界学徒”，唐都长安成为世界各国留学生的首选之地，师从“汉才”，就等于跟上了世界先进步伐。各国都到“东土大唐”取经，因为大唐握有炼成“世界先进文明”的“真经”。

经济大国。唐朝极盛时人口约 8000 万，他们最高曾创出占到世界经济总量六成的 GDP。

军事大国。一个能发挥领袖作用的大国，必然是政治、文化与军事齐头并举的大国。大唐拥有吞吐天下的军事自信。

延展来看，唐军有什么“过人之处”？

首先是强大的国力和繁荣的经济为这支军队提供了强大保证，从而力保装备精良，马匹充足。唐军的装备极好，安史之乱前，价格昂贵而又极易损坏的“唐样大刀”（横刀）是士兵的标配，制造工时为三年的强弓人手一把，就连步兵也会装备驮马以提高机动能力，而重骑兵除了人马皆着铁甲，更是装备了耗时十五年才能完成一把的马槊（护具）。玄甲军是李世民手中最锋利的一把剑，盛唐时代安西都护府的唐军从来没有超过三万人，但却控制着西域近千万平方公里的土地，震慑着大大小小数十个国家，并还有余力数次主动进攻阿拉伯帝国，唐军的强悍可见一斑。

其次，唐军战略与战术的巨变。唐一改汉人步兵防御为主的传统作战方式，而以骑兵为主要作战方式，主动出击，防御战改为攻击战；还有就是唐军武器也比较先进，配置火器装备，攻坚战能力和野战能力都为一流。

最后，军人素质。在士兵构成上，盛唐时代军队一个显著的特点就是士兵素质极高。盛唐时期的唐主力部队士兵主要由关中良家子和归化胡人年轻贵族组成，良家子即有田地家人、品行良好的年轻人，他们大多接受过儒家教育，有强烈的国家认同感和荣誉感；而归化胡人青年贵族们大多对强大的唐王朝有一种近乎宗教信仰般的崇拜，他们试图通过拼死作战来获得唐皇对他们的肯定。良好的生活环境也使士兵们拥有良好的体能。

具有"过人作战能力"和"维和功能"的唐军助唐皇赢得了世界区域盟主地位。中国皇帝以"天可汗"身份"出兵维和"如家常便饭。21 世纪"山姆大叔"干的活儿，7 世纪"李家大叔"早就干过。

5. 西方不亮东方亮——壮哉"汉才"，世界"封顶"

"封顶"二字可分解，"封"为封建，"顶"为顶峰。一言以蔽之：7 世纪华夏文明登上了封建文明的世界顶峰。当时不仅东方国家难以望其项背，而且西方诸国其文明度与中国相比，也大都处于下风。

（1）盛唐"文明度"高于法兰克

7 世纪，东西世界相向而行，与东方大国唐并存的西方帝国，名唤法兰克，西欧主要国家法国、德国、意大利的"原型"均含在其中。但当时法兰克王国的文明程度，总体在唐之下。

比较两个国家文明度，首先当较之以文明第一项——政治文明。

贞观之治和开元盛世下的中国政治，采取开明的封建文官制度，已经达到政治清明、海纳百川状态，寒门子弟入仕渠道畅通，整个社会已经出现平民主义倾向。

而 7 世纪的法兰克王国，实行的是封建等级制，贵族世袭，农民农奴化。尤其与初唐共存的墨洛温王朝，政教不分，推行贵族与教会共治，整个帝国教义森严，政治黑暗，杀戮迭起，不行人道。

其时，岂止法兰克王国，全世界能与盛唐比肩的国家凤毛麟角。席卷亚非的阿拉伯帝国虽可称得上与盛唐势均力敌，但那也只是军事上的抗衡，而非文明的超越。

当时"中国学问"在世界各国人眼里，是"博大精深"的代表。波斯人国破投中国，是政治避难，而击败他们的阿拉伯人此时也心仪中国，那不是臣服，而纯粹是因为“学问”。

谈到大唐的魅力，不少书籍都列上一条“圣训”为佐证，那就是伊斯兰教创始人穆罕默德曾勉励他的弟子说：“学问虽远在中国，亦当求之。”

关于穆罕默德的这条“圣训”，没有准确的时间记录。也就是说，不知道穆罕默德什么时候讲了这句话。而史书明明白白记载的，是630年穆罕默德确立了阿拉伯世界政治宗教的领袖地位，此时中国正值“贞观之治”，东方世界大唐帝国和阿拉伯帝国两强并立，相互吸引、窥探，所以若穆罕默德果有此说，大致推算，应该是在此期间发布的。

在亚洲，除了建立阿拉伯帝国的传奇人物穆罕默德对“中国学问”发出追求之语，还有更钟情华夏文明的拥趸。通读7世纪世界史可知，对于中国“学问”，彼时西域人并不及东洋那边领悟得深，遍览“中国学问”学得最到位的国家，还是首推日本。如果说，公元前日本只是从中国“渡来人”那里学到了华夏文明的皮毛，那么7世纪“大化改新”则让他们吸到了华夏文明的精髓。645年，日本孝德天皇旗帜鲜明地提出“和魂汉才”口号。“汉才”在日本如火如荼。

那么，这被西域人仰慕的“中国学问”、被日本人提炼的“汉才”作何解，何以放出夺目世界的光芒？

(2)壮哉“汉才”——汉武帝量身打造中国“三家村”

顾名思义，“汉才”起于汉。

历史学家夏曾佑在总结中国“源代码”时认为：“中国之教，得孔子而后立；中国之政，得秦皇而后行；中国之境，得汉武而后定。三者皆中国之所以为中国也。”

我以为，这应该也算是对“汉才班主”的归纳。原版“汉才”的核心内容，也就是华夏文明的早期“原材料”，以“三家”为基石——官家、儒家、兵家。

具体展开，一是以君主专制为核心的封建官僚制度，二是以三纲五常为核心的忠君教义，三是以尊王攘夷为核心的兵家韬略。

在确立“三大汉才”的“三大班主”中，最关键的人物不是始皇帝嬴政，也不是圣人孔子，而是汉武帝刘彻。

汉武帝对中国的“贡献”，首先尚不在扩大国土上，而在“整合”汉才上。他不仅把秦始皇的“官政”和孔子的“儒教”串在一起，解决了中国政教合一问题，而且还将尊王攘夷的兵家注入其中，确立了帝制中国的“防卫大纲”，从而一举奠定两千年“华夏轮廓”。

所以，“中国之境，得汉武而后定”此话应易为“中国之政教，得汉武而后定”，“中国之军务，得汉武而后立”。

显然，除了整合官政和儒教，兵家是汉武帝“原班打造”汉才的另一个“拿手好戏”。在他手下，出现了不少军事家，令外敌胆寒。

从军事理论上讲，当时汉朝最大外敌匈奴人比汉人具有先天的优势：他们生活在马背上，他们的谋生工具与战斗武器一致，生活条件与战斗条件一致。他们省略了汉人为进行一场战争所必须进行的一切准备工作：组织动员，装备，征调，训练，等等。在他们具有高度机动性、来去如风的攻击面前，作为农耕民族的汉人注定要手忙脚乱。

而汉武帝手下的战将，为什么可以蔑视匈奴人？

中国战国时代，赵国的赵武灵王曾经实行“胡服骑射”，这个典故人们多以为是汉人不如少数民族善战。但从当时的时代背景来讲，汉人的总体“才”还是高于西北少数民族的，“胡服骑射”乃单打独斗的一个技能。“胡服骑射”之后，即便是单挑，秦汉两代的将官对付胡人也不处下风，譬如汉武帝手下的“飞将军”李广，骑射冲杀样样精通。“飞将军”李广所展示的“汉才”，颇得赵武灵王“胡服骑射”之精髓。他骑快马、用神箭，智勇双全，简直就是勇猛有余、智灵不足的匈奴的克星。

“飞将军”这个美名竟来自对手，是匈奴人先叫响的。李广展现出的惊人骑射技术给匈奴人留下深刻的印象，“但使龙城飞将在，不教胡马度阴山”是汉人的骄傲。飞将军李广的功夫，无论是不是从西北少数民族那里学来，其“骑射”之才，都明显在“胡”之上。匈奴人有的优势，李广有。李广的身材比匈奴人高大，手臂比匈奴人修长，且比匈奴人还擅长骑射；匈奴人没有的本事，李广也有。他打起仗来行踪飘忽不定，行动敏捷，没有匈奴人般的粗重。

李广类的杰出军事家，在汉武帝时期，层出不穷，从卫青到霍去病，个个身怀兵家绝技。他们最得意的“才”，不是武功，而是兵法。李广认为，匈奴人不懂汉家兵法，只会力战，不懂战略部署，而自己既不怵力战，又能从战术上胜敌人。此“汉才”，自比“匈才”高出一筹。

可见，李广们的自信，是有“独特的兵家文化”垫底的。匈奴虽猛，但是他们没有《孙子兵法》，没有《三略六韬》，自然难敌政教兵一体的“汉才”。

汉武帝为“汉才”量身打造，铸就了金碧辉煌的中国“三家村”——以官家政治为中心，外加兵家与儒家两个基本点。“三点一线”的“汉才”将华夏文明影响力第一次推向世界。两汉延续四百余年，全盛时管辖的人口达6000万，其势北至贝加尔湖，南至南越，西至中亚，东至朝鲜。深感大汉之威，日本亦在此间派使臣首次来中国朝拜。烈烈大汉，足可与当时包括西方罗马帝国在内的任何世界超级大国比肩。

(3)体制的魅力——大唐凭什么“置顶”华夏文明

据《后汉书》记载，早在1世纪，日本岛上就有不少小国与中国东汉王朝“建立了外交关系”，他们崇拜天朝，迷恋“汉文化”，但整个日本旗帜鲜明地提出学习“汉才”却在7世纪。

从崇拜到学习，为什么间隔了这么长时间？除日本逐渐形成统一国家这个原因外，还与“汉才”的成熟期及其显现的最核心魅力息息相关。

虽说“汉才”起于汉，然而，如果论及“汉才的顶峰”，那么我想没有一个朝代敢说超越大唐。两汉中国打下的正统的三点一线“汉才”，在唐朝全都“熟了”。成熟的华夏文明登上7世纪世界主体文明最高峰。

中国历史上大大小小的政权上百个，大一统王朝也有九个，为什么“汉才”在唐朝成熟、华夏文明此时置顶而不是其他朝代？

用大历史的眼光观察，可以一语挑明：此乃唐朝“特质”——“二元体制”造就的结果。盛唐体制，从政治到文化，均有别于“大一统”中国历代王朝，它不是“一元体制”，而是打破条条框框的“二元体制”。用日本学者谷川道雄的话来讲，这种体制是“胡、汉二元体制”，而中国学者陈寅恪则称为“胡、汉分治”。

“二元体制”在政治上的表现，就是突破“内敛”传统，实行“开放”政治。主要表现为文官制开明成熟，君臣共治，平民子弟“仕进”之路四通八达，朝野上下遍行开放之风。唐廷录用官员不仅不问出身、不分贵贱，而且不分华夷，不少胡人、沙陀人、羌人成为政府官员，唐朝的科举考试，不少“外国人”也有“准考证”。“开放式”政治，使大唐进入了“海纳百川、众望所归”的政治大国行列。

“二元体制”在文化上的表现，就是促使“儒教融了”。

史上公认，盛唐是中国文化的成熟和繁荣期。但是什么带来了成熟和繁荣？就各有不同的理解。

我以为，盛唐的文化繁荣与传统汉文化的核心——儒家文化依然有关，但这种关系不同历代，它不是“独尊”，而是“你中有他，他中有我”的交融结构。

隋唐前的统一时代，“汉才”以儒家文化为内核，而且是独尊儒家，这样就扼杀了其他文化的发展，同时也显示了“才”的狭隘性，当你的思想与所谓的儒家文化不符时，那些卫道士就会以“离经叛道的言论”之名来诋毁你，来扼杀你，其他各家的文化发展陷入了停滞。思想只有碰撞才能产生火花，何况是文化？如果只有一种文化，那么即使这种文化是最适合时代发展的，但是随着时间的流逝，它同样会流于落后局面，不再适合时代的发展。

简而言之，文化二元体制令唐朝对“独尊儒术”说“不”，“尊而不独”是盛唐对待儒家的官方态度。唐朝的科举把儒家学说作为考试内容，但不奉儒家教条，科考同时也包含诸子百家内容。在主流意识形态方面，甚至出现了三元化：“佛道儒”三家并举，儒学充其量占据唐人大脑的“三分之一”。

多元化的意识形态，促就了唐朝思想的自由开放，而思想的自由开放会让一个社会充满活力，所以盛唐创造了有别于中国历朝的“逍遥洒脱”世风。四海之内皆兄弟，社会气象万千。此时中国，是当之无愧的世界文化大国。

当然，世界主体文明大国光靠软实力是不够的，不可或缺的是锋利的牙齿。

“二元体制”在军事上的表现——兵家合了。

唐朝军队，拥有世界无与伦比的一个强项——“胡汉合流的军事力量”。

从军事人才观之，唐军既有李靖、郭子仪这样的汉人名将，也有哥舒翰等胡人将领。唐才促就一支以汉人为主力兼有各民族士兵的混合战队，这就是不可一世的唐军。在对外作战中，几乎战无不胜。

“胡汉合流”将唐军打造成一支打破传统作战模式的“铁骑军”。前有“玄甲兵”，后有“神策军”，百战百胜，天下无敌。

按理说，汉朝时的汉军外战成绩也相当可以，但是比起唐军的战斗力，还是有些“不可同日而语”。

汉朝战匈奴，历经百年未告全胜。唐时的突厥其力量不弱于匈奴，而唐军却一战定天下。李靖夜袭阴山，活捉突厥可汗，建千古奇功。唐军的主要对手都为当时的强大民族：突厥后来横行西方，建立土耳其帝国；阿拉伯帝国横跨欧亚大陆，与唐朝并立；吐蕃王朝则雄踞青藏高原，对中原虎视眈眈，但其与唐军的交锋却基本是败多胜少。唐朝与突厥鏖战几十年，打了一连串的胜仗，并收复突厥五大部落之一的突骑施，派其抵挡阿拉伯帝国。唐军战吐蕃更是占尽上风，每一次对吐蕃的胜利都几乎是对其军力的毁灭性打击。

自古皆贵中华贱夷狄，朕独爱之如一，故其种落皆依朕如父母。朕所以成今日之功也。

这是创造“天可汗”全盛期的唐太宗李世民抒发的“领袖语录”。此言写满他“领导世界”的自信，而李世民自信的源头，即可归纳为“并蓄兼收，群花同放，胡汉合流，华夷无碍”的体制自信。两汉中国种下的正统“汉才”，在唐朝“二元体制”的肥育下，瓜熟蒂落，成为世界“封顶”之才。

“封顶”世界的华夏文明不仅福荫西域，而且更造福东洋世界。大化改新的日本，即被华夏文明的核心魅力所征服。惊叹于盛唐政治、文化、军事的繁荣与强大，不甘居后的日本人亦步亦趋，拉开一场“画虎画骨”的体制改革运动。

海纳百川的“二元体制”，造就了大唐盛世，也成就了李世民这个独一无二的“准世界大帝”。从贞观之治到开元盛世，从李世民到李隆基，他们统领一个“四夷自服”、占据“世界主体文明”位置的超级大国，独领世界风骚百余年，这是华夏文明及华夏民族领导人绝无仅有的辉煌。

第二章

汉魂“失血”——两宋开启华夏文明“东逝水”

汉朝时，一个汉兵可以顶五个匈奴人。在唐朝，三万唐军可以力敌二十万阿拉伯部队；而到了宋朝，情况颠倒过来，一个金兵可以抵十个宋兵。南宋亡国时，一个蒙古兵可以驱赶上百汉人，像屠宰牲畜一样秒杀他们。

1. 中原经济大国之悲惨世界

他们有世界上最好的粮食——大米；最好的饮料——茶；最好的衣物——棉、丝和皮毛。他们无需从别处购买一文钱的东西。

这是英国人赫德《中国见闻录》里的记述。如果不加上时间背景，读者的眼前定会由此出现一幅繁荣大国的美丽画卷，而实际上，那是一个悲惨世界——他所说的，是行将就木的晚清。

一百多年前，国尽可欺的清国咽下最后一口气，然而，即便是临死之前，它在携“中华之物力”上，仍还留有“余地”。清在入土的1911年，其经济总量仍保持在世界三甲行列。换句话说，它不是穷死的，而是病死的。

富甲世界却国尽可欺，腰缠万贯却不堪一击——此乃中原经济大国的常态。

当然，提及富甲世界的中原大国，首先还轮不到百年前的清，而要更远追溯到千年之前的宋。

北宋即便以今天的眼光观之，亦可谓赫赫经济大国。以下数据屡见今日网络报端：宋朝经济最鼎盛的时候占世界经济总量的80%。中国以不足世界15%的人口，创造了世界80%财富的经济奇迹。北宋的都城东京（开封），是当时“世界上最大城市”，总人口不下200万。

这些数据，不知是否得到世界学界公认。如果上述经济总量记录属实，哪怕是一半属实，那么这个中原国家亦配得上“世界第一经济大国”的称号。而关于中国的东京（开封）曾是世界最大城市这一说，邻国日本倒是提供了考证。日本首都原为京都，江户时代迁都江户，并将江户更名为“东京”，这或可归纳为艳羡宋都的“东京情结”，此情结亦可佐证中国开封相当于中世纪的“世界都城”。

《清明上河图》描绘的东京繁华景象千年后仍让世人惊叹不已。查验历史资料，这幅画卷还真不是画家张择端凭想象而粉饰的，它基本上是“写实之作”。虽然当时北宋之中国已近末世（徽宗统治期），但夕阳亦显无限好。《清明上河图》是宋代中国经济成就骄人的绝唱，北宋几乎造就了中国世俗社会的“终极盛世”。

世界对华夏艳羡不已的时代，隋唐开政治头，两宋置经济顶。大唐有钱，而不怎么大的宋却明显更有钱，可谓中国最阔绰的朝代。宋神宗时期，中国国库铸币一年即达500万贯，是唐朝开元盛世的近20倍。

宋朝凭什么富国？

首先，人口因素。在手工生产时代，人口多，就意味着经济总量大。唐朝极盛时的人口约8000万，而宋朝约有1亿。比唐朝多出2000万人口的宋代中国，疆域虽仅为大唐中国一半，但经济总量比唐朝有显著增长，政府财政总收入大大多于唐朝。

其次，国策因素。这个中原大国之所以取得骄人的经济成就，是与采取的国策与历代不同有重大关系。北宋一改中国历代统治者“重农轻商”的传统国策,易以“工商立国”。宋朝是中国商企最活跃的时代,可谓“工商王国”。宋朝的商企,带有国家垄断性质,尤其是利润稳定而获利巨大的一些行业均被政府所垄断,比如冶金、盐业、茶叶、造船、远洋贸易、造纸、瓷器。北宋统治者,以国家为“托拉斯”,从而创造了“朝廷大公司”的暴利时代。

另外,廉价出口。廉价而强大的生产力、“质优价廉”的产品,是宋的两个独门于世界的“经济武器”。中国制造的丝绸、瓷器、茶叶及手工艺品,浩浩荡荡输往国外,通过这种途径,每年宋得到的都是“出超”的贸易成果。

国内经济和国际贸易的繁荣使得宋拥有了巨额资本,北宋创造过岁入1.6亿两白银的财政新高,即便偏安的南宋,国家财政总岁入也曾达到1亿两白银,经济总量延续排在世界前列。

可见,宋朝之中国是真富,不仅“不差钱”,而且还“很有文化”。

当代欧美和日本史学界一直流行着这种观点,认为中国在北宋“已经实现现代化”了。美籍史学家爱德华·伯恩斯在其所著的《世界文明史》里,对此时的中国大加赞誉。日本历史学家内藤湖南、美国当代比较历史学家麦克尼尔,均对宋代中国情有独钟。内藤湖南认为,平民主义的兴起,科举选官制的出现和发展,是北宋“实现现代化”的标志。麦克尼尔则认为,华夏文明在近千年之始领先于世界,标志朝代是宋代,这些标志即使按西方标准,也是说得过去的,例如:政治的文官化、科技的新突破、思想与文化的世俗化、民族国家的成形,以及国际化等等,这一组因素,宋代的中国全部齐备。

这些外国历史学家所言的千年前的“现代化”,当然是指封建社会的“现代化”,意即封建社会“文明程度”的最高峰。

陈寅恪先生对宋代的评价亦达到顶级:“华夏民族之文化,历数千载之演进,而造极于赵宋之世。”

仅就文化而言,陈寅恪所言不虚。那是一个文学的“黄金时代”,宋词登上中华传统文化之巅。宋代涌现很多词人,宋人世俗的文化素养空前高,即便是妓女,也可能“才高八斗”,如京城名妓李师师,著名词人柳永的那些柳巷知音。另外,在世界其他各地仍盛行宗教艺术之时,宋代的文艺作品已开始表现市井百态，这种世俗化也可视为个人思想的解放，平民精神大行其道。在许多外国学者看来，宋朝就是“中国的文艺复兴”。彼时“汉才”依然被世界崇拜。据称近邻日本女子尚以与宋中国男子通婚为荣。

灿烂的文明不仅有国画记录，还有外国作品佐证。与《清明上河图》交相辉映的，是意大利人的《马可·波罗行纪》。透过《马可·波罗行纪》的描绘，亦可以感受到西方人的“羡宋之情”。

一个 GDP 上亿两白银的经济大国，一个诗词歌赋登峰造极的文化大国，对世界而言，简直是“天上人间”。按理说，这样的经济文化双料大国，应该超越大唐，引得“八方来贺”。

然而，宋中国的“国际地位”却是一塌糊涂——不是“八方来贺”，而是“八方来攻”。“经济大国”被三个“敌国”包围——西夏、辽、金。这三国，比起宋来，很穷甚至很小，却敢主动攻宋。

宋朝皇帝是怎么应对侵略者的？破财免灾，用金钱换和平。无论胜负结果如何，不管从属关系有别，宋对塞外国“一视同仁”，都送银子，“用金钱换和平”的道路一直走到黑。他们有自己的小九九——花小钱办大事。对“弟弟”契丹辽国，在取得胜势的情况下，宋真宗还痛快地答应每年给 10 万两岁币银，就是因为 10 万两岁币银甚至占不到北宋年财政收入的 1%，的确是个“小意思”。

然而，一味算经济账的宋皇们留下一个致命遗患——精神虚弱。经济损失不大，精神损失不小。他们的金钱外交等于向周边邻国发出“精神示弱”信号——不管谁来打我，无论你输我赢，最后都是我掏钱“交朋友”。如此，对周边国家而言，攻宋是个光赚不赔的买卖，何乐不为？

因为只算经济账不算精神账，所以两宋中国出现了民族精神的断层，乃至虽然到处送钱，但还是在周边小国面前都抬不起头。自宋起，“国富民弱不禁打”成为外敌普遍的“中国印象记”，也成为他们喜欢一再对中国下手的主要原因。这些好战近邻，就是希望通过战胜中国，一举成为“世界暴发户”。

2. 宋金之战——并非羊与狼的战争

不差钱也受气，乃至受气而死，直接原因在于“打不过”。两宋时期，中国是世界公认的“有钱有文化的弱者”，“身体”条件之差令世界惊诧。

中国军队的战斗力为什么如此之差？他们究竟是一群什么物种？这就需要细细分解。

宋之中国，战斗力之差令世界瞠目。两宋在对外作战中，从头至尾，除岳飞朱仙镇之战外，几乎没有取得过一次战役级别的胜利。宋朝官军，称塞外之师为“虎狼之师”，足见对抗之心虚，惧怕之深。相对于“虎狼之师”的恐惧称谓，辽国国君告诫子孙“莫学汉儿之弱”，显然，在邻国眼中，弱旅宋军是用来当反面教材的。

宋军为何打不过辽军、金军？他们的战斗力差在哪里？

差在军费？

北宋即便以今天的眼光观之，亦可谓超级经济大国。即便到了南宋小朝廷时，小宋国依然是世界级富户。宋金和议中，南宋小朝廷之所以痛快地答应每年给金朝白银 50 万两，是因为那对本国而言，是九牛一毛——仅仅相当于一地两县的财政收入。拔一根毫毛就比金兵大腿粗，可见宋军自始至终不差钱。

差在武器？

就军事技术而言，宋朝由于拥有巨额军费和强大的科研实力，在当时军事科学技术上是领先的，宋军当时的装备也是最先进的，它是世界上第一个大量装备火器的军队，曾公亮在 1044 年就编著了《武经总要》，其中记录了三种火药配方，还有为数甚多、种类齐全的火药武器，从“步枪”到“地雷”都有，甚至还有“枪榴弹”以及“火焰喷射器”。

后来，宋军与蒙古军合灭金国时，蒙古军的火器，还是宋军提供的。可见，宋军武器，都比它的敌人——塞外诸国要先进。

差在国策？

世人皆认为，宋之弱，在于“重文轻武”的国策。然而，北宋建国初期，对付西夏，军事上是处于上风的，对付契丹辽国，打个平手；严重不敌的，是女真金国，全面不敌的，是蒙古。如果说“重文轻武”导致宋军不行，那么北宋先于女真便亡在契丹之手了，何必再等下一个虎狼之师？

“武器与军费”决定战争论是错误的，简单的一句“重文轻武”也不能一言蔽之。恐怕，必须从更深的“物种起源”找原因。

世所共知，除了汉唐少数朝代，中国历代帝王多怕“夷”。不少学者把中国怕“夷”的传统归结为“狼道与羊道”的差异。其实，在笔者看来，中国的官军也是狼，与塞外军队作战的官军，他们不是羊，在国内，他们也是如狼似虎。但为什么这种狼打不过那种狼呢？

这就是同类不同种的问题了。如果把金兵喻为“草原狼”，那么防内不防外的宋军充其量算是“圈中狼”。关于“圈中狼”定义，本书后面章节将进行全方位细述。总之，宋金战争，把宋军“圈中狼”本质暴露无遗。徽钦二帝，北宋这对著名“亡国父子”，即为典型“圈中狼王”。在国内，他们是“二圣”，从来不失“九五之尊”，而一到了金兵大营，没等逼迫，双膝就自动弯曲下来。

东京保卫战本来是有持久战机会的。但是，贱骨头父子先行露怯，东京保卫战时，敌兵尚未压境，金兵将领宗翰下通牒书，宋钦宗竟及时回信，说“一一听命”。金兵围攻东京，宋钦宗下令不得得罪金兵，一霹雳炮手发炮后竟被枭首处死。

中国皇帝频频告饶求和，大涨了游牧部落首领信心，一半吓唬，一半武力，以震慑之态，攻掠东京城犹如探囊取物。

当我们在哀叹这段国耻时，不能忽略这样一个深层“文明变种”问题——同样一个民族，为什么在唐太宗时能主导世界，而宋徽宗时却“人为刀俎我为鱼肉”？他们手中，拥有的是同一个华夏文明吗？

3. 汉魂失血——两宋何以开启“华夏被征服”历史

美国作家海明威说过：一个人可以被消灭，但是不会被打败。对应海明威这句的，是中国一句古话：“三军可以夺帅，匹夫不可以夺志。”

这一外一中的两句话，都想说明一个道理：一个民族真正的失败，不是军事上的失败，而是精神上的消亡。

此言可基本概括两宋亡因，以及“宋版华夏文明”出现了什么问题。

人言：两宋亡于女真、蒙古之手，是因为“农耕文明不抵游牧文明”，然而，闪耀于世的汉唐文明，难道不也是“农耕文明”？为什么没有沦入剽悍的匈奴、突厥之手？

显然，宋代之所以开辟了“华夏文明被征服”的历史，非“农耕”之过，而是精神消亡的结果。

大多学者指出那是“尚武精神”的消亡。这个原因世所共知——自武将赵匡胤拥兵自立为帝、成为宋太祖后，恐人效法自己篡位模式，遂实行“崇文抑武”国策，富贵须从书中求，从此汉人便远离了尚武精神，变得文弱。

翻翻宋朝历史一目了然，此说确实其来有自。人人皆谓赵匡胤“终生不杀士”是仁德之君，殊不知正是这位仁德之君“崇文抑武”的国策，造成了“汉儿之弱”、整个国家军队战斗力下降的后果，以致开创了华夏被游牧民族征服的先河。

在宋朝之前，华夏虽遭受过“五胡乱华”等，但从来没有全境被外族征服过，游牧民族虽在汉朝时就很强大，但充其量与华夏族（汉族）并立平行，不足以征服整个中国。所以，从历史“承上启下”上讲，开创了华夏被游牧民族征服先河的赵匡胤及其子孙，其“贡献”也是“划时代”的。

回顾“划时代”的宋史，当然不能否定赵匡胤是开创“汉儿之弱”的始作俑者，“崇文抑武”对汉人“尚武精神”确有杀伤。然而，如果认为这是华夏文明自宋朝开始衰落的唯一原因，也不客观和全面。

不能说宋朝是个一点军事实力都没有的国家，也不能说宋代的将领个个没有对抗游牧悍将的胆略，即便到了南宋，那时也有“壮志饥餐胡虏肉，笑谈渴饮匈奴血”的战神岳鹏举、“八百里分麾下炙，五十弦翻塞外声”的文武双全的辛弃疾。

从北宋建国至南宋覆亡，宋军战斗力，有一个渐衰过程。唱衰宋军的，首先不在兵道不强，而在民族精神的雌化。比起赵匡胤“崇文抑武”，对臣民精神更具杀伤力的国策，是“以儒立国”。“以儒立国”的宋朝，国家精神软化，到了南宋其副作用更大。被理学改造的儒教嬗变为“小脚文化”，儒家文化刚的一面消失，原来的兵家文化不见了，刚柔相济的汉才变成了阴柔见长的雌化物，对于游牧军队，北宋军队尚有还手之力，南宋军队却已几无招架之功，原因就是因为经过“理学”洗礼，南宋军民已经整体雌化，遂频繁招致北方少数民族骑马南下侵袭，攻城掳掠犹如探囊取物。

为什么唐朝能将华夏文明置顶，而文化登峰造极的宋却把华夏文明送入“虎狼之师”的口中？其原因主要在于“精神失策”：

儒家接受“理学”改造，导致国民精神全面雌化，汉魂失血；胡人文化与中原文化的融合被割断。

而所有这些“失策”，都是赵氏家族“防内不防外”小算盘的“得意之作”，宋军的功能主要不是抵御外敌而是吓唬国内百姓。宋文化及其经济成果被世界津津乐道，甚至一度与盛唐等量齐观，但是，单项成就毕竟不能弥补整体文明精神的损失，就民族精神而言，有钱有文化的宋人活得并不滋润，甚至很窝囊。

“血性消失”于宋代是不争的事实。血之不存，魂将安附？华夏文明于宋代被野蛮部落吞没，实属“汉魂失血”后的自取其祸。

4. 岳飞案不是简单冤案，而是汉魂分水岭

如果要在中国五千年历史中，评选“最美英雄”，那么，即便只有一个名额，这个人也可能会入选。他就是岳飞。

就像1979年红遍大江南北的评书《岳飞传》一样，红的不是评书演员刘兰芳，而是英雄岳飞，是岳飞的汉魂再次给复兴伊始的中国人注入了“精气神”。

毋庸讳言，今日有人对岳飞的“英雄”称誉提出异议，但评价历史人物不能脱离历史背景。在千年前的宋代，在抵抗女真侵略的汉民族眼里，岳飞无疑就是“英雄”，这是史实，没什么好争议的。

关于“岳飞之死”，绝大多数中国人认识相仿，痛恨忠臣死于奸臣之手，

以为那是中国历史上最大一宗不白之冤。

然而,如果放到中国大历史观中,就会认识到:这不是一起简单的冤案,而是一段具有历史标志意义的民族魂分水岭。

宋是“汉文化”的顶峰,同时却也是“汉魂”的拐点。随岳飞出现的,是秦汉以降的最后一股“原生态”汉魂,与岳飞之死而“变化”的,是汉魂由“称雄”转型“图存”。

在女真人眼里,岳飞不仅是汉民族最后的军事堡垒,也是最后的精神堡垒。北宋灭亡后,中原易手于女真,汉魂几近消逝,是岳飞的出现,令汉魂起死回生。

岳飞无论在“才与魂”上,都胜女真人一筹。他文武兼备,“军人和词人”造就了军事与精神双料领袖。在军事上,他不仅是个帅才,而且还“天生神力”——左右手都能拉开“三百石”强弓,单骑执枪闯敌阵取金将首级犹如探囊取物,他善于以少胜多,在战术上屡有创新,用砍腿战术大破完颜宗弼(金兀术)的拐子马,他精于野战,灵活运用兵法,故战无不胜……

在精神上,岳飞起到了一般将帅所无法起到的精神领袖作用。岳家军的军纪有口皆碑,除岳飞治军严谨外,这里起关键作用的,就是岳飞的精神魅力,化为岳家军的精神力量,“壮志饥餐胡虏肉,笑谈渴饮匈奴血”的精神力量是无穷的,故才有“撼山易撼岳家军难”的惊叹。

岳飞这样一位精神领袖,本来是上天赐予南宋的救星,是统一中原的希望所在,可惜却被本国最高领导人当作“绊脚石”,作为交易的筹码而出卖了。

中国历史上“最无民族气节的皇帝”和“最具民族精神的人物”都出自同一时代,双方必然在精神上发生冲突。而天下最痛苦的事,除了英才被庸才领导,就是精神领袖听命于精神侏儒。赵构与岳飞组合的南宋君臣,在精神轨道上,完全是两股道上的车。

与老子徽宗乃至赵宋祖先一脉相承,“捡漏皇帝”赵构也是一匹典型的“圈中狼”。区区“小九”幸得皇位,别说“直捣黄龙”,就是收复中原都“不抱幻想”。赵构谋杀岳飞,在政治上发出的是“彻底放弃中原”的信号,在精神上发出的则是甘愿“矮半截”的颓气。南宋以“矮半截”(向金称臣)的方式与金国如愿“讲和”,岳飞之死,换来了宋金之间短暂的“和平”,但自此之后,中原光复无望,中原人不仅从地域上远离宋人,而且精神上也开始退化。

金国在中原扶持了刘豫伪齐政权。刘豫是个天生的汉奸。他原是宋徽宗手下一个中级地方官——河北西路提刑。南宋政权建立后被举荐为山东济南知府。金兵攻济南,他杀名门之后关胜而降于金,被金国钦定为儿皇帝。

早在阿骨打创立金国伊始,即瞄准了中原这块风水宝地。金太宗时,金兵攻下宋汴京后建立了张邦昌大楚傀儡政权。张邦昌政权垮台,南宋政权建立后,它又集西路军的部分和东路军全力攻击南宋,企图消灭南宋,重新建立如张邦昌者的傀儡政权。但是,由于进攻南宋军事行动的失利,远远没有达到预期的目的,且当时北方人民的抗金活动甚是激烈,因此,又策划了在北宋原有的部分土地上建立伪齐政权以进行统治。所以,才有刘豫伪齐傀儡政权的建立。

伪政权是金实现对宋“间接兼并”的第一选择。金扶植伪齐政权建立的目的,是为金占领的原宋地人民立一君主,以便成为金统治下的一个藩属政权,说白了也就是代金统治汉地的傀儡政权。刘豫称帝之后,网罗了原宋故地的一些地主官僚,招降了一些宋的溃兵。这个政权事事要听命于金,并充当金攻宋的军事帮凶,是宋地主官僚中的一些败类人物的集合体。

这个政权为中原百姓做了什么?简单说,就八个字:卖国求荣,数典忘祖。他们千方百计聚敛财物,以满足金主子统治的需求。给予主张抗金者以杀戮处之。甘心充当金兵攻侵江南的帮凶。在伪齐的统治下,中原汉族人民生活得异常痛苦。

这样一个傀儡统治政权存在了 8 年,对中原汉民族的精神杀伤甚于民生。8 年之后,金国对刘豫不满,伪齐消失。金国一度将河南还给南宋,而南宋小朝廷竟无胆来取,把这块“便宜土地”又“还给”了金国。秦桧在与金媾和中推出的所谓“南人归南,北人归北”原则,其实是恬不知耻地把北方同族抛弃了。

敌国胆子往往是惯出来的。金朝统治者看透南宋无力“北犯”，中原已不可能再是汉人的中原，于是将开封命名为大金国之“南京”，并组织女真人大规模向中原移民，从此女真人稳稳地在中国站住了脚。

既然金人可以占中原，那么蒙古人为什么不可以？自南宋“不要河南”始，河南几百年沦入外族之手，居住在河南的华夏民族、炎黄子孙，经过数次灭顶的屠杀和几乎倾城的迁移出逃，留在河南而又能够活下来的已经少之又少，这些活下来的人，只有两条生路：卑微做奴仆；卑鄙做汉奸。

北宋，汉人以做河南人为荣；南宋，汉人以做河南人为耻。饱受外敌与汉奸政权的双重蹂躏，河南人的精神状态渐渐萎靡。可怜的中原，可怜的河南人，不知道自己该心向“大宋”还是心向“大金”。

“河南人惹谁了”？这一问恐怕要问道一千年，最有骨气的河南人岳飞不是死在对外作战的战场上，而是死在本民族自己的刀下。那不是一起简单的冤假错案，而是汉魂之分水岭。有宋一朝，北方再无汉军之金戈铁马，汉魂血脉被割断，中原断魂！

从称雄到图存，以南宋岳飞冤死、中原断魂为分水岭。有了第一次亡国，有了第一次偏安自保的国家政治纲领，也就有了第 N 次的“救亡图存”……

5. 滚滚汉江东逝水——宋末帝蹈海，许子元流亡日本

关于中国历史上汉民族首次亡国即南宋灭亡的邻国反应，普遍流行着这样一种说法：消息传到日本后，上至天皇将军，下至武士平民，全部身着丧服，西跪三日，痛悼华夏陨落。

这种说法有没有史书依据？

翻阅史书，中国正史中没有记载，但在历史学者的著作中，确有描述。譬如众所周知的南宋遗民郑思肖《心史》，其中记述《元鞑攻日本败北歌亚序》一章中，就做了这样的铺垫：“日本即古倭也，地在海东，先朝尝入贡，许通商旅。彼近知大宋失国，举国茹素。”

郑思肖的话可不可信？

郑思肖，南宋书院名家郑起之子，著名书画家、文化学者。其与书画大家赵孟頫齐名。南宋灭亡后，郑思肖效仿伯夷、叔齐不食周粟，自称“孤臣”，将居室题额为“本穴世家”（“大宋世家”），终身不臣服蒙元。

准确地说，郑思肖的《心史》不是“史”，而是一部夹叙夹议的杂文集，是郑思肖为亡国所著的啼血之作。1279 年崖山之变，南宋彻底灭亡，郑思肖时年 38 岁，《心史》就此笔耕，一写就是四十年。

如此看来，郑思肖《心史》所言日本为宋亡“举国茹素”应该有一定的历史依据。

力不胜于胆，逢人空泪垂。
一心中国梦，万古下泉诗。
日近望犹见，天高问岂知。
朝朝向南拜，愿睹汉旌旗。

亡国后的郑思肖不知将复国的希望寄往何处，而同一年，南宋最后一个大师却以流亡日本的方式告别了华夷之变的中国大陆。

1279 年，浙江雁荡山能仁寺住持无学祖元，受日本幕府北条时宗邀请赴日，那里离南宋都城临安 700 里，离日本距中国最近的与那国岛水上距离也是 700 里。未费多少周折，无学祖元到达日本，得到日本幕府厚待，先任建长寺住持，后为圆觉寺开山之祖。

这个中国大师是什么来头？何以受到日本幕府如此青睐？

无学祖元，俗姓许，号子元。所以世俗社会叫他“许子元”也可以。实事求是地描述，许子元是个非常有精神修为的禅师。关于他的修为，最具传奇性的故事，是独守寺庙喝退蒙古兵。

临安沦陷后，蒙古大军进逼温州指向能仁寺，众僧逃离，只剩许子元一人，蒙古兵挥刀架在许子元脖子上，喝令其降服，许子元坦然诵诗：

乾坤无地卓孤筇，喜得人空法亦空；珍重大元三尺剑，电光影里斩春风!

据说,杀手为许子元的气势所震撼,狼狈而去。

那么,许子元为什么在崖山之变后去了日本?

因为国破,寺庙也不能成为避难所。

东渡日本后,许子元的禅道得以广传,日本朝野包括武士群广为受益。

据称当蒙古大军伐日时,北条时宗率众抗击时那句气吞山河的“莫烦恼,蓦直前进”也是受到他的启发。许子元以无我的精神鼓励了镰仓执政者北条时宗和日本将士,在抗元中取得文永、弘安两次战役的胜利,决定了日本与中国不同的命运。并且,他为武士道注入了新元素——所谓“道”就是这样一个一切皆空、死不易志的气度。由此,武士与禅学融合,完成了武士精神的升华。

许子元在中国大陆的命运充满忧患和悲伤,在日本则焕发了激情与飞扬,他成功地塑造了日本文化中的刚性。乃至于在历史重大转折期,日本文化的刚性时常给大陆的萎靡腐朽予强刺激。

蒙古灭南宋,中土文化遭到巨大摧残。日本人放眼四海,自感日本是硕果仅存的中土文化继承人(当时朝鲜半岛高丽也在蒙古的控制之下)。此后的日本政府,不但极力拉拢中土文化的代表人物去日本,也理所当然地把蒙古人治下的中国当作了“蛮夷”,对忽必烈的使者斩杀之,对蒙古远征军抗击之。

当时以郑思肖为代表的南宋遗民,不消说,是站在日本一边的。“中土文化情结”将南宋文化遗民与日本连在了一起。许子元赴日布道当然也是“中土文化情结”延续的一部分。在近代日本与中国交恶之前,认同日本是“中土文化之一传承者”的汉民族文化移民代不乏人。乃至几百年后的清末民初,写《痛史》的吴研人,还把日本痛击元朝大军看成是“天道好还”。汉民族亡国后,确实有不少南宋遗民乐见日本同占据中原大地的蒙古人交战。在他们看来,日本抗元,甚至可以成为伍子胥“流吴亡楚”的翻版。

正因如此,中国历史的第三次移民潮大约就发生在此间。不然就无法解释崖山之局——南宋海上行朝有官兵 17 万，民兵 30 万，随行民众不计其数。端宗病死后，散去大半，剩 20 万。这散去的一部分去哪了？崖山之战，陆秀夫负幼帝投海，殉国者 10 万。而殉国方式除了蹈海，难道就没有其他远渡之举吗？若远渡，第一站当然是离日本最近的东洋海面。

可以想见，元灭南宋，一部分不愿臣服于异族的“中土士人”流亡日本，最终成为“渡来”的“归化人”。而数百年后，华夏再遭华夷之变深陷刀俎之中，他们的后裔作为侵略者亦出现在故土上。此情此境，不知许子元们泉下有知，作何感念？

第三章

撕裂的东洋——华夏“陆沉”引发日本“继大统”冲动

史所公认，中世纪是“草原狼”的世纪。以蒙古帝国为代表的草原部落在东方崛起，继而在欧亚大陆上创造了惊世的战绩，并间接影响了东洋历史。

一个不过百万之众的部落首领忽必烈，凭什么成为征服华夏第一人？

一个草原部落，突然军事科技水平突飞猛进，这神秘力量来自何方？

1. 东陆突现新王者——蒙古人崛起的神秘外因

(1)草原狼生长最佳期

人言蒙古人的崛起，主要靠的是战马。诚然，拥有大量战马是蒙古部落具有的一个天然优势，他们是一个在马背上长大的草原游牧民族，几乎所有的成年男子不需过多的训练就可以武装成优秀的骑兵。

然而，拥有战马、骑兵的游牧民族多矣，为什么他们没有达到蒙古部落的扩张程度？可见，战马、骑兵只是一个原因，而内部与外部环境产生“发酵”才是更值得探讨的要因。

阅读中世纪那段历史，我们不难发现：蒙古帝国赶上了“草原狼”生长最佳环境与周期。

中世纪的草原部落中，蒙古起初不是最耀眼的一支。在北宋对付的“塞外三狼”中，哪匹都比蒙古剽悍。当北宋变为南宋之时，蒙古人还在给女真人当奴隶。

可是，最后登上草原部落之巅的，却是这个起初不被人在乎的蒙古部落。北宋拖垮了契丹，南宋拖垮了女真，然而却没有拖垮蒙古，汉人的朝廷终被蒙古所灭。可见，蒙古处于草原“生态链”的顶端，自有它的独特之处。

关于内部“发酵”无需多述，世所共知，这个部落间出现了一个超群绝伦的“头狼”——成吉思汗。他没有受过什么军校训练，但对军事无师自通，创造了原始军国体制——“千户制”。

“千户制”打破部落编制，对所有蒙古人进行户口登记，将其按照十户、百户、千户的结构纳入“军民合一”的组织框架中，部落贵族皆以百户长、千户长的身份充任官吏。一旦有战事，各级“军民组织”便携带武器、马匹及粮秣，在各级长官率领下出征作战，70 万之众“军民”，转身就是 70 万蒙古铁骑。这是成吉思汗对蒙古部落的最大贡献——把各自为战的“草原狼”组成了集团作战的“草原狼群”。

蒙古的壮大与“草原狼”猎食同出一辙。成吉思汗起步阶段，小心翼翼地先寻找势力单薄的弱小对手作为洗劫的目标。得手后增加实力，再去找一个稍大的对手。这种战略选择，保证本群从弱变强。

如此作战，可谓“草原狼”的最高竞技状态。这使得蒙古这群“草原狼群”，在草原食物链中，逐渐争到最上游。全民皆兵的集团军刀锋所指之处，欧亚大陆、波斯、女真，无不望风披靡。

强悍的蒙古民族向东打到太平洋，向北打到西伯利亚，南至印度河流域，向西饮马地中海。兴盛时蒙古帝国拿下世界四分之一的版图，统治了五分之一的世界人口（超过 1 亿人）。整个东亚、中亚、北亚、西亚大部分地区，东南亚、南亚部分地区，东欧和中欧大部分地区都在其统治范围内，包括现在的俄罗斯、伊朗与印度西北皆收入其势力范围。

俨然，那是东方蒙古人空前绝后的时代。

(2)引狼入室——蒙古崛起的“神秘外因”

毋庸置疑，“军事天才”型头人与军政是蒙古部落内部“发酵”的主因。但同时，外部“酵因”也不可或缺，而这个“外因”，对当时的人们来说，一度颇显“神秘”。

众所周知，游牧民族的作战特点是灵活机动，他们善于在草原与平原野地冲杀作战，而不善于攻城拔寨。当年宋金两国形成拉锯战，亦有宋军善于守城之因。

“草原狼”是进攻型的，既然进攻，战场的选择就由不得他们。所以攻城是他们必须要过的关口。金国亡国前夕，其“守成”之愿比南宋有过之而无不及。蒙古灭金之时，大规模的战役也非野地冲杀，而是攻城拔寨。当时金国已经成为“中原大国”，基本结束了“游牧状态”。他们在城里待着也很舒适，何必再到空旷草原野地狩猎游牧?

成吉思汗在其刚起兵时，一直视金人为其最强劲的对手，但居庸关一役，蒙古军队与金兵交手，金兵大败，溃不成军，而后成吉思汗占领金朝中都，金人只得向其纳贡称臣。直至金亡国，蒙古军也没有遭到多少凶猛的抵抗，金军比宋军还顺从几分，因为他们打不过，也守不住。

而宋蒙相持五十年，五十年间，共发生了三次大规模战争。前两次，南宋一胜一平。第三次，南宋完败，以崖山为结点，宋亡。宋之所以能跟蒙古军打持久战，这里，不仅有他们的“守成之愿”，更管用的，就有他们的“守城”功夫。

然而到后来，打到中原腹地的蒙古军，突然敢于攻城，又变得善于攻城。因为他们拥有了云梯、强弩、火炮。这让守城的金宋两国很是吃不消。他们惊讶地发现，蒙古兵除骑马野战之外，又获得了攻城作战的武器和技能。

一个草原部落，突然拥有了攻城的云梯、火炮。军事科技水平突飞猛进，这神秘力量来自何方呢?

谜底可以先行揭开。这个神秘外因，主要来自中原内部——汉人的技术援助。这种技术援助，在蒙古崛起的过程中，有如神助。

应该说，历史非常眷顾中世纪蒙古民族，当时由于女真族金国占据中国的北方地区——华夏的文明中心，对汉民族采取了非常残酷的压迫，所以金国统治下的汉人迫切希望外部力量能够打击金国，许多汉人工匠将制造的云梯、强弩、火炮，带到了蒙古军营，令这支骑兵在具备野地作战“武功”的同时，又具备了拿下世界所有城池的“武器”。

那些汉人工匠，为什么自愿帮助蒙古骑兵呢？显然，中原汉人曾把这个也饱受女真压迫的部落，一度看作“正义之师”，希望他们推翻野蛮的金国统治，帮他们摆脱民族压迫。

孰知此举亦是引狼入室。走了一老狼，来了一饿狼。蒙古骑兵的确踏平了金国，但是中原汉人被压迫的命运不仅没有改变，反而在饿狼的统治下，变本加厉。

金国统治下的汉人，虽然饱受民族压迫，但是从国家法律上，毕竟没有被公然列为“下等人”；而蒙古灭宋建立的元朝，公然立法，将中原汉人列为“三等人”。元朝的统治者虽然知道为自己插上翅膀的“神秘外援”的作用，对于“有技术”的汉人，还是比较客气，甚至给予官职，但是在整个民族沦为“下等”的大环境下，这些汉族“技术官僚”也没多大话语权，作为出身低贱的“理科生”，他们只能中规中矩，奉命做工。

无论当初的“外援力量”愿不愿意看到，历史就是给出了这样的结果——潘多拉的盒子一旦打开，再关闭就由不得开瓶人了。

得到中原军事技术的蒙古人如虎添翼，修炼成了世界“武状元”。13世纪，如日中天的蒙古军队已不是简单的草原轻骑。汉族的火药武器、耐力十足的蒙古战马、女真族重甲骑兵集粹在一起，使蒙古帝国的武力达到了一个令世界瞠目、无奈的地步。

助蒙古骑兵的汉人工匠们，最后悔之晚矣，本民族不仅没有因为帮助他族强盛而获得解放，反而回落到更糟糕的境地。历史再次给予他们沉痛教训：一个民族指望别的民族替自己出头，“血”之不存，“技”又何益？

2. 全民皆兵与一亿土豆——汉和“魂差”致抗蒙两样结果

《宋史》记载，崖山海战，10万民众随宋末帝投海自尽。这些人全部是没

日本绘制的蒙古来袭图

有战斗力的残兵，还是精神崩溃的民众？已不得而知。反正，他们最后选择了“自我了断”。壮哉？悲哉？

南宋鼎盛时，全国总人口八千余万、迫近一亿大关。在被女真人和蒙古人杀光血性后，这个庞大族群在追忆的痛史中被描述为任人切剁的“土豆”。血性残留时，他们有心杀贼无力回天；血性消亡后，他们无心杀贼，随了张弘范（跟随蒙古军队灭宋的汉人带路党）。

而另一方面，在这场东方历史“华夷之变”中，中国的一些邻国却未被“殃及池鱼”，甚至有着不俗的表现。

13 世纪下半叶，蒙古大军在平定中原之后，对日本发动过两次征服战役。第一次交战是在 1274 年。进攻日本的蒙古远征军共 25000 人，面对第一次“蒙古远征军来袭”，日本举国参战，武士和民兵都投入战争中，惨烈的战斗进行了二十多天。擅长骑射的蒙古兵在擅长肉搏战的日本人面前遭到重创，顽强的日本民兵成功地阻止了蒙古军的推进。由武士组成的日本重骑兵队尤为英勇，他们在弓箭手的支援下冒着箭雨列阵冲击敌人，与敌军贴身近战，使蒙古人的弓箭优势失效。蒙古军折损大半后无力继续守住阵地，

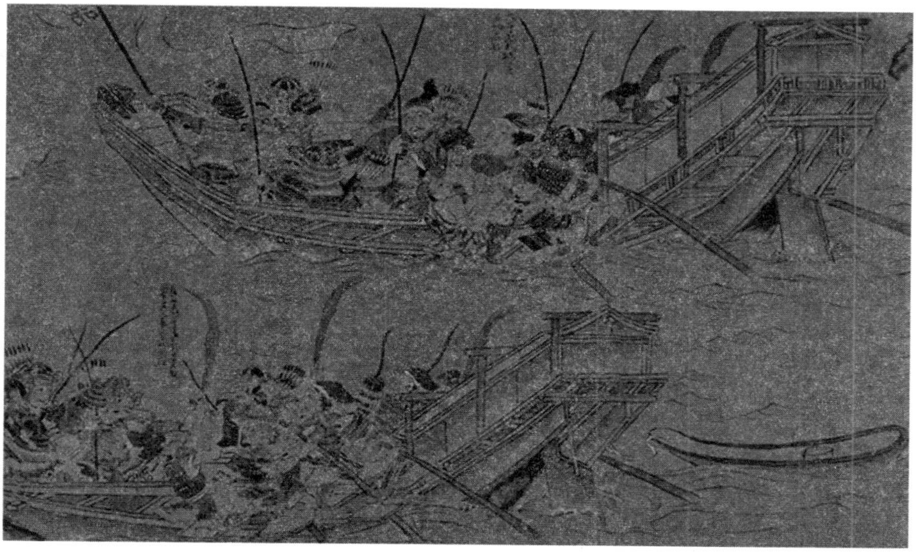

蒙古来袭

只得上船撤退。在返回朝鲜的路上,蒙古的舰队遭风暴袭击。

第一次伐日虽然失败,但是忽必烈不肯轻易罢休,尤其在完全征服了中原、得到东方最富饶的大陆后,不免得陇望蜀、再起盗心,于是对日本发动第二次海战。此战忽必烈投入的参战人员是第一次战争的十倍,但是依然没有捞到半点便宜,最后再次被伙同“神风”(其实也就是台风)的日本武士和民兵打败。

两次伐日皆北,蒙古人在东洋第一次遇到了勇气不逊于自己的对手。对日本军人的战斗力,蒙古军队再不敢小觑,尤其是对日本人的战刀印象深刻,据说蒙古军普通士兵的刀剑与日本刀一碰即断。而按照日本人的说法,蒙古人的战斗力并不像想象的那样强大,日本武士在各方面都胜过他们,尤其“拼刺刀”方面。日本武士完全脱产,自小接受严格的军事训练,他们的战刀、战技胜过蒙古人毫不奇怪。而且他们优势不仅在于战刀,也在于铁甲,据说只要距离稍远,蒙古弓箭就无力穿透日本武士的盔甲。

遭到13世纪世界最强大的军团侵袭,但日本却没有像宋中国那样一败涂地,而是最终击溃了侵略者。除了地理优势天公作美(台风),同仇敌忾不出叛将、全民皆兵铁血抗敌也是要因之一。

相似的情况在越南也曾呈现。

在征服欧亚大陆过程中，蒙古军三度征伐安南（今越南），1258 年初元朝大将兀良哈台一度攻陷安南都城升龙（河内），1285 年脱欢再占升龙。但是，越南人在陈朝宗室、“兴道大王”陈国峻的带领下，奋起反抗，他们人人手臂上刺着“杀鞑”二字，最终夺回升龙。随即全境反攻，杀退来犯之敌。

忽必烈大怒，此时他正在组织战船进攻日本，遭遇“神风”。蒙古军不败神话竟然被岛国日本、小小越南打破，于是他停止进攻日本，再派脱欢率 10 万大军攻安南。陈国峻以“游击战”切断元军的水路补给，利用涨潮而进攻，退潮则退走，并实施“木桩战术”创造了以弱敌强、以小胜大的战争奇迹——俘获元军 400 余艘战船，生擒主将乌马儿。

蒙古铁骑横扫欧亚大陆，中国大陆和莫斯科公国都被蒙古帝国吞并。然而，所向披靡的蒙古大军却在小小越南吃了败仗。忽必烈死后，蒙古大军再也没敢侵略安南。

同一地域，相近文化，却没有促成完全一样的抗战结果，这是为什么？

须从“民风”中寻找答案。在古代，越南比日本与中国的关系还要近——或为中国的藩属国，或为中国一部分。两国的文化有不少大同小异之处，越南的主体文化也受到儒家文化的深刻影响。然而，同一地域，相近文化，却没有促成完全一样的民风。纵观历史上两国民间的表现，越南、日本民风明显比中国彪悍。

众所周知，推崇“尚德抑武”的儒家文化是偏软的。而虽然受到两千年儒家文化影响，但日本、越南仍然长期保有“强悍、尚武、富有反抗精神”的民族传统。那么，这种民风传统是怎么形成和保留的？

这就与他们的生存环境和独存的文化背景有关。

从生存环境而言，日本和越南虽然不是“草原部落”，但由于其独特的地理位置，为生存厮杀争斗激烈程度不亚于草原部落。

由于在漫长的历史时期中战争频繁，内外纷争不断，这些国家的历史烽烟不断，几乎就是一部充满战争的历史，也因此造就了不少名垂青史的战斗英雄。对于历史上勇猛善战的英雄人物，他们特别崇敬。由此形成了特有的“武士文化”“战斗文化”。

譬如越南，从远古到现代，延续不少英雄的节日。例如有一个民间节，叫“圣董天王”祭。那里含有一个广为流传的少年英雄的“神奇故事”：

远古时期，河内董村的一个小孩躺在石床上三年，不说也不笑，但听到外寇入侵的消息就像吹了气似的突然成长起来，一会儿就吃完了七筐饭、三筐茄，喝干了一条河的水，立刻长成一个身健力强的高大巨人。圣董身披铁甲，骑着全身套着铁护甲的战马，一手拿狼牙棒、一手持金剑，打得敌人丢盔卸甲、狼狈而逃，之后，这位勇猛的儿童英雄也消失在云雾之中……

当然，“圣董天王”只是“英雄文化”的演绎，但在现实中，越南历史上也的确曾涌现不少令越南人引以为自豪的民族英雄。

譬如抗蒙“兴道大王”陈国峻，就被誉为民族英雄，越南南北处处有“兴道大王”庙宇祭祀，香火千百年来不断。越南人对英雄人物的顶礼膜拜以及英雄文化的传统氛围，由此可见一斑。

现代越南历史学家曾说：“越南民族的传统，历来是全民皆兵。在田里干活的农民，一旦需要扛起枪就能上战场进行战斗。”生活中，他们是知礼谦和的普通百姓，而在战场上，他们绝对是可怕而难缠的斗士。

举国抗战、全民皆兵——日本和越南的这些特点，与“草原部落”骑兵的特点差不多。甚至可以说，他们的民风，就相当于东洋的“草原部落”。

回顾这段历史，之所以在偏软的“儒家文化圈”中，日本、越南的民族精神没有被“软化”，得以保持“彪悍民风”，一是因为“儒家文化”对他们上层影响大，对底层民间影响小。二是因为整个国家形势所迫，“实用主义”大过“中土主义”。独特的地势加铁血的武士英雄文化，使得日本、越南等国在蒙古大军铁骑下，得以“独善其身”。所以，他们愈加崇尚武士文化、英雄文化，以“彪悍、善战”民风为荣，直至成为恶劣生存环境下的生存本能……

3. 撕裂的东洋——南宋灭亡引发日本“继大统”冲动

征服宋中国却没能踏入日本的蒙古帝国，一方面验出汉和“魂差”，另一方面也暴露出草原部落擅长陆战、不善海战的真相，他们只能在大陆驰骋，不能成为海上王者——草原文明与海洋文明是两股道上的车。

“以洋为壑”的蒙古帝国将东方一撕两半。在撕裂的东洋里，华夏势弱，日本势强。作为先进文明的结点，两宋时的“汉才”仍然得到日本的高度评价，认为那是中国“现代化”程度最高的时代。但无法否认的是，草原文明的突起，汉魂不由自主地失血，令这个时期的华夏文明无法在大陆沿革，于是，“滚滚汉江东逝水”的历史大幕徐徐拉开，一衣带水的日本不禁萌生“江山代有才人出”之“继大统”冲动。

（1）彼可取而代之

1279 年，南宋被蒙古所灭，汉民族首次亡国，当时的日本处于镰仓幕府第八代执政者北条时宗执政时期。

几乎在灭南宋的同时，忽必烈派使令日本臣服，年仅 23 岁的“少主”北条时宗以一国之主的身份断然拒绝，斩杀来使。面对强大的蒙古军团，北条时宗毅然决定军事对抗，日本当时虽无枪炮，但幕府动员全国武士应战。他的那句得益于中国流亡大师无学祖元的“莫烦恼，蓦直前进”名言流进了日本武士的心脾。

死战蒙军的日本创下了历史上罕见的逆转记录，威风凛凛、不可一世的蒙古帝国，败在了当时军事力量还不及南宋的日本手下。

蒙古两次讨伐日本均遭失败，日本人从这件事找到了自信，蒙古帝国不能夺走日本一寸土地，而中国大陆被蒙古帝国吞个干净，中国也不过如此，蒙古是我们手下败将，中国连蒙古都打不过，怎么领导东方世界？日本人于是信心及野心暴涨，不仅对华夏文明的学习告一段落，而且“彼可取而代之”之念陡然而生。

南宋灭亡后，大批汉人前往日本，北条时宗尊请无学祖元常驻日本最早的禅宗专门道场——建长寺，这座日本“准世界文化遗产”，不仅是吸引大陆精英来日的一个文化航标，同时也标志着日本继承中华大统的“志愿”。此前，大陆为华，日本为夷，此后，日本“继大统”野心萌动，以“东方正统”自居的思想开始逐渐形成，并且试图“君临”大陆。

（2）蒙古帝国在日本留下了什么遗产

虽然蒙古帝国未能夺走日本一寸土地，但还是在日本留下了“遗产”。

在征服世界的战程中，成吉思汗曾留下一句著名的铁血经：“人生最大的快慰在于战胜，在克服敌人，在追逐他们，夺取他们的财产，使他们所爱者哭泣，骑他们的马，搂抱他们的妻女。”

这句铁血经为世界展现的，与其说是一个征服者的形象，不如说是一匹狼王形象。狼道是成吉思汗及其蒙古帝国的原始信仰——狼吃小羊是小羊的错，谁让你这么弱！

那么，与蒙古交过手的日本对成吉思汗的“狼道”怎么看？

尽管成吉思汗的子孙侵袭过日本，但日本人对成吉思汗的“狼性征服世界”思想并不排斥。2007 年，日本与蒙古国联手，合拍了一部历史片《成吉思汗——征服到地与海的尽头》。这部片子是为纪念成吉思汗统一蒙古 800 周年，日蒙跨国合作，斥资 30 亿日元的大制作。在这部片子里，成吉思汗的一生“波澜壮阔”，成吉思汗的形象被美化，被日本编剧称为“世界上最伟大的征服者”。

而成吉思汗的铁血征服经，到底传承的是什么精神底色？说白了就四个字：弱肉强食。很多人都以为游牧民族具有“团队精神”，他们很团结，殊不知“见利忘义”也是其一本性。在猎物和资源面前，他们六亲不认。

在任何一个社会，杀人越货都被社会主流鄙视。但在游牧民族社会，杀人越货却是一种生活方式。连老婆也需要抢，你不抢就娶不到老婆，你不强悍自己的老婆就要被别人“取”走。除了牲畜、武器，游牧民族很少有其他财产。大多游牧民族，生来处于一穷二白的贫困状态，所以把动物世界的弱肉强食作为“天然生存法则”。草原狼道，其实就是“强盗逻辑”加“实用主义”。

历史上，蒙古帝国是个见利忘义、善于玩“假道伐虢”游戏的国家。想当年，蒙古帝国联宋灭金，宋人为蒙军提供了大量的火器、攻器与后勤支援。但事成之后，蒙古帝国不计友情，转而又大举进攻他的“战略合作伙伴”南宋。1227 年，成吉思汗临死前还在算计“邻国”。他临终遗嘱：利用宋金世仇，借道宋境，联宋灭金。在成吉思汗和忽必烈眼里，是没有什么道义和信用可讲的，一切为利益最大化服务。

从成吉思汗到忽必烈，对于本民族而言或许是英雄，对于那些被征服的国家、地区来说，则是一场噩梦。狼性征服世界的历史，必是人类一部野蛮史。

中世纪蒙古帝国周边，没有友邦，只有“敌人和仆人”这两种角色可供选择。后来日本做了同样的事。不能战胜他们，就要匍匐在他们的脚下，被奴役过活。

(3)不杀“汉俘”，驯为“部民”

世所共知，蒙古帝国在元统治期间，曾经把帝国臣民分为四等。一是蒙古人，二是色目人，三是汉人，四是南人（南方汉人）。而日本在击败元军之后的战俘处理上，也参照了蒙古人的标准。他们把俘虏分四等：一是蒙古人，二是色目人，三是女真人，四是唐人（南方汉人）。

不过，他们对这四等人的待遇恰好相反——前三等，即蒙古人、色目人、女真人全部处死，四等的唐人（南方汉人）免死。

为什么单独留下汉人？

不少中国历史爱好者一厢情愿地认为，这是日本对华夏文明的崇拜情结所致。然而，崖山之后，南宋灭亡，蒙古帝国所建立的大元吞并中国大陆，当时在日本人眼里，华夏已经被外族征服，甚至日本人学习华夏文明也告一段落。对如此文明、亡国军队，还有什么崇拜之情？

据史书记载，对当时“胁从作战”的汉军，日本没有崇拜，只有鄙视。在抗元战役中，日本人对元军中的汉人评价最低，在他们看来，汉军贪生怕死，士气低落，是标准的“鱼腩部队”。

元军两次伐日，第二次伐日庞大的远征军成分比较复杂，蒙古军、汉军、高丽军俱在其中。远征军中蒙古人不占多数，汉军胁从作战最众，但一切唯蒙古军马首是瞻，不能成为作战的中坚。

当海面突起“神风”（台风），北方舰队剩余的舰船搭载指挥官以及部分蒙古军和高丽军逃离战场驶返高丽。南方军汉军指挥官和部分高级官员马上丢下大部队，乘南方舰队残存的几艘船逃离。丢在日本九龙山海滩上的近10万元军，无力突破日军的防线，补给消耗殆尽，又失去了退路，指挥官和督战队逃走，士气崩溃，只得等死。战争最后阶段，日本人开始反攻，将残存的元军驱赶至一处名为八角岛的狭窄地区，然后纵兵发动总攻。元军大部被杀，剩余的两万多人做了俘虏。

可见，元军伐日、日本抗元验出了被征服后的汉军本色：毫无血性，不堪一击。但也恰恰由于这个原因，日本镰仓幕府才发出了免死令：汉人虽然打仗不行，但长于生产，非“嗜血难驯”之辈，因此可以为“地瘠人乏”的日本做贡献。所以，元军俘虏中的蒙古人、女真人、色目人均被日本人杀掉，而战俘中的这部分汉人却被日本最后赦免了，成为“部民”（贱民之意）。

历史就是这样诡异，“汉魂失血”反倒成全了“汉军活命”。“华夏陆沉”和“日本抗元”对东洋历史转向起到了划时代的作用。“不拜华夏”与“取而代之”两种心态在以日本为代表的“独善其身”东洋国中连体生长。日本的东洋史中的“中国古代”讲到宋亡即告结束，他们认为宋亡后事实上已经没有传统意义上的中国人了。而他们比后来的元明清人，更具“继承东方正统”的资格。

第四章
汉才脱水——明清“自闭”送东洋

蒙古灭宋，令华夏文明进入“被征服时代”。百年之后，华夏复国。然而，那只是汉民族复国成功，将华夏衣冠重新面世，并没有带动华夏文明新生。此后大部分时间里，东洋一片死寂，华夏文明不进反退。

1.复国未复兴——大明王朝“去势”华夏文明

(1)朱元璋的“复国主义”

从起事的时间而论，朱元璋参加“复国运动”时间是比较晚的，有点趁火打劫、“抢夺胜利果实”的意思。待他单独领兵时，不少“革命前辈”已经成了气候。韩山童打出“宋徽宗八世孙”的旗号，他的忠实属下刘福通把国号定为“宋”，可谓华夏正朔，但到头来，为什么被无根无基的朱元璋继承了大统呢？朱元璋的“复国主义”高明在哪里呢？

在元末这场轰轰烈烈的民族独立运动中，朱元璋之所以能笑到最后，不光是因为他的名字打眼——“诛元”之“男子汉”，最重要的，还在于他的“复国主义”旗号最鲜艳。其中核心一点，是朱元璋展现了“形象工程”大师的本领——把自己塑造为“华夏正朔”，把自己的军队成功打扮为“正义之师”。

朱元璋起事前，各路造反的农民军风起云涌，农民军的旗号与素质良莠不齐，相当多的军队名声并不好。“妖人”是很多官民对第一义军——“红巾军”的称呼。政府官员侮辱造反的反政府武装很正常，但为什么许多百姓也认为韩林儿、刘福通的军队是“妖”？这里，就有他们“自作孽”的成因了。

作为“打响反元第一枪”的红巾军，其意义和影响力，任何义军无出其右。所以，就连志在天下的朱元璋，也不得不先期投奔于此，租用人家的旗号，一直做到“左副元帅”。

但红巾军是以弥勒教起家，一开始就注入了“妖言惑众”的元素。也就是说，红巾军起点早，占得了造反的先机，但是他们的起点并不高，弥勒教的核心教义是什么？——“弥勒下生成佛”，“新佛”反旧佛“不杀生”之道，力倡杀人，认为“杀一人者为一住菩萨，杀十人者为十住菩萨”，“屠灭寺舍，斩戮僧尼，焚烧经像”，“又合狂药令人服之，父子兄弟不相识，唯以杀害为事”。

红巾军的创始人韩山童，虽打起的是“重开大宋之天”的战旗，但使用的手段是散布民谣“莫道石人一只眼，挑动黄河天下反”，同时暗地“埋伏”独眼石人，自编自导自演。并在发布起义宣言里，有“蕴玉玺于海东，取精兵于日本”的内容，俨然是“天外飞仙”。

这些手段，用于造反当初，浮动民心是可以的，但是如果是“用于远景规划”，则必然“有限”，时间一长，甚至“过时”。因为“嗜杀”云云，“东海日本”的天兵，并不能给大家一个免于恐惧的更光明的未来。

羽翼丰满、意欲独立创业的朱元璋渐渐悟到了红巾军的局限，这位左副元帅“单干”后，随着军事胜利，政治觉悟也提高了不少，其中一大升华，就是意识到了红巾军这面精神旗帜的不足。当他初成气候，打出北伐檄文时，即刻意变脸、大造形象工程——

拯生民于涂炭。兵至，民人勿避。予号令严肃，无秋毫之犯，志在逐胡虏，除暴乱，使民皆得其所。如蒙古、色目，虽非华夏族类，然同生天地之间，有能知礼义，愿为臣民者，与中夏之人抚养无异。

朱元璋最收揽天下人心的口号，是在著名的《奉天讨元北伐檄文》中，先于孙中山600年提出“驱逐鞑虏，恢复中华，立纲陈纪，救济斯民，拯救生民于水火”。

“驱逐鞑虏”，就是推翻以蒙古贵族为主体的元朝统治，“恢复中华”不是要压迫蒙古人、色目人，而是重张华夏文明——恢复中华的道统，恢复中华传统的政治理念和文化理念。“立纲陈纪”，就是要重新建立秩序，新秩序是什么？就是以仁道为核心的纲纪。如此一来，他就能“救济斯民”，把百姓从水深火热当中拯救出来，让他们过上安稳的日子。

朱元璋生活起于社会底层，曾经过着非常悲惨的生活，他看到过那些蒙古权贵是如何欺压百姓，他知道汉民族百姓生活的艰难，知道百姓的期望在哪里，所以他在口号中加上了这句话，宣扬要建立一个没有民族压迫、能使百姓过上安定生活的拥有传统秩序的社会。

为了标明“仁道正统”，朱元璋自觉向“儒家标杆”改造自我及其军队。朱元璋身边有很多儒者，李善长、刘基、宋濂，都是饱学之士，是儒家学说的传承者，朱元璋通过他们，向军队注入了正统儒家“教义”。朱家军与依托白莲教的红巾军渐行渐远，向着夺取全国政权、向着天下正统的继承者的方向大步前进。在统一中国的前一年，朱元璋派部将廖永忠将“名誉领袖”小明王韩林儿沉于江，不仅免除了“皇位争夺战”的隐患，也就此标志着朱家军与红巾军从编制到精神的彻底决裂，他才是代表华夏文明的正统。

由简单的民族复仇、种族灭绝，到恢复中华、一视同仁、民族大团结。这“华夏正统”的包装给朱元璋大为添色，成为“复国主义”最鲜艳的旗帜。从而换来了无与伦比的感召力和凝聚力。

朱元璋的“华夏正统”旗帜，为他聚揽了百万雄师。1367年，朱元璋派大将军徐达率铁甲25万大军誓师北伐。有历史小说言，出征前，为了鼓舞军队的士气，朱元璋在出征前对士兵和将领们慷慨陈词：“天道好还，中国有必伴之理，人心效顺，匹夫无不报之仇。”其实此言出自南宋名臣韩侂胄伐金檄文，朱元璋李代桃僵俨然已经成为评书演义中继承华夏大统的正义之师。当然，可靠史料也肯定了这一史实：朱家军所到之处，北方汉族纷纷起义，迎接王师北定中原。

1368 年 9 月 14 日，朱元璋的大将军徐达率几十万大军冲进元大都，汉民族第一次光复时刻来临，崖山之后再现华夏。无疑，这是朱元璋高举“华夏正统”旗帜取得的“复国”成功。

（2）明朝“去势”华夏文明

复国未复兴——是我对“崖山之后再现华夏”的明王朝的五字评语。

都说华夏文明毁于蒙古、女真人之手，我以为那只是雪上加霜。元朝和清朝统治者比明朝坏，这是不争的事实。但这不证明明朝不坏。华夏文明先毁容于元朝，后被明朝“去势”，再遭清朝万劫，这也是客观的史实。

何言华夏文明被明朝“去势”？首先可从明朝创造“太监盛世”说起。

华夏文明中有两个独特的“发明”，历史悠久，但包括近邻日本在内的全世界是不学的，那就是“阉割”与“缠足”。这两项“文明”，一个是让男人“去势”，另一个是让女人“去步”，这世界就雌雄两种人，一个令其繁殖不能，另一个使其行动不便，从而组成了最让统治者放心的“准人类”族群。

而这些“准人类”族群，在明朝最为兴旺。

关于缠足起源于中国哪朝，有言隋唐，有言北宋，说法不一。但起兴时代，却举世公认为大明王朝。明朝之前，缠足只是一些贵族“圈子里游戏”，但到了明朝，社会各阶层的女子，不论贫富贵贱，都纷纷缠足，“三寸金莲”顿成蔓延全国之风。朱元璋在位时，洪武十六年（1383）颁布的《衮冕制度》，“命妇复杂繁盛冠饰和缠足”，被现代学者指出是“束缚女权、压迫女性”的心态所致。

如果说女人行动不便便好压迫，那么男人怎么“变异”才能令朱家坐稳江山呢？

这就要涉及如何大力弘扬“阉割术”了。

继创造“小脚世界”之后，明朝又着力打造了“太监盛世”，有明一朝，阉风大盛，“阉人”登上中国政坛顶峰。

众所周知，太监并非只在中国历史上出现过。古埃及、古罗马、古希腊等国家也都曾出现过阉人。一些亚洲国家，比如朝鲜、印度，也都有太监出现过。

但中国“阉人史”和“太监文化”独具特色，到了明朝特色更加突出。一般王朝太监数量不足一万人，而明朝太监鼎盛时期人数达 10 万之巨。一般王朝的太监总管，混个千岁都不大可能，而明朝阉首魏忠贤，竟扶摇直上“九千岁”，离万岁只有一步之遥。

太监代代有，为什么明朝独夺“之最”？

这与明朝推行的政治体制一脉相承。与唐宋的开明君主制比较，明朝的集权君主制是一种倒退。其最大的退步表现，是铲除相权，彻底废除丞相制，使君臣制衡的政治格局在形式上也不复存在，从而保证了皇帝的绝对一言堂。然而，一个人的精力毕竟有限，皇权总需要代理人，桀骜的大臣不行，就轮到绝对听话的奴才——太监。终明一朝，确切地说，实行的是内室政治，太监成为皇帝的“职业经理人”。即便连张居正这样的“首辅”，不联盟太监冯宝也做不成任何事。

有明一朝，太监机构的编制不断扩大，太监们组成了“大朝廷中的小朝廷”。上有体制的膨胀，下刮自宫之风，民间相应掀起“自宫潮”，许多小康之家的儿子也忍痛自宫。对于他们而言，这确实是一条仕进捷径：读书须受十年寒窗苦，自宫却是忍一时痛享终身富贵。据《山堂别集·中官考十》记载：“南海户净身男九百七十余人复乞收入。”一个小村子，居然有如此之多的童男自宫。整个国家呢？天启三年（1623），征募宦官缺额 3000 人，结果应征者多达 2 万人。政府想不到会有如此多人，一时无措，不得不增加 1500 个名额，剩下的人，安置在京郊南苑的收容所。即使如此，收容所也容纳不下这么多人，许多人不得不沦为乞丐和偷盗者。

明朝统治中国 276 年，此间太监对中国的政治影响不仅是负面的，而且还直接影响到整个华夏民族性格。明时中国，臣民普遍具有“内倾性、自虐性”的病态人格，主体性与独立精神空缺，有形的太监高达 10 万，无形的精神太监在明朝却是无数。明朝文人士大夫，除了个别死烈之士，大多是去了势的精神太监。

比如明世宗嘉靖年间，有个才子叫丁士美，高中状元，史书对其评价甚高。《明实录》赞其“高谊维风，清操振世”，但终其一生，最大政绩不过是为皇家“预修《永乐大典》”。这些本当是社会精英的文人士大夫，在“太监政治”下，变成了丧失人格尊严的“笼中对”，成了皇族思想的补充品和装饰品。所谓学术，要么成为凝固在四书五经里的阴风惨惨的地宫，要么成为一个个由谎言构成的迷宫。在这样的地宫和迷宫中，整个民族丧失了独立精神、创造思维和增长能力。

可见，以创造“太监盛世”为端，华夏文明已在明朝“去势”。而去势的文明，注定难逃再次被征服的悲命。

(3)清流之害——大明王朝的苍白“血色”

三百年来养士朝，如何文武尽皆逃？
纲常留在卑田院，乞丐羞存命一条？

这是清兵入关，南下灭南明时，一乞丐见南明君臣降状愤而写下的一首绝命诗。

都说大明王朝时的中国，是有血性的，没有像宋朝那样用金钱求苟安，也没有如两汉用美女换和平的耻辱记录。但是，这个汉族王朝最终还是亡于满族人之手，这是为什么？

关于中国明王朝倒掉的内因，从极度皇权到宦官乱政，史书已经阐述得够多了。但是，对比其他王朝，明朝其实还有一害，不为人所侧重，而这一害，却是明朝特色中的隐形之害。

那就是“清流之害”。

“清流”在明朝中前期是个褒义词。对于清流，顾炎武《日知录》里有“清议”一条，给出正面形象的描述——正义凛然、爱憎分明、是非分明，决不骑墙。他们立身方正，绝非摆下酒席打圆场的和事佬；他们出污泥而不染，绝不和稀泥。

在明朝历史上，以“清流”光照千古的，前有“两袖清风”的于谦，后有“君子为政”的东林党人。

于谦的主要事迹是在明朝与蒙古瓦剌部交战、明英宗在土木堡被俘的危机时刻,断然拒绝丧权辱国的要求,另立新君打败了瓦剌,由此获得与岳飞齐名的“西湖三杰”的美誉。

而东林党人的光荣在于,与祸国殃民的阉党死拼,虽九死犹未悔。

但是在明朝后期,清流即便在朝廷内部,也渐渐成为“贬义”。有人把明朝中兴之臣张居正描写成一个“两袖清风”的清官,与清流一类,实属臆想。其实张居正之所以取得政治改革成就,恰恰是不做“清流”的结果。他公开声称:宁用循吏,不用清流。在他眼中,清流已经成为只会“嚼舌头”的无用之人。

明朝后期朝政的主要流弊是派系林立,内耗连连。宦官是清流的敌人,干臣与清流也不在一个阵营。而“清流”之所以退为“贬义”,是因为他们的“长处”只剩下“空谈”这一项。政治幼稚、军事外行成为他们无用的主要标志。

明朝后期,像于谦那样懂军事的“清流”已经绝无仅有,而大多是面对外敌,束手无策的书生纯文人。这种情况颇似建文帝时期,建文帝虽是正统皇帝,但手下皆为清谈书生,面对“反贼”朱棣虎狼之师,个个无法上阵杀敌,只能坐以待毙。

查考明朝时高举道义旗帜的“中坚力量”,多为清流。黄宗羲《明儒学案》里说:“天下君子以清议归于东林,庙堂亦有畏忌。”

但是,如果不能具体做事,又不能在国家危亡之际,报以言论之外的御敌,那么,这种“中坚力量”,又“坚”在哪里?

明代“清流大臣”动辄扛棺尸谏,以之造势者少,以之为荣者多。殆至晚近,空谈之气益胜,则责人以不死者多,而以死抗争者少。

清流由褒至贬,不是简单的失势问题,而是他们的性质已经发生变化。前期清流,是以身作则、杀身成仁的信仰集团,而后期清流,是“杀他人之身成自己之仁”的利益集团。如此集团,除了造就“空谈”帝国的虚假盛况,一无所能。

“空谈之气胜”的大明王朝,终于遭到了外敌的报复。清兵入关,高谈阔论的清流的表现令人大失所望——做蹈死状者多而救国者少。那些满口

“大义”的清流在清兵屠刀下少数有些骨气，大部分都是“脱下旧服换新袍”，带头“剃发易服”。看看当时清流的头面人物——钱谦益、侯方域这两个一老一少的表演就知道后期“清流”真实面目是什么。

清兵入关，福王朱由崧在南京建立南明弘光小朝廷。红颜知己柳如是（青楼天牌女子）支持钱谦益出任礼部尚书。不久清军南下，弘光朝覆亡，柳劝钱谦益与她一同投水殉国，钱却以“水太冷，不能下”为由不肯，反而在清兵入南京时率先迎降，做了清廷的礼部侍郎。

明亡清立，清政府为巩固其政权，举行会试。当时有气节的汉族知识分子大都不予理睬，但侯方域却做了平生最大恨事：一心想“龙门三尺浪，平地一春雷”，耐不住寂寞，参加了顺治八年（1651）的乡试。结果被列入“副榜”羞辱。

外敌袭来，青楼女子柳如是、李香君抱定殉国之念，而情郎钱谦益、侯方域却一心卖国求荣。“清流”的气节竟不如“青楼”。如此精神对比，令后人唏嘘不已。这足以说明：以东林党传承人自居的侯方域和钱谦益等人组建的清流复社，其实早已背离清流正面精神，完全变了味道，成为读书人走向朝堂的跳板。

为什么正义凛然的清流志士，后期变成了道貌岸然的伪君子集团？

这一是因为华夏文明“失血”所至，二还是要从那个明朝极度病态的专制制度里寻找答案。伪君子代代有，而明朝之所以“清流”比历朝盛，还有一个因素，是因为最高统治者大都是“喜阉”的变态皇帝。明朝的皇帝，不是暴君，就是病夫，不是生理残缺，就是心理残缺，这也是促使清流产生的一大内因。病态体制，病态皇帝，“去势”文明，如此汹汹之势下，伴君如伴虎的大臣，只剩下苍白的“伪君子”道路可行了。

2. 日本不拜大明使者

纵览中国历史，但凡一个大一统王朝初定，总是希望四夷宾服。朱元璋也不例外，明朝开国伊始，作为开国皇帝，1368 年即位之初，朱元璋就派使臣下国书到日本，表达两个意思：一是希望他们来朝拜，二是责令他们解决扰明倭寇。

结果，国书送达日本后，日本不仅没来朝贡，而且还砍了朱元璋使者的脑袋。

这是怎么回事呢？史料显示，日本时值南北朝时期，南强北弱，南朝的实际统治者叫怀良亲王，乃日本后醍醐天皇之子。他杀大明使臣，就是摆明了向朱元璋示强。

泱泱天朝大国被小小岛国羞辱，朱元璋恼羞成怒，扬言出兵，征服日本。

针对朱元璋的开战威胁，日本“摄政王”怀良亲王针锋相对，写了一封著名回信：

臣闻三皇立极，五帝禅宗，惟中华之有主，岂夷狄而无君。乾坤浩荡，非一主之独权，宇宙宽洪，作诸邦以分守。盖天下者，乃天下之天下，非一人之天下也。臣居远弱之倭，褊小之国，城池不满六十，封疆不足三千，尚存知足之心。陛下作中华之主，为万乘之君，城池数千余，封疆百万里，犹有不足之心，常起灭绝之意。

夫天发杀机，移星换宿。地发杀机，龙蛇走陆。人发杀机，天地反复。昔尧、舜有德，四海来宾。汤、武施仁，八方奉贡。

臣闻天朝有兴战之策，小邦亦有御敌之图。论文有孔孟道德之文章，论武有孙吴韬略之兵法。又闻陛下选股肱之将，起精锐之师，来侵臣境。水泽之地，山海之洲，自有其备，岂肯跪途而奉之乎？顺之未必其生，逆之未必其死。相逢贺兰山前，聊以博戏，臣何惧哉。倘君胜臣负，且满上国之意。设臣胜君负，反作小邦之羞。

自古讲和为上，罢战为强，免生灵之涂炭，拯黎庶之艰辛。特遣使臣，敬叩丹陛，惟上国图之。

这封“名书”，显示了怀良亲王卓越的汉文功底，写得不卑不亢，绵里藏针。表面上给了“天朝”面子，实际却暗藏“奉陪到底”的强硬。

小小日本，为何敢杀大明使臣？

提及日本王室对中国态度的转变，首先与前面提到的那场历史巨变有关——两宋灭亡，日本抗元。

两宋灭亡前，中国是日本的榜样。南宋灭亡后，日本对中国再也不拜。虽然百年后汉人复国成功，但继起的明王朝在日本人的眼里，已经失去“正朔地位”。中国自宋以后就不再是他们崇尚的正源华夏文明了。这不仅是日本史学家的认识，不少国外史学家与日本所见略同，均将宋朝覆亡视为古典意义中国的结束，即所谓“崖山之后，已无中国”。

虽然朱元璋鄙视日本由来已久，在他眼里，日本就是个“国王无道民为贼”的小丑国，但野心陡起之后的日本却认为本国比这个明国更有资格继承中华大统，他们以中华正统——上古人自居。针对大明皇帝对日本的鄙视，日本也进行了回应。永乐年间，幕府派答里麻出使中国，这位日本使者面对朱元璋四子朱棣的垂询，当堂写了一首诗《答大明皇帝问日本风俗诗》回应，大大自夸一番：

> 国比中原国，人同上古人。衣冠唐制度，礼乐汉君臣。银瓮储清酒，金刀脍素鳞。年年二三月，桃李自阳春。

这就是即便在今天，“唐宋在日本”之说仍流传的原始出处。

而在大明与日本剑拔弩张、战争一触即发之时，日本当政者还是寸步不让。面对庞大的明帝国，他们的“底气”来自哪里？

这要与日本内部变化联系起来。中日关系紧张的洪武时期，日本虽处“南北朝”时代，但执掌南朝的怀良亲王正处于“起势”时期，大有江山一统、吞吐八方之势。杀明使、回战书，使怀良亲王声名远扬，此后，日本向明朝下书，很多都假托怀良亲王之名，以壮行色。而怀良亲王的底气，一是来自日本抗元“神风”的信心，二是他的战略眼光独到——断定朱元璋“不敢征伐”。

怀良亲王的判断依据，是中国自盛唐以后，渐退为一支大陆力量，对外张力极其有限，从未有征服海上岛国的记录，自宋以来，中国基本处于频繁应付外侮侵略中，更何谈海战胜利的经验。

所以，这个执掌日本大半江山的王者，虽承认本国实力没有强到战胜中国的程度，但料定大明皇帝不敢做蒙古远征军都做不到的事，朱元璋的“战争威胁”，不过是“说大话”而已，自己也不妨以眼还眼以牙还牙，放出“大话”——放马过来，俺不怕你。

果如怀良亲王所料，尽管日本王室一再不敬，朱元璋只是大话压人，始终不敢轻举妄动。不知他是忌惮“日本神风”、免蹈“蒙古之辙”，还是觉得劳师远伐、得不偿失，总之后来“没和倭寇一般见识”。

再后来，朱元璋在留给接班人的铁券丹书中，明确将日本列入“不征之国”。他竟从日本的应战书的字面中找回了面子——既然日本称我为“天朝”，自称为“臣”，朕也就宽怀大度，不再追究日本杀使者的事情了。

朱元璋此举，看似大度，实则无奈——我不打你了，你也别惹我。大明时期，中日力量虽然仍不对等，大明国力明显高出小打小闹的日本几筹，但从对抗之“国家气势”上，已呈“均势”。

3. 郑和下东洋——寻人、告状、炫富

朱元璋叮嘱子孙不伐日，发出了中国放弃东洋的信号。但是，朱元璋的儿子却不这么想，四子朱棣自立为明成祖后，曾一度尝试将东洋诸国再次纳入中国的“藩属国”体系中。

众所周知，明朝建立前后，倭寇猖獗，边患频仍。明太祖朱元璋一怒之下，断绝中日交往，实行海禁。而朱棣夺得帝位后，希望四海宾服，便试着开放海禁。岂料这样一来却让日本浪人钻了空子，如潮水般涌来。“倭寇”势力趁此做大。他们在中国东南沿海大开大合，甚至有时候明朝官军都不能敌。顾炎武《天下郡国利病书》记载：“永乐二年四月，夷船一十一只，寇穿山，百户马兴（与战）死亡。寻寇苏州府松江府诸处。”

倭寇仅凭十几只木船，在中国东南沿海一带如入无人之境，烧杀淫掠。中国百姓避之不及，纷纷逃难。对此倭乱，明朝小说家冯梦龙在《古今小说》的《杨八老越国奇逢》一章中亦有形象描绘：“舟车挤压，男女奔忙。人人丧胆，尽愁海寇恁猖狂；个个惊心，只恨官兵无备御。扶老携幼，难禁两脚奔

波；弃子抛妻，单为一身逃命。不辨贫穷富贵，急难中总则一般；哪管城市山林，藏身处只求片地。”

必须指出的是，明朝所谓“倭寇”，与后来大举进攻中国的“倭寇”不同，不是政府正规军，而是日本政府也管不了的浪人武士海匪。就像21世纪的索马里海盗，索马里政府也奈他不得。

但尽管如此，明成祖朱棣还是决定采取中国传统“告御状”方式，将官司打到国外。于是，“郑和下东洋”的故事就在这样的历史背景下，先于“下西洋”发生了。永乐二年，即1404年，郑和督师10万出使日本。

大名鼎鼎的“郑和下西洋”目的有五个：宣扬明朝国威、扩展朝贡贸易、寻找失踪的建文帝、迎佛牙、加强同海外各国的联系。

而郑和下东洋的主要使命是什么？当然也不排除上述五个目的，尤其是寻找建文帝这一项秘密使命不能排除，因为按照地理方位，建文帝如果流亡海外，应该先到东洋，再到西洋。而东洋首站，当属与中国一衣带水的日本。

当然，秘密使命是不能在史书上提及的。史书记载的，都是当政者正大光明的使命。据《明史·戎马志》记载：郑和下东洋只做了两件事。

一件，晓谕明成祖旨意：“使其自行剿寇，治以本国之法。”

二件，“许以贸易”。双方签订《勘合贸易条约》，“勘合”乃明朝朝廷颁发的“朝贡许可证”。日本人在条约规定下，持证与明朝进行“朝贡贸易”。中国的丝绸、瓷器、书画、资财等等，尽可以通过“合法途径”，而非“野蛮打劫”地拿走。

此时日本，怀良亲王已经作古。第三代室町幕府将军足利义满统一了南北朝，明史称足利义满为“日本国王源道义”。这个日本的实际统治者，眼见明朝大队人马押送着大量宝物到访日本，也不在君臣礼仪的虚名上较劲，遂象征性地杀了二十多个海盗浪人，将首级送给大明使者做“投名状”。并接受了明朝封号、金印、冠服等，表示臣服，按属国的名分向明朝皇帝呈递国书，奉明正朔。

郑和带着20多个倭寇首级和足利义满“臣服表”回国交差，朱棣找回了超越老爹的面子，满心欢喜，对日本国“嘉其勤诚，赐王九章”，又向源道义赠送了金银、瓷器、书画等物，并允许日本国朝贡团人员总数可多至200人，在江浙贸易。

明史学者总结“郑和下东洋”，赞其以经济手段怀柔、“不战而屈人之兵”。但反观日本政府这一方，得到了实惠，并无什么损失。

4.关门大吉——宁波事件后，华夏文明并发“自闭症”

毋庸置疑，一个国家的文明活力，不体现在外在热闹，而体现在内在强盛。

朱棣统治大明的永乐年间，中国出现了前所未有的朝贡盛况，“大明统一万方，天子文武圣神，以仁义礼乐君师亿兆，故凡华夏蛮貊，罔不尊亲。际天极地，举修职贡。自生民以来，未有如今日之盛者”。邻国为向中国朝贡争先恐后。

到了明朝中期，争相朝拜中国的邻国有增无减，尤其是失而复得“朝贡许可证”的日本更是表现突出。朝贡竞争越演越烈，“争贡”事件屡有发生。其中，最著名的是日本商船挑起的“宁波争贡”。

这起发生于1523年嘉靖年间的事件缘起于日本商船来中国“朝贡内讧”。日本西海道大内氏使者宗设谦道与南海道细川氏使者瑞佐鸾冈两个“朝贡”使团，驾船来宁波，因争“先来后到”，互责真伪，发生争执，宗设谦道杀瑞佐鸾冈，使团乘机焚掠，明朝沿海警备司令——备倭都指挥刘锦奉命追剿，竟然战死，局势乱作一团。

彼时日本为什么打破头颅向大明朝贡？是不是朱元璋的子孙比太祖厉害，令日本人俯首帖耳？对于诸多国家乐此不疲向明朝的朝贡本质，当时有个意大利的“中国通”利玛窦，一针见血地指出：不是世界向中国朝贡，而是中国向世界朝贡。

并不愚蠢的日本人也发现了这一点，明王朝的朝贡贸易带有很大的赏赐性质。因为是“外夷”的进贡，所以身为“上国”的明王朝，无论给价还是回赐往往超出“贡品”价值的几倍甚至几十倍。中国的金属、缎、绢、瓷器、茶叶、书籍，都是日本的生产、生活必需品，日本人需要中国财富。于是他们也渐渐认同这种“甜头巨大”的朝贡，将朝贡看作是一种营利之机，甚至是重要的财政收入来源。

史料记载，每当载满明朝赏赐货物的朝贡船回国时，日本人就纷纷聚在岸边热切观望。日本私人史记《大乘院日记目录》，对这一盛况进行了这样描述：“船归朝，宣德钱到来。”满载而归、获得巨利的喜悦溢于言表。

日本每派出一次进贡贸易船，回国后其总获利约在20万贯左右。甚至是从明朝带来的铜钱本身，也是值钱的东西。因为彼时日本没有造币能力，所以长期流通中国铜钱，为从中国取得相当数量的铜钱，不惜趁火打劫。

对此，中国学者傅衣凌的《明清时代商人及商业资本》有如下记载：“惟用中国古钱，每钱一文，价银四厘。向者福建龙溪私自铸钱市之。彼重中国之钱，不计龙溪之伪。”“大明国客”郑舜功《日本一鉴》也如是写道：“时与新会民交通，载往交趾、广西，或下海售之。”经“倭夷、贡寇必经之路”，走私出洋，运往日本的铜钱亦很多。日本国内的中国铜钱价甚高，一千文价值四两银子，从中国输入的铜钱，本身就可获利三四倍。

明为朝贡，实为捞钱。这里“钱多、人傻、速来！”于是，日本从将军、武士到社寺僧人、各地商人，都把朝贡看作发财的大好机会，想方设法地挤进朝贡团。

于是，“宁波争贡”事件就在这种历史背景下不可避免地发生了。日本名为“使团”，实为“捡钱”的商船无序竞争，为“独占朝贡”打破了头，这是大明的骄傲，还是“赔本赚吆喝”的国际笑话？历史尚无深刻定论。

总之这起事件发生之后，中日关系急转直下，明朝自闭东洋海上门户。日本开始尝试用“武士刀”直至“三八大盖”敲开“朝贡”之门。

5. 又见胡虏据中原——清兵入关，明朝“最后一个学种”流亡日本

被文明程度比自己高的民族征服，可能是塞翁失马，安知福祸。而被文明程度不如自己的民族征服，则必然是灾祸。17世纪，中国再遭“华夷之变”。曾经占据半个中国的女真人卷土重来，这一次，他们携草原文明余威，

在中国创造了与蒙古铁骑同样的战绩。华夏二次“陆沉”，明朝就此成为华夏文明“回光返照”的朝代。

> 汉土西看白日昏，伤心胡虏据中原。
> 衣冠虽有先朝制，东海幡然认故国。
> 廿年家国今何在？又报东胡设伪官。
> 起看汉家天子气，横刀大海夜漫漫。

这是明末学者朱之瑜的两段诗，诗名为《避地日本感赋》。

朱之瑜又称朱舜水，是“明末中国五大学者”之一，在当时与黄宗羲、王夫之、顾炎武、颜元齐名。明亡后，“五大学者”为了“全节之志”，或隐居，或出家，或被迫剃发，而朱之瑜却是唯一堂而皇之地保留汉民族衣冠的人。

朱之瑜为什么能够做到“留发也留头”？

因为他走上了流亡之路，他选择的流亡国家就是日本。

然而，对历史稍有了解的人都知道，自1603年德川幕府建立以来，日本实施了长达200余年的锁国政策，明朝灭亡之前，那里已经“三四十年不留一唐人”。

在这种情况下，日本为何会接纳中国流亡学者？这个朱之瑜有何“神通”，他到底何许人也？

中国社科院研究员李苏平所著《朱之瑜评传》，是迄今为止对朱之瑜生平事迹描述最完整的传记。他生于明万历二十八年（1600），卒于清康熙二十一年（1682）。本是大明皇族，但因家道中落，本人又为人正直、诚恳，不肯趋炎附势、阿谀奉迎，所以仕途坎坷。40岁时他下定决心不去做官。崇祯十七年（1644），朱之瑜45岁时，国难降临，李自成攻陷北京，清军入关。朱之瑜临危出山，辅佐南明。南明灭，朱之瑜流亡。

朱之瑜的流亡历尽坎坷。现在中国人去日本，应该是件很简单的事。但以当时的运输能力，天上不能飞，海上船帆又经不起大风浪。所以东渡日本，仅就航行而言也费尽周折。朱之瑜一生五次出海，三渡日本，两次“未遂”,海上漂泊了十余年,差一点做了海洋里的孤魂野鬼。

第一次赴日,是向日本“乞师复仇”。他从中国浙江舟山群岛出发,想借日本兵马,反清复明。而此时日本德川幕府坚持实行海禁,不许外人停留,朱之瑜到了日本近海后不能登陆,只得原路返回。

第二次赴日,是想联合日本,配合郑成功,收服中原。但依然不能靠岸,朱之瑜经由日本到安南(越南)。此刻,他反清复明的根据地舟山被清兵攻陷,有家不能回。屋漏偏逢连夜雨,朱之瑜不久又遭安南供役之难,被安南国羁押。安南国王欲留下他,希望他臣服,他誓死不拜。

最后一次东渡日本,朱之瑜的想法已经产生变化,不是求救兵,而是求避难。衡量当时的局势,朱之瑜认定复国已无望,与其做亡国奴,不如远走高飞。于是,以“鲁仲连义不帝秦”的精神,东渡日本,准备在此终了一生。

朱之瑜为何明知日本政府实行锁国政策,却三番五次来到此求助?

这一切都与朱之瑜在日本的政界学界“知己”有关。

《朱之瑜评传》称朱为“传播中华文化于异邦的导师”,“传中华之道脉,激东滴之儒流”。这位明末贡生,一生与大明官场无缘,但对日本政界、学界却产生了很大影响,获得了高度认知。朱之瑜来日本前,就有神交已久的知己安东守约。安东守约是日本著名学者,在日本政界学界颇具盛名。在安东守约的宣传下,德川家康的孙子、政治家德川光国也对朱之瑜产生仰慕之情。

最后,也正是因为这些神交奔走呼号,日本政府特批,破 40 年来幕府之国禁,让朱之瑜在长崎租屋定居下来,就此结束了十多年的海上漂泊生活。

无疑,除了看本国政界学界有头脸人的面子,日本幕府还看中了朱之瑜的才学。朱之瑜虽然也是儒门弟子,但他的学问讲究“实理实学、学以致用”,认为“学问之道,贵在实行,圣贤之学,俱在践履”。这与日本的“实言实行”的“实用主义”文化传统一拍即合。

所以,到了日本之后,朱之瑜受到德川光国的厚重礼遇。德川光国的做派颇似中国春秋时代的“孟尝君”,在日本以礼贤下士著称。他认为朱之瑜年高德重(时年 61 岁),不敢直接称名称字,要他取一名号以称呼。朱之瑜就以故乡“舜水”为号，意为“舜水者敝邑之水名也”，以示不忘故国故土之情。

在德川光国的推介下，日本政界学界名流纷纷向“舜水先生”拜师，“朱舜水”这个名字就此在日本叫响——东海幡然认故国，谁人不知“朱舜水”！

大明最后一个学者幸存日本，对中国来说，延续了一个“正宗学种”，保留了“文明反思”的血脉。朱之瑜定居日本后，总结了明亡的历史教训，写下了著名的《中原阳九述略》。认为明亡的原因主要有二：一是政治腐败，二是学术虚伪。

> 中国之有逆虏之难，贻羞万世，固逆虏之负恩，亦中国士大夫之自取之也。语曰：“木必朽而后蛀生之。”未有不朽之木，蛀能生之者也。

而对日本来说，明学者投奔此地意义更为深远。

德川光国不是慈善家而是政治家，他所做的一切是为日本的未来。留下朱之瑜师之，不仅是将中国有价值的学问留在日本，而且还为日本的政治前景找到出路。

朱之瑜留日后，德川光国设置彰考馆，聘请“舜水先生”指导，由“舜水先生”门生安积觉任主编，与安东守约、山鹿素行一道共撰编《大日本史》，该史以“尊王一统”之说贯穿始终，暗喻东方文明的中心国，已从中国转移日本。

后来，山鹿素行还依据此书，写出《中朝事实》，所谓“中朝”，原指中国，现指日本。认定日本正在取代中国，成为东方世界的中心。此说后来被明治维新的先驱吉田松阴继承，为日本崛起的理论引擎。

“舜水先生”在日本安度晚年，活到高寿——享年82岁。逝世后得到日本政府厚葬、民间追祭，德川光国派人整理了他的遗稿，刊行《舜水先生文集》全28卷。东京大学农学院内立有“朱舜水先生终焉之地”石碑，沿存至今。

6. 汉才脱水——大清是19世纪世界最大“内陆国”

明朝时期的华夏文明，“去势”加“自闭”，退化严重。而到了二次“华夷之变”时，从东北杀来的建州女真人不仅加剧了这种退化，并且令其万劫难复——像改造汉民族衣冠一样，彻底玩于股掌，想怎么“整”就怎么“整”。

此后中国，一步步收缩为内陆国，直至“东方文明中心”地位连同“东洋”称号一起，拱手让人。

（1）劫后汉才，惨不忍睹

1644 年，中国再遭“华夷之变”。

对于这第二场“华夷之变”，日本学者给予了更低的评价。日本著名史学家林鹅峰在其 1672 年所著史书中，以“变态”二字清楚地表明了彼时日本人对中国的看法。他在《华夷变态》序文中写道：“鞑虏横行中原，是华变于夷之态也。”进而尽露鄙夷之情：“他邦（中国）虽有博识之士，观其作为，不及天地之智也，其道可行于世者，几近于无。而吾皇国之古道，自天地伊始，平坦宽阔，为其不可道破，后人亦难知之矣。吾邦古道，虽言绝迹，室则与天地共存，永无止境也。”

林鹅峰的观点，代表了诸多史学家对清朝的恶评。笔者认为，批评者大多言之有理。评价一个政权，关键要看执政者是推动社会文明进步还是导致社会文明倒退，是搞民族融合还是搞民族压迫，实施的是狼道还是人道，二者绝不可混为一谈。

客观地讲，清朝统治者的最大贡献，是满足了中国人的最低愿望——坐稳了奴隶。清朝的统治者不像明朝，几无昏君。这是史实。但是，再好的奴隶主，也不会拿奴隶当人。而清朝“昏君少”，那不是君主自修的结果，而完全由生存环境所决定。奴隶社会，尤其是部落奴隶制，比起血统传承来，更遵循的是弱肉强食的丛林法则。在首领的选择上，“抢班夺权”盖过“继位接班”。这种生态环境下，“昏君”——胡来的人怎么可能胜出？

可以说，“明君”是部落奴隶制社会逼出来的产物。这些“明君”的精神本质，与其说是“地主”，不如说是“奴隶主”更为贴切。

因而，清朝“无昏君”，恰恰是彼时中国倒退为“半奴隶半封建社会”的一个鲜明写照。那些把清朝颂为“中国历史最好王朝”的人，主要是忘了加上定语。说“清朝是中国最好的奴隶王朝”即实至名归。

从民族气质来说，清人出现了严重退化。终爱新觉罗氏267年统治，大清子民们渐次形成了极为猥琐的气质——胆怯、顺从、卑躬屈膝、苟且偷安……一个东方大国的民族精神，被降低为“奴隶品格的集大成”。

不仅民族气质恶化，而且在文明的核心之“才”上，也出现严重退化。

众所周知，建州女真入主中原之后，热衷文字狱，康雍乾祖孙三代，一个比一个能整文人，但是你要说他们要毁灭所有的文化，也是冤枉了他们。事实上，他们一边整文人，一边还念念不忘“文化工程”。

譬如乾隆这个在位时间最长的清帝，在大兴文字狱的同时，也搞了一项大型“文化工程”，那就是编撰《四库全书》。汉学士纪晓岚为此做了捉笔吏，并引以为“旷古成就”。然而，《四库全书》这项“文化工程”到底是怎么回事？真的是功德无量的好事吗？

要弄清上述问题，必须先解开这个疑团——乾隆为什么一边搞文字狱，一边搞《四库全书》呢？

查考历史，不得不承认：在对华夏文明的揣摩与利用上，努尔哈赤的子孙不仅比成吉思汗的子孙聪明，甚至比汉族始皇帝还高明。

比如乾隆搞的文字狱，就比秦始皇嬴政还高明。为封天下文人之口，秦始皇焚书坑儒，乾隆也焚书也坑儒，但是他同时又给读书人一个出口——清版“四书五经”，指定“统一答案”。这就是声势浩大的“四库全书”工程。

也许建州女真人吸取了蒙古人和秦始皇短命统治的教训，深悟此招更利于长治久安。他们深知，自己是少数族群，单凭一点有限的武力维持穷凶极恶的专制政权，奴役广大汉民族，是注定不能长久的，为了避免重蹈蒙古帝国的覆辙，于是使用文化“两手”：一手文化杀戮，一手文化整容。

于是，确立全国统治之后，他们就开始把精力放在文化改造上。一边不遗余力地搜书、焚书，旧书新书凡是有涉及外族的地方，一律修改，有诋毁的地方，全书抽毁或禁行或全毁，现存的作者一被举发，便被充军、杀头。

《四库全书》就是在这样的背景下，成为清朝唯一允许留下来的“文献”，因为这是经过“消毒”的，全然没有思想与民族气节的“无骨汉才”。

后来的文化学者公认，“整容”过后的华夏文明已经体无完肤，《四库全书》,这个“中国文化史上声势浩大的文化建树”实际上是“寓禁于征”,是一场打着文化工程旗号的文化浩劫。

乾隆文化两手实施后,华夏文明成了清朝权贵的股掌之物。想怎么玩就怎么玩。显然,在文化整治上,乾隆干得比他爷爷、爸爸都出色,他不仅杀威,而且“诛心”,凡是有一点点思想火花、一点点独立人格、一点点气节的人,全部扑杀!动辄“弃市”“凌迟”“灭族”,无所不用其极!

乾隆时期的文化官员为了政绩,捕风捉影,大肆株连无辜,有时候乾隆明知道底下的奴才肆意滥杀,但并不加以制止,他要的就是“宁可错杀一千,不可使一人漏网”的效果,让天下读书人不要有一点点出格的念头!

事实还真像他们想象的那样发展了。

在乾隆“文化两手”的效应下,华夏文明上千年来积淀起来的人格、骨气丧失殆尽!在那样一个朝代,有骨气的文化人无法存活。只剩下阿谀奉承“奉旨写作”的纪晓岚这等御用文人之流跟辫子一起留了起来。

难怪民国学者章太炎说:“乾隆焚书,其阴骘不后于秦也!”文学家鲁迅指出,他们“杀尽了汉人的骨气廉耻!”现代历史学家吴晗评价《四库全书》说:“清人纂修《四库全书》而古书亡矣!”

乾隆“大功告成”后,华夏文明落入万劫谷底,文化在中国彻底成为一项“僵尸产业”。“避席畏闻文字狱”是当时的文人士子风声鹤唳般的真实写照,真理、气节、尊严想都别想,所谓“汉学者”,只能在生命的浅层次逡巡,像低级动物一样“著述都为稻粱谋”。

(2)二手“汉才”,缺水严重

凡是民族的,都是世界的。这句话套用在“晚期汉才”上,大约是要失灵的。历史巨变当口的分水岭,“清版汉才”显示了“固态”痼疾。那时的汉才是民族的,但不是世界的。

> 天朝物产丰盈,无所不有,原不借外夷货物以通有无。

清朝寿命最长的皇帝乾隆的这句“名言”,反映了两个心态:一个是自给

1792 年马嘎尔尼使团觐见乾隆皇帝

自足的自得，另一个是“自为天下”的自恋。

自入主中原后，以乾隆为代表的建州女真人对手里玩物——“二手汉才”爱不释手，故此时华夏文明更不见容于外，当然就更难成为这个世界的一部分。

这种“二手汉才”会培养出什么样的“文明人”呢？

清朝统治中国近 300 年，这 300 年间，中国人很少走出国门，而走出国门的中国人很少能“上得台面”，更难得到外国人好评。1896 年，清国洋务大臣李鸿章访俄时，俄国财政大臣维特评论对李的印象说：“从中国文明的角度看”，他是“高度文明的”，但“从我们欧洲的观点看，他是没有享受什么教育，也并不文明”。维特曾经和李鸿章作过长时间交流，交流的结果写在维特后来的回忆录中，其中一结语耐人寻味——“在这次谈话以后我想——我们毕竟走在中国前头了”。

俄国人为何说李鸿章不文明呢？他可是当时中国“最优秀官员”。

《维特回忆录》记录了李鸿章很多个人陋习，比如在女士面前抽烟，随地吐痰，但最令俄国人不屑的，是李的视野——不懂世界大势。

至今人们提起夜郎国来，还以为它是面积问题。殊不知，眼界视野比面积更致命。夜郎国地处汉中国的西南，就国土面积而言，并不算汉朝邻国中最小的，司马迁的《史记·西南夷列传》中记载："西南夷君长以什数，夜郎最大。"夜郎国君又唤"滇王"。可见，夜郎国最起码在西南不算小国。之所以落了个"自大"的千古"嘲笑之名"，不是因为"不值一提"，而是因为"自视甚高"，"滇王"不知有汉，还要与汉比比"孰与我大"。

夜郎自大，是因为"以道不通"，所以才"以为一州主，不知汉广大"，情有可原。但如果道路四通八达，却奉行闭关锁国，那么纵然是泱泱大国，又有什么资格嘲笑夜郎君呢？

时光流转到19世纪，世界有了新的嘲笑对象——大清国。这个国家君臣与英国打了两年仗，还不知道"日不落"帝国的最高领导人是个女人，君主立宪是怎么回事。李鸿章的前辈，号称"睁眼看世界第一人"的晚清名臣林则徐，是个公认的清朝官僚中为数不多的明白人。然而，在这个明白人笔记中，到处可见"夷""奸夷""逆夷"的称谓，将欧美人比作"犬羊""鸡狗"，蔑称之为"异种"。此种国书，充满以天朝大国自居的优越意识，甚至把英国的富庶都说成是中国的恩惠，从不认为对方文明比中国先进。

作为经常接触国外的外务大臣，李鸿章更是目光短浅。他在国外经常抒发和乾隆皇帝、林大人一样的无知自恋名言，诸如"中国文物制度，事事远出西人之上，独火器万不能及"，竟然把中西差距，仅仅归纳为"兵器差异"，看不到西方强盛的政治本源，从而引为世界笑谈。

持有如此对世界先进文明无知的心态，怎么可能海纳百川，从根本上奋发图强？"睁眼看世界""最懂外交的人"尚且如此，那么闭着眼睛睡大觉的人就更不用提了。一动不动，一成不变，不喝海水，不溶世界——19世纪，华夏文明是一块无法融化、无法可燃的"固态冰"。

如此文明，被世界遗忘、被邻国抛弃，尽在情理之中。

7. 别了，"中国中心论"——日本人的新世界观

一般人认为，日本主流社会排斥"汉才"是从19世纪晚清开始的，其实

那已是日本对“汉才”的“最后告白”了。

日本动摇对中国的崇拜，是从元朝开始。抵触“汉才”的松动局面，在16世纪中国大明时代就出现了。这首先拜葡萄牙人所赐。

世所共知，日本在与西方接触之前，其传统的世界观受到中国很大影响。中国人“世界观”的初级启蒙课，是远古人在“仰观天文，俯察地理”后，给出的“天圆地方”的结论。即《皇朝文献通考》所谓“大地东西七万两千里，南北如之，中土居大地之中，瀛海四环”。这是关于地球与宇宙最早的“中心说”，比“地心说”“日心说”提前了两千年，以今日世界地理常识鉴之，显然幼稚，但在三千年前，这至少是一种初步的探索，过得去的“说法”。周朝之华夏正处天下中心，所以被称为中国，传统中国亦由此形成“以中国为中心”的世界观。

这种世界观，催生出了“中外有别”“华夷之辨”之见，及“宗主—藩属”的世界格局观。中国以自己为“正统中心”，而分在周边的地区、国家则被称为“蛮夷”，依附于中国。

受中国世界观影响，古代日本的世界观更为狭隘，是为“三国世界观”，认为世界是由中国、印度、日本三国构成的。“三国世界观”之核心，即“慕夏”世界观——以中国华夏文明为指南针。师从“汉才”是日本大化改新以来的“既定国策”，贯穿日本中世纪。

而1543年葡萄牙人始通日本后，随着西方“拉丁文明”的陆续传入，日本的精英阶层开始敏锐地意识到在三国之外，还有一个文明的西洋世界。这段时间是葡萄牙人在日本活动的高峰期，火枪在这个时候被葡萄牙人传进了日本。火枪后来在日本的战国时代的战争中发挥了重要作用。

日本人切身体会到“拉丁文明”别有洞天。“牙才”撬动了“汉才”，由此，日本人传统的崇拜中国的“慕夏”世界观开始发生悄然变化。

但是，日本对于“汉才”，16世纪只是松动，并未达到排斥的地步，激烈的批判与局部的排斥是从18世纪开始的。此时，除了“牙才”，日本又接触到了新鲜的“兰才”——荷兰人有令日本人大开眼界的本领，他们不仅有海量商船，而且还有解剖学的“兰医”。

由是，一个令中国人意想不到的事情发生了，日本拿“汉才”第一个开刀的项目，竟是中国人一直引以为豪的中医。

日本的医学发展，也可以说是有两个明显的段落。

第一是汉方医时期。在西医鼻祖荷兰医学传入日本之前，当时中医是东亚的统治性医学。日本与中国一样，没有解剖学，传统中医观念认为，解剖人体是行“非君子之道”。但是中医保守的疗法并不能解除许多患者的痛苦。

第二是西洋方医时期。《解体新书》的出现，是西医荷兰医学的解剖学为患者打开的一扇“天窗”，这扇窗户令日本一些青年医生产生极大兴趣，他们开始鼓动医学馆成立，努力减少中医学部分，更多引入西医学。

日本的中医与西医之争，经历了漫长的大半个世纪。虽然一开始中医占得上风，但最后竞争的结果，是“西学东渐”，西风压倒了东风。

引领日本“弃中医扬西医”的，是江户时代具有“神医”之称的杉田玄白。他是日本“兰学开拓之父”“日本解剖学始祖”。“解剖”二字也是通过他的“造词”作为日本首创“当用汉字”才传到中国。

1771 年，杉田玄白等亲自解剖处刑犯人的尸体，据此证明了荷兰版医书的正确性，打破了“不能解剖”的中医传统理论，纠正了机械套用阴阳五行的错误，并由此得出了“实证第一”的结论。随后他翻译出版了《解体新书》，进一步证明了荷兰医学的正确性，全面纠正传统中医理论的错误。由此引发了日本对“汉才”的怀疑和激烈批判，拉开了日本学习“洋才”、追求现代化的序幕。

以荷兰医学，排斥传统中医，开“洋才”先河——日本知识界在思想和行动上开始出现脱离“汉才”的趋向。并且，世界观也就此发生巨变。

1775 年，杉田玄白发表《狂医之言》《兰学事始》，初步否定了古来流行的“中国中心论”。他说：“地者，一大球，万国分布，所居皆中，任何一国皆可为中土，支那亦东海一隅之小国也。”

俨然在他的世界观里，无论是地理方位还是文化内涵，中国都已不再是文明的中心。

以杉田玄白为代表的日本兰学家的新世界观，深化了日本对中国及“汉才”的怀疑和批判。这种怀疑和批判延续到19世纪，因为晚清成为世界笑谈的夜郎国，天朝的国际形象崩溃。

19世纪下半叶，睁大眼睛看世界的日本近代思想家横井小楠、福泽谕吉等对“中国中心论”更加嗤之以鼻，他们分别发文章，对中国进行体无完肤的批判。指出“这个四面临海的巨国”，自大封闭，不思进取，“只允海外贸易，却无意获取海外事务”，其“文明的脚步必然迟缓”，是日本的反面教材，主张日本“必须摒弃清国风”。

由是，日本彻底抛弃“中国中心论”，排斥“汉才”也终于由从局部扩至全面。

第五章
必亡之道——仁道不人，王道不王

汉魂失血，汉才缺水，那么横亘中国两千年的仁道为什么也救不了华夏文明？它的问题出在哪里呢？本章抽丝剥茧，试揭“仁道”真相。

中原仁道说了两千年，最高境界四字可蔽之：内圣外王。由此衍生绵延不绝的“王道”说。“内圣外王”四字从表面看是不错的，可惜只是“王道”外衣，拨开此外衣，发现里边也是四个字：内残外忍。这才是中原王道的真实面目——“中原狼道”之真谛。

1. 中原王道曰“五祖”

提及华夏文明之“汉才”，史上公认有“三大班主”：秦始皇嬴政、汉武帝刘彻、儒家创始人孔子。然而，如果论及中原王道，除此三人外，还有两大隐形“教主”。

这两大“隐形教主”是谁呢？那就是“跨界学者”荀子师徒。

我之结论：秦皇、汉武，孔子、荀子、韩非子，两帝三师，此中原王道“五祖”也。

(1)名为祖龙,实为祖狼

劝君少骂秦始皇,焚坑事业要商量。
祖龙魂死秦犹在,孔学名高实秕糠。
百代都行秦政法,十批不是好文章。

毛泽东的这首诗,肯定的是一个史实:秦始皇式的大业和秦政,一统中国两千年。这个史实说明,秦始皇绝对是个可以称"祖"的人物。

从"君权神授"的角度,称开创中国两千年封建王朝的"第一真龙天子"秦始皇为"祖龙"似乎是无比正统。可无论从外形还是性情上,他更像是一匹狼。

《史记·秦始皇本纪》记载:"秦王为人蜂准,长目,挚鸟膺,豺声,少恩而虎狼心……"

此段描述化为白话:刻薄寡恩、无情专横、暴戾多疑、阴险狡诈,极强的征服欲。他六亲不认,连自己的母亲都敢囚禁,没有道德底线,甚至连发声都酷似豺狼——这些都符合狼的基本特征,可以说,嬴政拥有的是"狼特质"。

嬴政与狼"形似神更似",他毫不掩饰狼念,公开"视天下为刍狗",宣扬"执敲扑以鞭笞天下"。为去天下人"利嘴",他把两个儒生私下"嚼舌头"的小事,扩大为"焚书坑儒"的文化浩劫。他造长城之圈,全体国人都是为他服役的圈中犬羊。史学家言他治下的中国民不聊生,整个国家成了一个大监狱、大刑场,而我认为,更确切地说,他营造了中国第一羊圈,他是毋庸置疑的中国历史第一匹"圈中狼王"。

这匹中国第一"圈中狼王",给他的同类留下了两大"宝贵遗产":一是"大一统"的"圈",二是严刑酷法"帝王刀"。这两大"遗产"被历代君主沿承,秦始皇的"狼气质",也被后来君主竞相效仿。他们效仿秦始皇,比的无非是"谁比谁更狼"。

后人多以为秦始皇对外是比较神气的,而我以为,恰恰是这位始皇帝,是“圈”的始作俑者。嬴政所塑造的“狼”，从建长城时，就露出“圈中”端倪。这一点，被后来研究者忽视。

关于修建长城的动机，《史记》说得比较浅表：“秦已并天下，乃使蒙恬将三十万众北逐戎狄，收河南。筑长城，因地形，用制险塞，起临洮，至辽东，延袤万余里。”

这段记述是说，公元前215年，在今天内蒙古的河套地区，秦朝大将蒙恬率领以步兵为主的秦军，与凶狠的匈奴骑兵展开了一场殊死之战，刚刚统一天下的秦军士气正旺，一举拿下了河套地区。匈奴残部望风而逃，远遁大漠。奏凯的秦军得到的命令却不是再接再厉，攻占漠北，而是转攻为守，30万大军以战国时期燕、赵、秦三国的北方长城为基础，就地修筑长城，从西北的临洮一带一直延伸到辽东，横贯东西的万里长城第一次出现在人们的眼前。

秦始皇在北击匈奴已取得大胜的情况下，为什么没有北伐到底？我想他更多的担心还在国内。一旦北伐失败，会给六国残余一个反扑的机会。所以，在匈奴处于下风之际，他没有鼓励将士一鼓作气，踏破贺兰山阙，而是退而守之，修建万里长城。把中国牢牢“圈起来”，自己高枕无忧地享受“圈中狼王”的无上权力。后来以他为榜样的中国历代君主，也学着他把握皇帝重心——重点还是防范“家奴”。

祖龙乎？祖狼也。

(2)子曰：狼会爱上羊

中国历史有个怪现象：造反的农民领袖和开国皇帝都是先把孔子视为“假想敌”，拉孔下神坛，但他们继位的子孙却重新把孔扶上神坛。一拉一扶间，中国的历史大视野就见了底。

显然，前者为了造反，后者为了统治。

可见，孔教利于统治，不利于造反。儒家“牧羊”不“养狼”。

作为封建王朝的开山鼻祖，嬴政竟没意识到这一点，这位始皇帝少有学者的“花花肠子”，他直来直去，焚书坑儒，明里暗里都是要做狼的。

孔子死在秦始皇之前，所以没有被“祖狼”所“坑”，但他仿佛是预见了祖狼的结局。所以为中国的君主们能长治久安，始创了儒家学说。

世所共知，儒家学说的核心教义是“三纲五常”。三纲之中，“君为臣纲”是核心秩序，“君叫臣死臣不得不死”是核心道德。“五常”之内，仁义礼智信，仁居首。“仁道”就此绵延开来，成为华夏文明不可分割的一部分。此“仁道”与后来普适世界的“人道主义”是不是一回事？后面章节再细述。这里，主要先揭下儒教的底。

无论道学家怎么解读儒教“博大精深”，以我看来，抛开学术价值专就政治价值而论，儒家教义可一言蔽之：狼会爱上羊。所有“子曰”，与其说是规劝“狼”去爱“羊”，不如说是让“羊”相信“狼会爱上羊”。

我想孔子也许并非刻意教君愚民，生于专制国家，身处“礼坏乐崩”的时代，他没有“御民”以外的想象力，只能在圈内处心积虑。

严格说来，所谓“儒教”不是宗教，也不属于“哲学范畴”，它只是一部世俗社会的道德学说。因为宗教与哲学要解决的是对人类的终极关怀——人从哪里来，要到哪里去。而“儒教”只提供“说教”。而且，这种“说教”并不如世界大多哲学那样教人聪慧，其本质是反智的。

在孔子看来，所谓治理国家，其实就是“牧羊”。他直接向狼王传授秘籍：“民可使由之，不可使知之”——让国民知其然不知其所以然，他们就任由你“牧”了。如此“子曰”的最大功效就显而易见——把臣民培养成没头脑的人，这样的人好操控，对凌辱有极强的忍耐力。后来的历史验证了这些功效果然管用，受儒教洗礼的臣民会变成一群逆来顺受的羔羊，在狼的面前无比温顺——被吃也要谢恩，也是一种幸福。

可叹祖狼秦始皇“不解风情”，错把“单相思”的儒生埋葬为孤魂野鬼。他完全没有意识到儒教可与他的封建君主专制制度珠联璧合，筑成家国同构、宗法一体、神权王权父权合一之铜墙铁壁，中原“无形之篱笆”。

“祖狼”不识货，但他的不屑并没有埋没儒教的价值。孔子死后五百年，终于被另一个“祖狼”发现“奇货可居”，儒教受到“二狼神”的推崇，由此拉开“中原王道”两千年说教大幕。

（3）刘彻是个“二狼神”

如果把秦皇描述为“一世祖狼”，那么“二世祖狼”应该是谁呢？当仁不让，不是汉高祖刘邦，而是汉武帝刘彻。刘彻这个“二世祖狼”，不仅比祖爷爷刘邦对中国历史影响更大，甚至比“一世祖狼”秦始皇还“神通广大”，可谓“二狼神”。

他神在哪里？

在中国历史上，秦始皇和汉武帝虽然是两个朝代两个皇帝，但后人谈及他们，往往连在一起说，“秦皇汉武”几乎成为一个词组，这是因为他们政治神行实在太相像了。同样的铁腕，同样的好战，同样的威风，甚至同样的暴戾，几乎令这两个隔代皇帝达到了“孪生君主”神行合一的相似状态。如果这两个人生于同一时代，肯定有不少共同语言，也许会成为皇族里的“莫逆之交”。

然而，翻看中国的意识形态史，却发现这两个“孪生君主”，有一点大不同，那就是对孔子及其儒教的态度。

秦始皇看不起孔子，而汉武帝推崇孔子，这是两个皇帝最截然不同的地方。

从秦始皇焚书坑儒来看，他是从骨子到面上都瞧不起孔子及儒家学说的。而由汉武帝采用董仲舒“罢黜百家、独尊儒术”的行为来看，他至少是从形式上抬举孔子的。

中国未立“儒教”为“国教”之前，统治集团面临一个大问题：只有统一权力的政权，没有统一的意识形态。这个问题导致统治集团“合法性”不足，统治寿命不长。一如嬴家政权，仅仅40年就寿终。

而“二狼神”刘彻神就神在这里——他把“权力”和“信仰”很好地捏在一块解决了。“天子说”与“罢黜百家，独尊儒术”虽是书生董仲舒的发明，但若不是汉武帝“独具慧眼”，以超常的统治力强制执行，那么是绝对上不了至高的台面、流传两千年的。汉武帝开尊孔先河之后，中国的历届狼王都“萧规曹随”，中国封建王朝两千年，但凡大统皇帝，无不随武帝奉儒家，他们与武帝一道，把“孔圣人”放在意识形态的最高讲坛，共奉“教主”。

所以,称汉武帝为神通广大的“二狼神”恰如其分。没有他的“神通变化”,哪有“国教教主”孔圣人闪耀于世?

但是,关于汉武帝“树孔”,出于对历史的求真,有这样一个问题也不得不问:汉武帝是真的信奉儒家学说、真的崇拜孔子吗?

翻看二十四史之开国皇帝,无一儒家信徒,也就是说,自古以来中国就没有一个读儒书而做开国皇帝的人。那些“高祖、太祖”多出身田野市井,非无赖即草莽。如果他们从小就笃信“狼会爱上羊”的“圣贤书”,恐怕就永远不会率领羊群造反,亦永远与“天子”无缘。中国历史上“帝王”表面上“克己复礼”,但实质上绝不奉儒教行事。

很多帝王都看到了这一点,儒家不成事。犀利的嬴政看到了这一点,难道聪明的刘彻看不透吗?这恐怕不是个信仰问题,而是个心计问题,中国封建王朝两千年,那些随武帝奉儒的皇帝,大概与武帝心领神会。哪个皇帝真心信奉儒家呢?但是,他们何必像始皇帝那样,烦在心即说在口上呢?

对于汉武帝的统治,开疆拓土的背面,是“穷奢极欲,繁刑重敛”的历史评价。可见,在行为准则上,与“二狼神”刘彻走到一起的,依然是“狼王”嬴政,而绝非“名义教主”孔仲尼。

秦始皇与汉武帝对孔子的不同态度,均属意识形态上的应用问题。二人的总目标并无不同——意识形态的控制。只是手段不同,一个是简单粗暴一刀切,另一个则是画地为牢请君入瓮。一个是“什么也不许说”,另一个是“只许这么说”。

显然,在控制意识形态的手段上,汉武帝比秦始皇更高明。因为,他的“只许这么说”,还能讲出一番道理,似乎占据了无可争辩的真理,再加上御用文人“羊肉楞往狗身上贴”的理论升华,颇具迷惑性。

历史学家张荫麟对秦始皇的作为给出这样的评价:“武力的统制不够,还要加上文化的统制;物质的缴械不够,还要加上思想的缴械。”而关于汉武帝的“罢黜独尊”之举,我以为在“思想缴械”的基础上,还应该增添一句诠释:思想的缴械不够,还要加上“大脑的洗刷刷”。每个人,不仅要投降,而且还必须接受“洗礼”,心甘情愿地跟在孔圣人身后“三从四德”。这比起不准思考的统治来,更利于产出容易驾驭的“羊群”。

人生难得一知音,不知“伪知音”算不算在内?孔子若在天有灵,会感念高举儒家旗帜的汉武帝吗?他会与汉武帝惺惺相惜、相见恨晚吗?倘若他活在秦始皇时代,可能被活埋;倘若活在汉武帝时代,就真的能被奉为当代圣人?还是如司马迁一般因“劝仁”而被阉呢?

我本将心向明月,奈何明月总隔世。谁与孔子真相惜?肯定不是“表里如一的暴君”秦始皇,但也不大可能在“仁在其表、残在其里的阉割师”刘彻那里。说到底,刘彻心目中,所谓圣人,只不过是他所立的“头羊”而已。

(4)荀子师徒——横亘中国两千年的真正教父

既然秦皇汉武心目中,都未把孔子视为真教主,那么,两千年中国帝王们的王道“潜师”,到底是何人?

关于两千年封建中国的教父人选,世人均以为非儒学创始人孔子莫属,但是,明眼人早就看透另有其人。这个人的教义比“原教旨”儒学发挥更久远的现实作用,此人才是横亘中国两千年的真正教父。

他就是“整合大师”荀子。

荀子对中国王道的贡献,就像汉武帝刘彻对秦始皇的“修正”一样。秦始皇奠定的封建君主制没有一个标准的“国道”,而刘彻推行的“罢黜百家独尊儒术”一下子就把孔子及其仁道提升到“国道”高度。

从“理论与实践相结合”而言,荀子和刘彻一样,实可谓“整合大师”。

孔子的“原教旨儒教”,希望不需刀兵,直接“通过教育”、唱响“牧羊曲”来解决君王“万年帝祚”问题。然而,中国君主大都不是宋襄公,他们对单纯的说教不感兴趣,比起说教来,他们更迷信武力。当然,单纯迷恋武力,也会出现秦始皇那样政权的短命悲剧。那么,有没有将“武力和说教”结合一起的统治之术呢?

荀子生逢其时。

荀子号称“前秦最后一个儒家大师”,荀版儒教“青出于蓝胜于蓝”,是一门名副其实的“经世致用”学问。

荀子的贡献,在于给出了符合中国国情的王道“实用手册”。他在著书立说时尚无“法家”，然而他发现：儒家与酷法完全可以“手拉手”，一个唱红脸，一个唱白脸。于是荀子给出了中国式王道的标准答案——礼法兼施、王霸统一。这就是“内圣外王”的中原王道“源代码”。

大家都知道，荀子门下有一个高徒，名唤韩非子。这个师从儒家的高徒，后来却成为法家鼻祖。法家出自儒门，有的人大为不解，其实这恰恰是两家暗合的铁证——为君主“御民”异曲同工。荀子师徒二人对人性的认识大同小异，他们都坚信“人性恶”，都认为“人人不是好东西”，帝王对百姓就应该“下手狠一点”。所以，荀子可谓与法家暗通款曲的儒家大师，而法家创始人韩非子也算不上背叛师门。

韩非子对老师心领神会，但是他还是缺少老师的城府，极端地发展了荀子的“王道论”。在“霸力”这点上，韩非子比老师的走得还远些，他提出了以严刑峻法为中心的政治之术，将中国君主的“狼相”极力张扬。

为中国两千年封建社会立制的秦始皇，他的“第一教父”就是韩非子，据传这位“祖狼”看了“韩教父”的大作《韩非子》，曾发出“嗟乎！寡人得见此人与之游，死不恨矣”的感叹。

后有人言：随着暴秦的灭亡，韩非子思想破产了。我说，不，老韩一直活在中国帝王的心中。法家的“强国弱民”是中国皇帝的核心之术，两千年封建社会，中国无论国家强弱，都何曾有过“强民”？在法家看来，富国与富民，强国与强民是对立的。“民弱国强，国强民弱，故有道之国，务在弱民。”这些论调，贯穿二十四史，从未过时。

只不过中国的帝王是何等诡道之人，他们懂得了只可意会不可言传，老韩这把“帝王杀人刀”，需要孔孟这套“刀鞘”——于是，荀学应运而生。

汉武帝在宣布“独尊儒术”的同时，内心应该还是忘不了韩非子的，“明儒实法”其实是回到了荀子的轨道。对本国臣民，与其尽显狼相，不如自修为“披着羊皮的狼”——仁在其表、狼在其里，更利“万年帝祚”。

2. 内外有别——“圈中狼”之“能量守恒定律”

推崇王道的中国皇帝，对内是“仁在其表、狼在其里”，那么对外又是遵循什么准则表现呢？

本国或者本国人建立的独立国，绝对压制与吞没。而外族人建立的国家，则“尚德安抚”，不敢有任何统治的奢望。

——这就是内外有别的中原王道“能量守恒定律”。

(1)匈奴可以“喂”，南越可以“吃”

从汉朝对待南越和对待匈奴的不同态度上，即可管窥携“中原王道”之古代中国在国际上的自我定位。

南越与匈奴，一南一北，皆属西汉邻国。但汉朝对他们却采取了一硬一软不同的政策方针。

世所共知，汉之中国对待匈奴，采取的是“用女人换和平”的和亲政策。汉初，匈奴困汉朝开国皇帝刘邦于平城，七日才解，这个大风起兮云飞扬的高祖皇帝被强大外敌吓着了，战战兢兢将本民族女人敬献出去，开启了西汉“拿女人换和平”的先河。从此汉代的执政者，对于匈奴这样的强大外敌，都无限热爱起了和平。就连后代讴歌的“雄才大略”的汉武帝，也在对匈奴作战没有取得彻底胜利的情况下，沿用了这一“省事的政策”。

如果说汉朝对待匈奴的外交有些窝囊，那么，在南越的问题上，他们却是挽回了大汉不少颜面。

汉朝对待南越的政策，完全是另一番“我主沉浮”的架势。

南越国早于西汉一年建立，西汉开国于公元前202年，南越国始建于公元前203年，建国者就是那个“中国历史上的第一个南下干部”赵佗。这位原秦朝岭南一县令，趁秦末陈胜吴广起义、天下大乱之际，拥兵自立，建立南越国。鼎盛时期的南越国，其疆域北至中国岭南，南至现在越南中北部，“东西万余里”，实力雄厚。

赵佗之南越国，在越南史书上称为赵朝，是越南历史上第一个独立王朝。但在西汉皇帝眼里，却始终没把南越国当作一个与之平起平坐的国家来对待。

南越国在刘邦之汉时，年年上贡，明确汉为“宗主国”，自己为“藩属国”。但到了吕后时代，因为吕后没有丈夫大气，南越国与汉中央朝廷交恶，吕后对南越国实行了经济封锁和武器禁运，禁止南越国周边的诸侯国与南越国进行盐铁贸易。于是，不甘受气的赵佗遂自立为南越武帝，与汉朝廷分庭抗礼。吕后有能力惹事没能力平事，这反倒成全了南越，南越国势遂在此时代达到最强盛，周边小国纷纷舍汉朝而认南越为宗主国。公元前 179 年，吕后死，汉文帝刘恒即位，文帝舍弃吕后失灵“大棒”，而向南越国递出“胡萝卜”。他派人重修了赵佗先人的墓地，设置守墓人每年按时祭祀，并给赵佗的堂兄弟们赏赐了官职和财物。这“软刀子”进去，取得了立竿见影的效果，赵佗去除帝号再归汉朝，仍称“南越王”。

公元前 137 年，百岁高龄的赵佗去世，南越国进入乱世，南越国相吕嘉杀了归汉派南越王赵兴，与中央朝廷抗衡。此时大汉正是汉武帝时期，好战的武帝二话不说，兴兵伐越，传国五世，历时 93 年的南越国于公元前 111 年灭亡。

南越国亡的标志是其被汉朝接管，成为汉朝的行政管辖区域。

同是邻国外患，汉朝为什么对匈奴忍让、对南越痛下杀手？

除军事力量的强弱对比因素外，核心一点，是汉朝对邻国的定位。

匈奴在汉朝眼里，是个纯粹的夷狄之国，不能与汉朝融为一体，所以汉军作战失败之后，采取了和亲的政策，换得了边防的稳定。

而南越则不然。历代汉帝，始终把南越视为汉朝的“外延”。无论南越国的态度如何，汉朝对待南越，自始至终是“宗主国和藩属国”的关系定位，藩属国的国主须由宗主国任命，宗主国对藩属国具有名义上的统治权和实际上的监管权，宗主国有主权，藩属国有治权，这是一种高度自治的归属关系。至于藩属国的内政，一切大政方针完全不必遵循宗主国的政策，怎么搞是自己的事，藩属关系可以说是古时候的一国两制；但是，如果藩属国出现悖逆、叛篡这样的情况，宗主国就有权派遣维和部队对藩属国进行接管整顿。

从汉朝对待两个邻国的不同态度中，可以看出古代中国传统外交的思路：统抚并举，怀柔远人。对待匈奴这样的夷狄，以“安抚”为主；对待南越这样的邻邦，则是以“统”为主。

一个国家在世界上能掀起多大的风浪、留下多少足迹，与对外的张力与意愿有关。四百岁汉朝是中国历史上最长的朝代，在外交及国际地位上，它为之后两千年封建中国打下了牢固的基础。恪守中原王道、践行内外有别的“汉式外交”决定了中国之国际形象——一个不主动谋求世界、自成一统的王道脸谱。

（2）中原君主，不治夷狄

纵观中华五千年历史，除了“华夷之变”式的江山易主，以及盛唐百年辉煌，中华几乎从未有效统治过外部世界。这说明：中原王道为中国君主们设定的是“圈中狼”塑形。作为“圈中狼”，中国君主对世界的想法着实有限。所谓“中华帝国”，不过是限制级的“克己复礼”。中国对世界既无吞吐之志，也无统治之愿，其最大的“想法”是“宗主国”。

为什么会确立这种“世界观”呢？

这与中国的传统世界观息息相关。

受传统地理观“中土居中，瀛海四环”影响外，中国帝王确立的是“中式宗主观”——中国君主作为天的儿子受命于天，除了领有中土直接统治，天下的其他地方也全归他统驭和教化，是为天下共主。自汉武帝推崇“天子论”后，虽然在政治上强化了“中式宗主观”，但接下来的儒家“尊王攘夷”“怀柔远人”“尚德抑武”之经，配合的则是官僚政治，为中国确立的是“内向”而非“外向”的志向——统而不治，“不干涉他国内政”。

如此一来，就“自律”了大国扩张的手脚。对藩属国的内政与外交不干涉，这一点使得中国难以成为当时领袖国。翻看世界风云，哪个大国威信不是靠“干涉他国内政”建立起来的，你连他国政治都不敢影响，还能有什么深刻影响？发挥什么关键作用？

未受儒教“仁道”洗礼的汉以前的“中国外交”不是这个样子。虽是国中之国，但春秋战国时期，无论是“五霸”还是“七雄”，都是以“干涉他国内政”为常事的。而受了儒教洗礼后，孔孟“仁”“义”“礼”成为中国外交主旋律，儒教强调大国要对小国施之以礼，不欺压和威胁小国的生存，因而中国皇帝对外奉行“怀柔远人”“尚德抑武”，以道德感化外邦，借此来表达自己仁慈的胸怀。

中国的这种“大同”政治理想，其实质既不是征服世界的“领袖国”，也非实质意义上的“帝国”，而是“宗主—藩属”独联体。“不治夷狄”是中国君主的传统观念，“统而不治”“抚而不治”是常用手段。

中国君主希望通过德化外交，求得藩属国对宗主国的感化，从而实现大同理想。这种手段基本上是感化的产物，夷狄不会感激大于恐惧，没有政治上的介入，也不会真正与中国融为一体。

3.“仁道外战”样本——打下的疆域吐回去、抓到的敌首放回去

对外敌，抓了还要放，其实是不敢真正树外敌，这正是中原王道的主要特点。

三国时代基本上是旷日持久的“内战”时代，在对外征服方面，鲜有“传奇”。但鲜者，并非无有，只是少见，东汉末期乃至三国近一个世纪，中原之外患并未停息，从北到南均有“夷犯”，令三国部队不得不腾出空来，对外征战。其中最著名的战例有两起：一是曹操北征乌桓，二是诸葛亮南征孟获。

后人在评价这两起“外战”时，大多“爱憎分明”。对曹操北征乌桓，贬者居多；对诸葛亮南征孟获，赞誉一片。

《三国志》记载，“七擒孟获”发生于225年，其真实性毋庸置疑。关于这场战事，史学家多作出正面评价，甚至可以升华为儒家文化“仁者无敌”。

诚然，诸葛亮南征的“闪光点”名载史册。诸葛亮在南征时采取的“攻城为下、攻心为上”战略，展现了“正统汉才”的魅力。诸葛亮的“手段”，吸取了先秦两汉以来儒家的“德治”与法家的“刑治”思想，治军偏重于法，理政则偏重于儒，但其核心思想仍为儒家思想。面对周边甚多少数民族地区，诸葛亮提出“西和诸戎，南抚夷越”对策，体现了中原王道的宽仁。这对于收服“南夷”的人心，无疑起到了正面作用。彝族首领孟获最终对诸葛亮的“王道”感佩不已，那里不仅有“智勇”，更有“仁义”。

然而，后人在总结“诸葛亮式的外战”成功经验的同时，往往忽略了硬币的另一面：“诸葛亮式的外战”既有长效的正面影响，也有一个长效的“副作用”。

这个“副作用”不是“鸡蛋里挑骨头”，而是“疾在腠理”，不经细观，不易察觉。

诸葛亮南征，又称南中平定战，主要征战对象是南方彝族叛军，由于战争发生在先帝刘备夷陵大败、蜀军元气大伤之际，所以南征军力有限，总兵力大约在3万人。

战役结束后，蜀军“不留兵，不运粮”，孟获“因祸得福”，被正式授予官府要职——御史中丞，诸葛亮不留兵，是想“净身出户”地走出南中，但是，他还是留下了“非物质遗产”，这个遗产就是——“因夷而贵”“因犯而养”的范例。

诸葛亮“夷人治夷”，对拉拢当地人心是有好处的，但震慑力却大打折扣，尤其是对犯汉的外族而言虽然不是一场大战役，但毕竟派出了3万军人，血淋淋的战争，变成了“捉放游戏”，没人计算这场“游戏”中，汉军死了多少人，但是七场厮杀，连野兽大象都上阵了，不可能是“兵不血刃”的虚拟战争。蜀汉军人的生命如此无辜，自己队伍的人命如此不值钱，就为了陪孟获玩？夷人不该为此付出代价吗？“恩”有了，“德”发扬光大了，但“威”何在？

至此，“诸葛亮式外战”的两个副作用暴露明显：一是德有余，威不足；二是夷狄优待。它发出的是“犯境夷狄，反得优待”的信号，这种模式成为传统，就会产生长效作用，把“夷”惯坏。

事实也确实如此。“诸葛亮式外战”其实是自汉以来，受到儒家洗礼的中国军队，确立的对外征战的一个基调，“怀柔远人”“尚德抑武”之经，为对外征战的汉军牙齿装上了“牙套”，自律了“耀武扬威”的手脚。

推崇“仁、义、礼”的儒教先师孔孟二人，得到终生的待遇是“敬而不用”，而将他们大国对待小国的主张——“怀柔远人”“尚德抑武”施行，很可能得到与他们境遇相似结果——“敬而不畏”。

可以想见，如果诸葛亮征讨的是北方“嗜血难驯”的游牧部落，无论怎样感化，都是很难“喂饱”对方的。到头来得到的，极有可能是“东郭先生”的下场。

诸葛亮南征之后，孟获不再反，不排除是感化的原因，但更不可排除的，是利益的换算，小小部落首领，只做名义臣子，没有失去一寸疆域，并且进了体制、增加了待遇，享受着蜀汉“大国”的“贡奉”，比抢来得还容易，还香甜，优哉游哉，何乐而不为？

4. 王道圈里繁衍着“不可救药的狼和羊”

(1)“圈中狼”之害

千百年来，支撑中原王道的“中枢神经”是官政——封建官僚体制，这种体制不能说没一点含金量，但随着时间推移和开明时期不再，其先天“四大劣根”根深蒂固，从而造成了中原“特产”——具有“圈中狼”属性的中原官僚。

故此，封建官僚体制“四大劣根”也可称之为“圈中狼四大属性”：

一是侵占性。国家权力全部掌握在官僚手中，官僚有权以国家利益为理由，随意侵夺庶民的财产。

二是垄断性。将本应该属于国家的资源，甚至机会的拥有，都朝有利于自己地位巩固的方向揽进。久而久之，变成世袭阶级。

三是低效性。把应尽的职责全然当作例行公事处理，没有工作的原动力，遇事拖拉、犹豫不决、敷衍应对。事非到非处理不可而绝不处理。

四是保守性。在官僚体制下，个人的权力是与其地位成正比的。为了达到向上爬的目的，他们自然只能墨守成规，不敢有任何逾越；同时为了维护他们的既得利益，当然更不愿做任何革新。

前两种特性铸就了官员“贪婪”与“凶残”的“狼本质”，后两种特性则给这种“圈中狼”注入了“惰性”和“钝性”。总之，这既是一种没有丧失本性的狼，又是一种反应迟钝的狼，最终成为一群“内残外忍”的奇异物种。

这种奇异物种，在中国二十四史中占据主流。诸如大唐灭亡后的五代十国，割据一方的官僚军阀个个都是“圈中狼”，这些“圈中狼”，对外竞相谄媚，对内竞比残暴。

从“后晋高祖”石敬瑭到“后汉高祖”刘知远，虽然他们带有胡人血统，但践行起“中原王道”来，却比汉族皇帝更“到位”。他们一边以偌大年纪，拜年轻的契丹国主耶律德光为“干爹”，甘当外邦邦主的孝子贤孙；一边对本国百姓横征暴敛，动辄以“极刑”示人。他们每年定期向“干爹”上贡，珍品不计其数，而在本国却有这样的法规：私贩盐、矾、酒曲者，哪怕一两，也统统处以死罪。

为巧立名目骄奢淫逸，后汉还曾创造中国历朝“税目之最”：百姓上厕所，上街行乞，都要交税，甚至连死人的灵柩，如不交钱，不准出城埋葬。彼时中原百姓，生活困苦，卖儿贴妇，仍不能度日。“圈中狼”之害，罄竹难书。

（2）不吃羊的狼，能活多久？

在中原王道下，官员能不能做个好官？

这就好比这样一问——不吃羊的狼，能活多久？

看看历史上那些清官们的命运，便可一目了然。

就拿明朝嘉靖年间的御史大夫海瑞来说，那可不是“装青天”，而是历史公认的“大清官”，即便从今天看，海瑞的品行也堪称“正人君子”，他身居高位，不贪不占，穿的是布袍，吃的是糙米，甘愿当苦行僧，甚至不吃肉，甘当“素食动物”，但这样一个“完人”，却是“官场异类”，在大明朝廷，他屡撞南墙，头破血流，死时连丧葬费都没留下……无论活着还是死，境遇都比同朝的贪官惨。

这是为什么？

因为他没有看清中原王道及中国封建官僚制度的本质。

官民之间，如狼羊食物链，狼王是皇帝，群狼是官员，官员清正，等同不吃羊的狼，如何生存于官员“狼窝”中？

以皇帝及同僚们的眼光看，海瑞的问题出在“假戏真做”，他不清楚在此制度环境下，在皇帝及官僚集团心底，利益高于一切，道德只是青楼门前的“贞节牌坊”。当官员形成“狼群”，一个官员继续存活于这个群中靠的就不是对民负责，而是对集团中的其他人负责，因此他不需要道德，不需要清正，不需要廉明，甚至不需要能力，而最需要的是精于彼此利益的同伙人。

和海瑞同样命运的历代清官大都不明白——自己如此严格要求自己，做道德模范，不仅对社会风气的好转没能产生多大影响，而且反倒使自己官场之路越走越窄？

而和海瑞不同道的贪官却很清楚——你自己吃苦害亲朋受累，怎么可能得到享乐在先的同僚发自内心的响应？你清高自律不与别人结党营私，又怎么可能在官僚集团掌控国家的时代，进入权力的中心？

海瑞死别南京时，“小民罢市。丧出江上，白衣冠送者夹岸，酹而哭者百里不绝”，可见百姓与海瑞的感情很深。

然而，海瑞到底属于哪一伙呢？是皇帝的人，还是百姓的贴心人？这可能是海瑞死前最费解的问题。他无法了然：皇帝与百姓，犹如狼王与群羊，永远不可能“血浓于水”。

(3)内残外忍——中原皇帝多怕“夷”，女皇也是“窝里横”

众所周知，中国皇帝除了个别傀儡，几乎个个都是“巨无霸”级人物。但是他们的“霸气”大多局限在国内，对于外面的世界，他们大都“霸不起来”。

遍览两千年中国“天子史”，可知他们中绝大多数最怕的人，都属一类：夷。

自大汉皇帝刘邦开启西汉“用女人换和平”之先河，中国历代皇帝在面对“夷”时，不是厚待，就是甘拜。大宋徽钦二宗在东京保卫战结城下之盟时，城未破便跑到金营磕头请罪，面对“夷王”自称“罪臣”，其瑟瑟发抖之状不难想见。

怕“夷”的传统蔓延不绝。即便是中国绝无仅有的女王，也是窝里横。譬如吕雉、武则天，此二人为中国女皇的代表人物。她们在国内铁血统治，几乎没有对手，但世界舞台上，都是比较失败的角色。

杀韩信、吓萧何、震陈平、慑周勃……刘邦之后控制西汉最高政坛的吕雉毋庸置疑是个超级女强人。但是，她的威名仅限于国内，在国际舞台上，对匈奴等外敌，并无多大震慑。

西汉在吕雉统治期间，匈奴单于以哀悼刘邦之名下书，信中单于对吕后说:你死了丈夫,我死了妻子,两主不乐,无以自虞,愿以所有,易其所无。

吕后竟泰然复书:我已年老弃衰,发齿也堕落了,步行也不方便。然后赠来使车马。人言这是吕后的“政治风度”,但依我看来,这是“国耻级别”的忍气吞声,即便换了丈夫刘邦,面对如此羞辱,大约也会考虑出兵。但是吕后对外,没有一点胜算的底气。她执政西汉 16 载,没有取得过一次外战胜利。

铁血武则天的“铁血”也主要体现在内政。在国内,武则天的残酷统治,令反对派只能说好不能说坏。从百姓到大臣,全都对武则天奴颜婢膝,俯首帖耳,心甘情愿地听从“天命”,当她的驯服工具,任她摆布。朝堂上下,舆论一律,“皇上英明”“我主万岁万万岁”“唯我主明断”变成了时代的主旋律。对女强人的“个人崇拜”遂达到巅峰状态。

然而说到武则天的对外形象,就远不是那回事。武则天时期中国国际威望远不及贞观时期,武则天的外战成绩一团糟。此时突厥攻唐猖獗,就连新兴的契丹,也跟大周叫板。契丹人反周,进攻河北地区,武则天三次征讨损兵折将,最后借助“夷狄雇佣军”才得以平定。

在武则天手上,大唐从威风八面、天下无敌,变成四面漏风、不堪一击。不到 50 年的时间,外战前后损兵近 100 万。在东北丢掉了辽东、辽西,在西北丢掉了漠北,煌煌大唐的基业几乎被武则天完全败光,大周朝从来没有得到北方草原民族的尊重。唐的势力也在此时退出朝鲜半岛,“天可汗”这个以中国为核心的国际组织在此阶段形同虚设。

与中国众多的男帝王一样,吕雉、武则天的聪明才智,大多致力体现于“权术”,先天缺失“世界大势”的文化视野。她们很有“内才”,很懂权术,但却是远离世界的统治者。

至于人道,在这些女皇身上就更难以寻迹。她们几乎拥有一个共同的“人生”——踏着骨肉的鲜血走向龙椅。人性中最伟大的爱是母爱,最伟大的人性也是母性。但是她们几乎都泯灭了这种天性。武则天为了皇位,毒死亲生儿子太子弘;吕雉把儿子刘盈整成抑郁症,把外孙子刘恭打入鬼门关,是没有一丝善念的母亲和姥姥。残忍和狠毒成为她们必需的政治品格。

她们一方面干着比老虎还狠毒的事(虎毒不食子),另一方面,却喜欢戴着“伟大的慈爱”的面纱。吕雉在白发人送黑发人时假哭“哀痛”,武则天喜欢人家称她为“圣母”,天底下有这样的“圣母”吗?杀自己的儿孙不眨眼睛!

究其根本,她们弘扬的也是“中原狼道”——内残外忍。所有威风只在“圈中”。外忍忍男帝所不能忍,“内残”比男帝有过之而无不及。这些女皇们的所谓“女王道”,给华夏文明带来的副作用,亦明显大过正作用。

(4)不可救药的羊

在中原王道指导下,中国君臣还养成了怕“夷”传统。中国历代王朝官员在“恐夷症”方面,也是世界闻名的。

然而,反观另一面,中国民间对“夷”却往往恨大于怕,尤其是民间武装,他们并不恐夷,甚至最喜欢与夷敌叫阵。从晚宋到晚清,从宋江征辽,到义和团大战八国联军,民间武装不时跳出来向“夷”挑战,前仆后继,不怕牺牲。

在翻看这些内忧外患时期的中国民间“义勇军”史料时,你会发现这样一个令人唏嘘的现象:

这些民间武装一旦有政府撑腰,什么都敢干,什么外敌都敢打。

但是,他们一旦到了政府官员面前,往往立刻就矮了半截。

宋江征辽正史鲜有记载,民间传说、《水浒传》里讲述得比较多,是真是假有待考证;而晚清“义和团大战八国联军”,却有确凿史料记述着他们的勇敢:“拳匪信枪弹不伤之妄,遇有战事,竟冲头阵,联军御以洋枪,死者如风驱草。乃后队存区区之数,尚不畏死,倏忽间亦中弹而倒。”

而这些不怕死的义军首领,在本国统治者面前,却没了气概。

史料记载,义和团山西首领在山西巡抚毓贤面前毕恭毕敬,赞其是“大清官”。义和团河北首领李来中向清朝大员刚毅表忠心:只反夷狄,不反朝廷。当清政府肯定了义军的“爱国行为”,这些义和团员们更加奋勇前进,不惜以生命代价报答朝廷“天恩”。而当外国军队打进都城,皇室西逃之际,义和团首领范云恭还痴心不改,带领着上千拳民,在平遥县城要求面圣,信誓旦旦地表示要誓死保卫“朝廷”。但可叹,热脸贴冷屁股,换来的结果却是“就地抓捕”。

有胆打虎，无胆杀狼。宋江与义和团这类义军的“胆量”，有些“匪夷所思”，但我认为，这恰恰是中国民间的基本属性的暴露——典型的“羊群造反”。不反主子，只反主子的仆人或敌人。

宋江率众梁山造反，反贪官不反皇帝。“替天行道、除暴安良”，暗藏一个“忠”字，之后“聚义厅”改成“忠义堂”明摆出来：忠义是他们的胆，而忠是头等大事，这是他们最大的胆——要“替皇帝做事”。

义和团与之大同小异，反夷狄不反朝廷。他们虽然以“装神弄鬼”起家，但是最大的胆子却不是虚拟的“莲花圣母”给予的，而是现实中的“老佛爷”给予的。他们的第一愿望和动力，是获得政府的承认。在起义揭帖中，义和团明确宣告“我皇即日复大柄，义和神团是忠臣”。

显然，晚宋和晚清这两支义军，他们的自我定位都是做君主的好奴才。

这群“奇异的羊”是怎么培养出来的？当然首先要归功于统治者“愚民有术”。中国传统社会，之所以两千年一成不变，就是因为“儒教愚忠”和“法家重典”双管齐下，致使民间人士要么“无胆”，要么“无识”。有识无胆的人不敢反抗，有胆无识的人敢打敢拼，但脑子不先进，所以，除了被利用，还是被利用——利用过后，整个社会还是“原地踏步走”，甚至“向后转”。

圈中狼牧圈中羊——这就是圈中狼培养的“中原狼道”生态圈。对于这种生态圈，狼甚至羊都是迷恋的，当外来狼群打破这种生态圈时，圈中羊群还要为保住圈中狼的利益拼命。骨子里刻入“忠臣”字样的梁山、义和团类民间义军就是这样一群不可救药的羊。

都以为圈中狼危害主要在内，其实不然。他们在世界范围也可以构成相当严重的“公害”。尤其是他们所“牧”之“羊”，一旦被驱使“抗夷”，极易形成“世界公害”。义和团滥杀无辜引发世界讨伐就是那样一起范例。

可见，中原王道令官变种，也害民不浅。因为制造一批不可救药的羊，比繁衍一群驱赶他们的狼，更具野蛮标记。

5.“着了此道”都退化

如果说中原汉族君主是圈中狼，那么以铁骑起家的游牧民族应该不属于这个种群，然而中原王道虽说对外不威武，但在“入内同化”方面却拥有“奇效”，塞外夷狄一旦进了中原，“着了此道”，其退化速度比当初他们战胜中原部队的速度还快。

譬如所向披靡的建州女真八旗铁骑，入主中原后，就很快成了一群“废物”。

建州女真后金前清时代，“八旗子弟”代表“荣耀”，山海关一战，驰骋疆场的李自成农民军，打得过吴三桂，却根本不是八旗兵的对手，八旗兵堪称当时最好的“精锐部队”。

然而，晚清时“八旗子弟”，却由褒义词变为贬义词。从八旗兵没落不难发现，是中原王道的围栏，将他们送上了退化的“圈中狼”之路。

中原王道圈中有两样东西，令草原狼爱不释手欲罢不能。那就是“特权”和“血缘政治”。得到了这两样东西的“狼种”，还在娘胎里，就已经有了官衔。他们在圈中，享有最上层食物链特权，为所欲为，无所不能。

然而，这两物越多越大，腐败的速度越快，退化程度越重。

女真皇帝在入主中原后，出于退化的担忧，也经常组织“移垦”运动，希望永葆八旗威风，可惜八旗子弟没有几个愿意去，即便去了，也空手而归。被圈养了太久的宠物，已彻底失去了掠食的野性。留在兵营里的“八旗子弟”也坐享百年战果，顺治初年，旗兵每月尚训练五六次，后来次数则减少，甚至流于形式。到康熙末年，所谓训练，已是一团糟。外省驻防将军及绿营提镇，“出行则皆乘舆”，以骑马为耻，武艺日益荒疏。在这些身无技艺的将官统率下，旗兵的训练，只能追求表面文章。

上行下效。八旗士兵不断腐化、溃烂。酗酒赌博，无所不为。更有甚者狂嫖滥赌，银钱花光了，干脆把盔甲器械送进当铺。晚清时分，无论是留在兵营里的“八旗子弟”，还是走向社会的“八旗子弟”，已经“唯知抽鸦片、提鸟笼”。

堕落到这步田地的军队，战斗力可想而知。清中晚期，退化为“圈中狼”的他们连洪秀全的农民军都打不过，只好以汉治汉，靠曾国藩办团练才灭了“太平天国”之“乱”。待世界真正的列强从远方地平线上出现时，“八旗子弟”无招架之力，更无还手之功。

围栏养人，也能废人。退化的八旗后代，连自己都保护不了，又如何能守疆卫国？“八旗子弟”终于成为令天下人不齿的贬义称谓。从令人畏惧的勇猛到令人鄙夷的懒惰，这是圈中王道退化的必然结果。圈中生活越稳定，退化越严重。

所以，即便草原狼王并不想让后代退化，但一旦进入中原王道这个圈，就由不得他们。不管播下的是什么，收获的只能是“内残外忍”的奇异物种。

6. 中原狼道，必亡之道

19 世纪，“中原王道”穷途末路，在理论与实践上都走入死胡同。

晚清名臣曾国藩是中原王道“实践与理论相结合”的最后一个代表人物。

在造反的农民军眼里，他是嗜血的头狼——“曾剃头”。曾国藩攻下太平天国首都南京（当时称天京）时，制造了早于日本侵华七十年的浩劫——“南京大屠杀”。他在整个过程中，不仅不对部下的胡作非为稍加制止，而且指使其弟曾国荃参与其中。

史料记载，湘军进入南京后，见人就杀，见屋就烧。直杀得南京城内血流成河，尸体涌进长江，几乎使江水不流。

清人记载：“金陵之役，伏尸百万，秦淮尽赤；号哭之声，震动四野。”所谓伏尸百万，除了战死者，就是曾国藩在城内外屠杀的平民。“皖南及江宁各属，市人肉以相食，或数十里野无耕种，村无炊烟。”

这次屠杀最保守估计也应该在 50 万人以上，清人所说的伏尸百万也是有可能的。而屠城和对城市的毁坏程度也是历史之冠。屠城、焚烧城后，南京连一棵完整的树都找不到了。

太平天国强盛时，南京城最多有 100 万人。但到光绪皇帝登基的 1875 年，人口还不到 50 万。后来李鸿章署理两江，认为南京城需要百年方可恢复。

据传，由于曾国藩在南京的屠杀手段残暴，当时南京小孩夜哭，妈妈说

“曾剃头来了”，小孩就立刻收声。可见，这是一匹多么令人恐怖的“头狼”。

但在“夷人”眼中，曾国藩却是另一张“温良”的面孔。

“天津教案”验证了曾国藩“窝里横”的“圈中狼”本性。

1870 年 6 月 21 日，因怀疑法国天主教堂“贩卖人口、虐杀婴儿”，天津发生数千名群众攻击教堂事件。包括神父修女、法俄国侨民和中国信徒在内的 50 人被杀，法国领事馆被焚。事件发生后，英、美、法等国联合提出抗议，并出动军舰兵临城下。朝廷派直隶总督曾国藩前往天津办理天津教案。

天津民众以为这位曾帅会像平“长毛之乱”那样痛击“夷狄”、让中国人扬眉吐气。然而曾国藩到天津后，经过一番“深思熟虑”，决定赔偿“夷狄”损失 46 万两白银，派使团至法国道歉。并且按照法国开出“杀人名单”，“但冀和局之速成，不问情罪之一当否”，不问情节轻重，对本国“刁民”大开杀戒。

曾国藩办案结果，令民众大失所望，曾的声誉就此一落千丈。

有人认为这是曾国藩的一次外交失误。但我认为这是“圈中狼”必然表现。只不过之前人们尚未看清他的真实面目——终其一生，曾国藩践行的还是名为“中原王道”、实为“中原狼道”的四字基本原则：内残外忍。

对“中原王道”，曾国藩除了实践，还有“理论贡献”。在晚清行将就木时刻，曾国藩给出了“救国之道”。认为治理天下的办法，在于如何运用孔孟的“王道”（指儒家的三纲五常）和法家的“霸道”（指法家的刑狱杀罚一套暴力镇压工具）。提出盛世用“王道”，乱世用“霸道”，平时互为参用。可见，所谓“救国之道”还是没有脱离荀子思想——“将儒法二家的统治思想加以结合”的范畴。

曾国藩在镇压内部“羊群”起义时，喜欢大开杀戒，甚至达到滥杀地步，就是出于信奉“乱世用重典”。在对外关系上，曾国藩主张凡事以“孔孟之道”应对，认为“夷务本难措置，然根本不外孔子忠信笃敬四字”，显然，这也是老调重弹，无外乎儒家“怀柔远人”的春秋大梦。

正如王阳明的“心学”不能阻止大明王朝倒退一样，曾国藩的“王道”也不可能挽救清王朝走向灭亡。一切跳不出儒家圈子的理论，都不可能让中国出现质变。19 世纪末叶，中外有识之士早已经看出，中原王道已到穷途末路。

所谓当局者迷，旁观者清。日本学者在《世界国尽》一书中，对“中国仁义五常”的不能“再造辉煌”的内因进行了犀利剖析：

> 清国的历史自陶虞时代开始，到现在已有4000年，过去以重视仁义五常、人情敦厚而盛名远播。可是因不肯引进现代文明，风俗渐衰，德智渐颓，他们还犹如井底之蛙，以为自己样样比他国行。真是可悲。

即使是身在此山中人，也对“儒教王道”痛定思痛。曾国藩的同乡维新派领袖谭嗣同指出：中华文明衰落，其根本在于教义。“夫欲变法，必先变教。”

虽然这位年轻的维新领袖“出师未捷身先死”，清国既未“变法”也未“变教”，但是它很快的灭亡下场，验明“仁道不人”“王道不王”之“教”无疑是一条通向坟墓之路。

第六章

世界变了——“洋才”问世，西风吹起东风破

世界变了，是因为西洋变了；西洋变了，是因为他们的世道变了。一种“将人大写”的新文明在那里降生。西方超越东方的源代码，就在其中。

1. 西洋有个好传统——恺撒也是选出来的

西洋文明之所以在近代获得新生、脱颖世界，首先要感谢两个国家、两个传统。

（1）“四大文明古国”不该少了她

对于中国人而言，“四大文明古国是哪四个国家”属于一道小学历史题，但是，了解点世界史和欧洲史的人，总会有一点疑问：那里边为什么只有埃及、巴比伦、印度、中国这四个亚非国家，而没有欧洲的她？

这个欧洲古国的文明史，不下五千年，早在公元前2800年，她就开始影响欧洲。没有欧洲国家否认，她是西方世界的“祖母”。

她的名字叫“希腊”。

我们看今天希腊的国旗，由四道白条和五道蓝条相间组成。靠旗杆套一边的上方有一蓝色正方形，其中绘有白色十字。蓝白九条宽表示希腊一

句格言:不自由毋宁死。可见,希腊是一个拥有“崇尚自由”传统的国家。

直到现在,欧美人毫不讳言,他们的大脑拜海伦人(古希腊人)开启。“民主自由”的传统,养育了希腊朴素的人道哲学,也影响到整个欧洲,成为西洋世界的一大优秀传统。无论论历史悠久,还是论对世界的影响,比起“四大文明古国”,作为西方文明发祥地的希腊,均有过之而无不及。

现在人们可能会不明白,为什么西方文明发祥地的希腊,竟是那么小的国家。看看古代世界史就会明白,此一时彼一时。

古代希腊,可谓地大物博。亚非欧三大洲,都出现了“希腊化国家”。当希腊处于罗马帝国的核心地带,整个帝国都通用“希腊语”。从公元前 5 世纪到 4 世纪这九百年间,希腊人的“才华”一直是西方世界的最高代表。拜占庭,这个中世纪欧洲最悠久的君主制国家,就是以希腊为班底而建立。从经济上讲,希腊贸易发达、经济繁荣;从体育上讲,希腊创造了奥林匹克;从军事上讲,希腊有“希腊火”。8 世纪,由陆路和海路攻击拜占庭的阿拉伯人被一种秘密武器“希腊火”所打败。这是一种由液态易燃物制造出来的“化学武器”,由一个喉管把它喷出,大约是世界战场上最早的“火焰喷射器”。

然而,铸就希腊“西方鼻祖”地位的,首先却不是表现于奥林匹克马拉松长跑,也不是商船和原始化学武器,而是无形扎根于血液的东西。

世所共知,希腊最骄傲的文明资本是发明了“世界最早期民主制”。成型于公元前8 世纪的希腊城邦制,最大限度地释放了富有天才的雅典人的活力,使所有公民都能够充分参与政治及公共事务,获得一种尊严和荣誉感,就自已的所长展现自己的才华。希腊哲学,给人类带来最早的人文启蒙。本土思想家苏格拉底和柏拉图、亚里士多德都可谓“世界级大脑”的水平。他们宣扬“正义之邦”“理想国”,是早期人道主义的起源。希腊中心城雅典,在最盛期包括农村地区也只有30 多万人,不如中国一个中等县,但却成为世界政治、思想、文化的“格林威治”(世界计算时间和经度的起点)。如此成就,前无古人后无来者。

那么,如此伟大的文明古国,为什么没有列入“四大”呢?

这里,顺便揭下“四大文明古国”谜底。综合考证,所谓“四大文明古国”

之说法，仅是东方国家的一个提法。此乃清末民初“第一才子”梁启超的杰作。梁启超在写于1900年的《二十世纪太平洋歌》一诗中，赫然提出了“四大文明古国”之说。而此说并无确凿考据，只有“爱国情怀”这唯一“凭据”。这种说法也只在中国流行，并没有得到世界范围的历史学界的公认。

美丽传说往往成立于孤陋寡闻。一厢情愿往往略去了求真的审视。在梁启超善意的误导下，国人在文明方面，只关注了东方而忽略了西方。这种忽略无论是有意还是无意，都只会徒生偏见，而不会在人类文明史中抹去西方鼻祖希腊的光芒。

当然，这同时也说明了一个区域影响力的问题，希腊这个西方祖母，并没有影响到东方。中国人不可能像英国人那样，对希腊发出如此感叹：“无论在此以前或是自此而后，从来没有任何有同样比例的居民的地区曾经表现出来过任何事物足以和雅典这种高度完美的作品媲美。”（英国哲学家罗素语）

显然，在英国哲学家眼里，希腊已被欧洲国家塑造成自己的形象。而他们，就是“英国的希腊”。

（2）恺撒也是选出来的

欧洲传统，除了民主，还有法制；传统鼻祖，除了希腊，还有罗马。

上帝的归上帝，恺撒的归恺撒——这句名言至今使用频率仍然很高。谁是恺撒？缘何与上帝齐名？凭什么精神以外的俗间之物，都归他管？

要回答上述问题，先要弄清古代西方最大帝国在哪里——那就是以今日意大利首都为中心的罗马帝国，缔造者就是这位恺撒大帝。

恺撒开辟了西方第一个超级大国，是个政治军事天才，是罗马帝国“最杰出的暴君”。但即便是这样的暴君，身上也带有欧洲优秀传统痕迹。

东方人可能无法想象，这位两千年前的超级政治强人竟然是选出来的。从基层“军事保民官”，到中层“财务官”，再到高层“市政官”，直至“终身独裁官”，两千年前恺撒走的是一条“演讲竞选”之路。

早在恺撒降生之前，罗马人在欧洲扮演的就是文明传承者角色。希腊的城邦民主在罗马法典中得以传承延续。罗马人建立了世界第一个共和国——罗马共和国；制定了“第一个世界性的法律”——以“公民法”和“万民法”为主体的罗马法。“公民”概念就此诞生，虽然与后来相比，“古公民”不具公民完整意义，但此法无疑激发和调动了平民的爱国热情和参政积极性。

生于一个“法治国家”，恺撒尽管想天马行空，却也不得不遵循“选举”游戏规则。为了适应“选举”，他少年就苦学演讲，立志成为雄辩之士。

此外，他还必须“取悦人民”。罗马人对他的好感是从他“离经叛道”的表现中开始。一次军事护民官选举，恺撒在罗马广场公开发表一篇令人感动的悼词，推崇被统治者宣布为国家公敌的反对派，立刻博得民众喝彩和鼓掌，因为民众需要反对派，这个敢为天下先的青年人，让他们感到喜悦和满足。

在竞争“祭司长”这个宗教最高职位中，资历最浅的恺撒毫不示弱，立志“要在人民的面前与元老争个高下”。选举日当天，他的母亲含着眼泪将他送到门口，他拥抱过母亲以后说道：“妈妈，今天你看到的我不是祭司长就是流亡者。”经过非常激烈的竞争他获得了胜利，此时他年纪不过 37 岁。

为什么恺撒胜出？其中最成功的表现，是“维护法律公平”的演说，当时有一个人领导叛国组织，元老院认定有罪准备将其处死，又是恺撒挺身而出，他认为不经过审判而处死那些门第高贵声望卓越的人，不仅无先例可循也是违背正义的行为。他的看法表示出人道精神，加上极为动听的辩论，所以不仅那些在他之后发言的人表示同意，就是在他之前发表相反意见的人也转而支持他的论点。

就这样，恺撒在演讲中一步步走向最高王座。

虽然恺撒最后逼着元老院、公民大会，把他“选举”为“独裁者”。但是不能就此认定是选举与法制的错，“选举”与“法制”是两个好东西，而远古选举与法制在没有确立“民权大于君权”的大前提下，当然作用有限。

2. 海上生王者——西洋层出“海王星”

史学家认为，世界进入近代的一个重要标志，是战舰取代战马，现代海

日本人绘制的葡萄牙克拉克船

战取代传统陆地骑射。

虽然以“海洋文明”取代“草原文明”来描述人类文明发展进程过于简单，但海洋比草原更辽阔，“战舰”比“战马”技术上更先进，却是事实。“草原狼”的不败神话，其实就破灭在海上。忽必烈败在海战，两次伐日铩羽而归。如果他有名副其实的“战舰”，还会不会被“神风”动辄吹倒，岛国日本能不能保持完好，都是两说的事。中世纪日本靠“神风”打败了所向披靡的蒙古军，那可以视为一次“海狼”成为“草原狼”天敌的预演。

世所共知，近代世界主要看西洋国登场表演，而他们的主舞台就在海上。他们不断发现新大陆，以海战冲击全世界，激发各国内部裂变，而此时的草原部落，游牧民族，譬如建州女真，只能在大陆局部驰骋。

中世纪与近世纪交会的16—17世纪，草原帝国一天天衰去，世界开启了海洋帝国表演的舞台。如果说“草原狼”是中世纪王者，那么近代以后，世界属于“海王星”。

所谓“海王星”，当然不是指天上行星，而是用来比喻扩张的航海国家。

世所共知,西方力量从海上勃发,他们纵横四海之时,正是草原狼道中落之际。此消彼长,“海王星”势不可当地“进化”并接管世界。

最先出现的三颗“海王星”,是“两牙”“一兰”。他们的本土面积不大,但在海上却是“无疆界”。早在欧洲一些后辈还散落在乡间放牧牛羊时,“两牙”就已经是声名远扬的“江洋至尊”了。卡斯蒂利亚族(西班牙人)创造了16世纪“海上神话”,葡萄牙人辅之。他们发现了新大陆,然后海上打劫。凭借“海盗商人”聚敛财富,“两牙”迎来“一代海王星”的繁荣时代。

但当荷兰出现之后,“两牙”就只能甘拜下风了。作为“二代海王星”,荷兰人也打劫,但他们同时拥有西班牙葡萄牙人不具备的三宝:运输船、银行、手术刀。“三宝”令这个海洋帝国告别了单一的“海盗”生活模式。16世纪中叶,手握“三宝”的荷兰已是欧洲最强大的海洋帝国。

然而,徒有技术革新,没有生产关系改变的国家,也不会焕发摧枯拉朽的生产力。超越海盗国家的荷兰是个经济大国,但只有经济巨变的他们,因为没有在政治上掀开新的一页,对世界的影响力也十分有限。尽管它是17世纪海洋国家的最亮的一颗星,但只能闪亮世界而无法征服世界。17世纪下半叶,当他们被来自中国大陆的一支残军打得抱头鼠窜时,更进一步验证了其战斗力十分有限。

世界真正被“海王星”控制、进入“近代”的标志,实际上是出现了日耳曼民族的一个分支——盎格鲁撒克逊这个“后起之秀”。在他们所打造的“英吉利”崛起之前,海上星光灿烂,但是“群星无首”。英帝国横空出世,她所顶起的文明,是人类从未尝试过的,就世界文明的导向而言,那不仅是“海上生王者”,而且是“海上生明月”了。

3.“英才”问世——世界文明中心“西移记”

虽然希腊和罗马闪耀古欧洲,西班牙葡萄牙荷兰海上无敌,但西方主宰世界的历史,并非从他们开始,而是因为近代出现了一个史无前例的新西洋国。

在这个国家出现之前,世界基本上是“老样子”——各国不是以“君权”

立国，就是以“神权”监国，不知“人权”为何物。而且，东西世界“井水不犯河水”。

而这个国家的横空出世，不仅使海洋世界有了实至名归的“老大”、世界有了统一号令的“老总”，而且她所顶起的文明，成了“世界主体文明”的代名词，这不啻“太阳从西边升起”。

这个开天辟地的国家，名唤“英吉利”。

(1)为什么是英国？

众所周知，中世纪的英国并不发达，还是个盛产暴君的落后封建国家。

在英国文豪莎士比亚笔下，惨无人道的英国暴君栩栩如生。譬如13世纪统治英国的约翰王，经常采用恐吓、酷刑、处死等残暴手段对付持不同政见者，成为西方史中著名暴君。

约翰王之后，英国仍然不绝暴君。理查三世就是其中之一。莎士比亚的剧作《理查三世》里有一段暴君内心世界的独白，他不懂谅解，只顾仇恨和埋怨，他只活在自己的世界中，他血腥残暴，心理阴暗，生理不健全、人格也不健全，给英国带来了无尽的灾难。

病态国王为何能在英国政坛为所欲为？莎士比亚给出了他的答案。他认为传统世袭制导致君王的权力过大，是产生专制制度和暴君的土壤，不利于个人才能的发挥，也不利于国家发展。

对莎翁的这个答案加以小结，那就是：极权体制催生“非理性强人”。莎士比亚希望有一种更合理、更合法的王位更迭制度出现，使具有健全的生理和人格并具有治内交外的政治才能和非凡胆识谋略的人出现在王位上。

莎翁的这个心愿终于在他逝去半个世纪后的英国出现。1688年，英国爆发“光荣革命”。这场革命催生了人类历史上第一部宪法——《权利法案》。

《权利法案》全称《国民权利与自由和王位继承宣言》。内容只有短短的十三条，但其“中心思想”却足以在遍地君主的世界掀起12级“政治海啸”——

一、君主不是国家最高权力拥有者，议会成为国家最高权力机构。

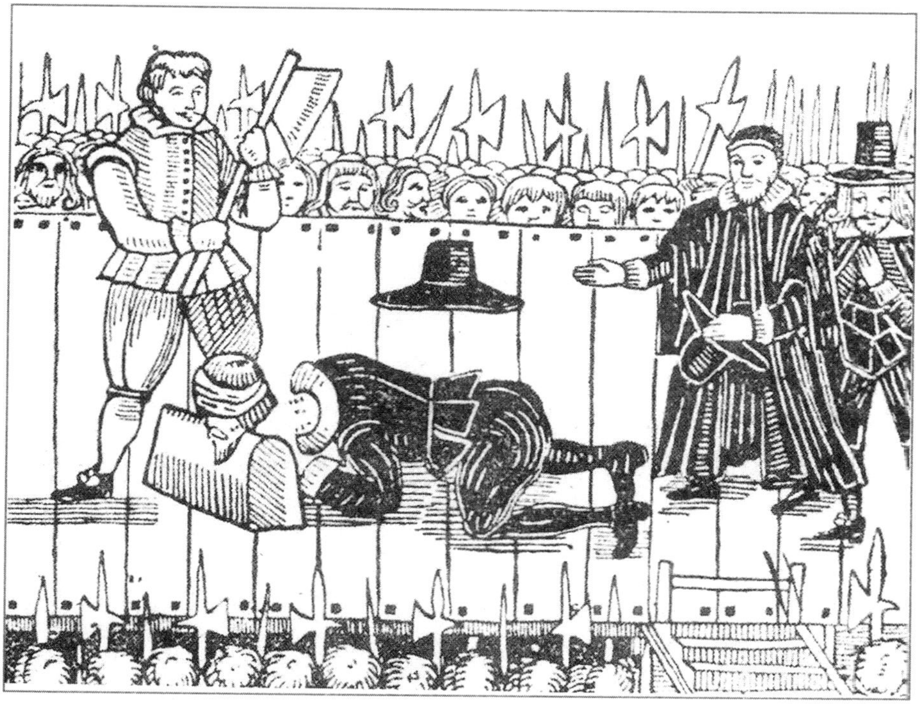

处决英王查理一世

二、议会议员由全民自由选举产生。

三、所有凌驾法律之上的权力皆为非法，废除酷刑。

四、国民请愿合法、言论自由。

这是此前人类闻所未闻的“天书”。以《权利法案》为开端的新西洋文明就此诞生。自此英国虽有君主但永绝暴君，因为他们失去了为所欲为的本钱——特权。

那么，开创西洋新文明的为什么是英国？

除了神话主人公孙悟空，任何人任何事物都其来有自、不可能由“石头缝儿”蹦出。英国的天书《权利法案》亦如是。

世界由古代向近代转换时，英国身上的希腊民主传统、罗马法制精神以及意大利“人时代”的启蒙，与自身新生两项独有之物产生了化学反应。

这两项独有之物就是:议会与中产阶级。

17 世纪之前,全世界只有英国才有议会,议会是英国“特产”,起源于 13 世纪盎格鲁撒克逊人的朝堂,所以英国有“议会之母”之称。但那时的英国议会性质是封建政治等级会议,基本被封建贵族把持。贵族与国王,就像中国的相权与皇权一样,构成权力舞台“二人转”,没中产阶级,也没平民什么事。

17 世纪,“海上生意做大”的英国经济基础发生变化,商人、中产阶层迅速崛起,以他们为主体的模范军发动“光荣革命”,推翻老国王、出台《权利法案》,使英国的国家统治机构和权力运行方式发生了根本改变,完成了人类历史第一次真正意义上的民众政治革命。从此,英国的一切大政方针都要符合民众利益而不是为国王个人利益而服务。

(2)女王下凡,全民皆主

现在社会,拥有传统意识的中国老人喜欢说:人是妖精。他们惊叹一个人今天在这里,明天就可以出现在千里之外,这是盛赞火车的神奇。18 世纪,人类进入新纪元,其中有两个标志,一个就是造出火车的工业革命,另一个是造出议会的立宪运动,而这两项标志的产权,都同属一个国家——大西洋上的最大岛国英吉利。

如果说驰骋世界的草原帝国最大利器是“全民皆兵的铁骑”,那么大英这个海洋帝国的“神器”,不在独霸海上世界 350 年的皇家海军战舰上,也不在发明火车的工业革命上,而首先在他们的政坛发明上。

关于英国的政坛发明,几百年后的今天他们仍引以为荣。2012 年,伦敦奥运会开幕式导演丹尼 · 博伊尔就以极小的成本再次演绎了“世纪荣光”——伊丽莎白女王“从天而降”。

确然,近代英国的无限荣光,一切始自“女王下凡”。

这就是他们内部崛起的奥秘。

在英国的政坛发明出现之前,世界政治主要是两种形态——大陆官政与草原军政。而英国人创造了政治新生物——宪政。

比起官政和军政来,宪政爆发力无与伦比。

可以说,英国的所有辉煌,均来自宪政。它奠立了英国独步世界的五项第一:第一个确立议会取代君主为最高权力拥有者的国家,第一个实行全民选举议员的国家,第一个确立法治的国家,第一个废除酷刑走向人道的国家,第一个允许言论自由的国家。

“五项第一”显示了英国独一无二的强国之道——“宪政之道”。此道核心就是“议会至上”“全民做主”。宪政将人“大写”、臣民变成公民。借此之道,这个本土面积不足世界千分之二的西洋岛国,一举成为领导世界的硕大帝国。

(3)世界第一造物主

新政不仅让英国人成为“世界第一大国民”,而且还成为“人类世界第一造物主”。随着新政诞生,在这片国土上应运而生了很多思想家,也产生了许多世界顶级发明家。以瓦特为代表的“新造物主”们,把被解放的“人”的爆发力推向巅峰——从政治“制高点”推向科学“制高点”。

两场革命后的英国,为人类开启了一种全新的生活方式,正如天方夜谭中,阿拉丁擦亮了神灯,召唤出一个法力无边的神魔一样。给人们震动之大,可用梦境形容。当时的一个英国人说:

“我过去是生活在做梦的人当中,如今我看到了醒过来的人是什么样子。”

工业革命之前,整个地球都是一个农业国世界,世界上没有工业国,而工业革命完成之后,英国不仅成为第一个工业国,而且还成为“世界总厂”。

工业革命之“神力”,迄今为止,只有互联网可与之相提并论。

插上“文明中心”和“造物主”两个翅膀的英国,于18世纪正式启动统治世界征程,到了19世纪中叶,不足10万人的英国军队和1000位英国行政长官,完成了对半个地球的统治。英国女王派遣的总督遍布天下。遍天下的英国总督,所呈现的是空前绝后的帝国盛况。

想当年,草原狼蒙古帝国最鼎盛时,统治的领土面积3000多万平方公里、总人口近1亿,从开拓的疆域之大、统治的人口之多上比较,也算十分了得,但那毕竟只是横跨欧亚大陆,没有染指全世界;而大英帝国以大不列颠岛为中心,19 世纪鼎盛时人口近 5 亿,占当时世界人口的四分之一,领土近 4000 万平方公里,纵贯全球五大洲。

最关键的是,世界文明中心由此西移,主体文明有了新的标志语——英语普及五大洲 171 个国家,成为独一无二的“世界语”。无怪乎时至今日,仍有拥趸对英国人说:不要忘记,是你们教会了世界人民怎样生活。

4.“法才”升级——拿破仑的战斗力从何而来

毋庸置疑,“英才”改变了近代世界,但是,“英花”再艳丽,也涵盖不了所有西洋之花,近代西洋文明并非“英才”一花独放。18—19 世纪,法国紧随英国再创宪政新天地——成立世界第一共和国。“法才”的崛起,使“洋才”更加进化。此后世界,一度形成了英法“双才并举”驾驭世界的格局。

(1)更上一层楼——世界第一共和国

19—20 世纪初,法国总督横跨亚非,统治世界土地总面积的近十分之一,他们的地位仅次于英国总督,是响当当的“世界副总”。

法国的突起,得益于一场石破天惊的政治民运——法国大革命。

法国大革命之所以被称为“石破天惊”,主要是因为“一死一生”:君主死了,《人权宣言》诞生。英国人的《权利法案》催生了君主立宪,而法国人的《人权宣言》则去除了君主。“天赋人权”实现了真正意义的“人人平等”,保证了所有公民的自由。自此,全世界都看到了“平等社会”的希望,找到了“自由世界”的榜样。

如果从“民主含量”评价宪政,保留了君主的英国宪政并不完整,而法兰西共和国才是“完整宪政国”。如果说英国是人类新政的缔造者,那么将人类新政“更上一层楼”的则是法兰西。

大革命后,法国建立了世界第一个没有君主的共和国——法兰西共和国。以“完整宪政国”立世的法国在 19 世纪末叶,创造了仅次于英国的辉煌。近代世界,既是大英帝国的世纪,也是法国人表演的世纪。此时世界公认的“三大启蒙思想家”——卢梭、伏尔泰、孟德斯鸠,都产自法国。

所谓启蒙思想,可两字以蔽之,曰:人权。在“三大启蒙思想家”当中,卢梭最早提出“天赋人权说”，他认为一切权利属于人民，政府和官吏是人民委任的，人民有权委任他们，也有权撤换他们，直至消灭奴役压迫人民的统治者。这就是人民“主”权思想。

伏尔泰、孟德斯鸠与卢梭遥相呼应。被誉为“思想之王”的伏尔泰，发出了振聋发聩的名言——“我不同意您的每一个观点，但是我誓死捍卫您说每一句话的权利”，至今仍是举世认可的公理。

被称为“法治社会的奠基人”的孟德斯鸠写出了《论法的精神》这部集大成著作，明确提出了“三权分立”学说，奠定了近现代民主社会的法治基石。

法国“人权思想”继英国君主立宪之后，再次改变了世界。“人人平等、自由民主”自此成为普世追求。

那么，为什么进化“英才”的是法国而不是其他西方国家？“法才”的崛起是靠了什么？

必须看到，在西洋文明进化中，法国占尽“天时、地利、人和”。

首先讲地利。法国地处欧洲大陆中央，是西方文化最富有活力的核心区域，可谓欧洲各种文化交汇点与枢纽站。

其次是人和。自古以来，法国就是一个“小农社会”，小农经济是相对独立的经济，法国的小农经济地位历来比英国小农稳定得多，所以法国人“天马行空”，固有着一种平等主义传统。

最后讲天时。回溯法国启蒙思想的源头，还是在英吉利岛那里。法国与英国隔一条狭窄的英吉利海峡相望，占地近之利，“近水楼台先得月”。17世纪，英国发生开天辟地的光荣革命，确立君主立宪民主政治。18世纪，受英才刺激，法国启蒙思想家积极、主动向英国学习。18世纪初，法国出现了一股学习英国的热潮。法国人对英国人充满羡慕，甚至法国贵族对英国贵族也自叹弗如；法国人学英语蔚然成风，几乎没有一个法国重要人物不访问英国的。这一时期，英国也有许多政治家、旅行家到法国游历，他们记下了法国人对英国人的友好情谊。后来，出任英国首相的小皮特此时也在法国游历，他从法国写信给国内的亲人说“法国人对英国没有任何敌意”，所到之处，都受到法国人的热情接待。

正是在这样一种大气候下，法国启蒙思想家完成了与“英才”的化学反应。

伏尔泰在英国住了三年，研习英语和牛顿、洛克著作，考察英国政制。孟德斯鸠在英国住了两年，常与英政界和上层人士接触。卢梭在去英国之前对英国文化已有些了解，又在英国住了一年，对英国文化有了更深的了解。

“以英为师”是18世纪法国知识分子的共识，他们很快成为“英才”的信徒。但“以英为师”的法国人，没有对“英才”照抄照搬，而是充当学习者和传播者的同时，肩负起改造重任。他们对“英才”咀嚼、消化、鉴别、筛选，把“英才”的精华和法兰西人文化、社会实际结合起来，他们追求英国人的自由权利，抛弃改良中的妥协、不彻底。

就这样，法国思想家赋予了“英才”以机智，使之更加鲜活、有血有肉，从而实现了“法才”对“英才”的大补。

（2）拿破仑的战斗力从何而来

在世界战争史上，法国军队的战斗力一直不被人恭维，但是他们却也有过“战无不胜”的时刻，那就是拿破仑时代的法国远征军——征服了除俄罗斯外的欧洲大陆上所有国家。

拿破仑戎马一生，亲身指挥过的战役约计60次，比历史上著名的军事统帅亚历山大、汉尼拔和恺撒指挥的战役总和还要多。除了奈尔逊海战和滑铁卢战役，近乎百战百胜。

拿破仑的战斗力从何而来？

> 世界上有两种力量强大，一种是思想，一种是剑，而思想将最终战胜剑。

拿破仑的这句名言，道出了“战无不胜”谜底。

如上所述，18世纪是大英帝国的世纪，但是法国人也在这个世纪脱颖而出。上半叶启蒙，下半叶革命，这两件事做完之后，法国“战神”拿破仑横空出世。

虽然拿破仑于19世纪初叶恢复了帝制，但是法国的宪政根基并未动摇，相反，随着《拿破仑法典》和拿破仑那操着12国语言远征军的步伐，它“不退反进”。

大家知道，拿破仑是最早的炮兵司令。他有“炮兵皇帝”及“现代炮兵之父”的美誉。拿破仑的大炮在埃及的狮身人面像上留下了恒久的历史印记，人言他炮轰狮身人面，是向世界表现法国炮兵的威力，其实他这样做，更有一层深意——向全球表达“击碎旧世界”的决心。

拿破仑领衔的法国远征军“可怕性”不在大炮，而在这里——

他们是一支不拘一格的“革命军”。正规的军营纪律是无关紧要的，士兵受到人道的待遇。绝对论功晋升的原则，产生了纯粹凭借勇气的军队制度。凡此种种，再加上骄傲的革命使命感，使法国军队焕发了无穷的战斗力。

士兵们！

你们没有炮，却赢得了这些战役；没有桥，却渡过了江河；没有鞋子，却还急行军，你们露宿，可没有烧酒，而且经常没有面包。只有共和主义的军队，自由的士兵，才能经受你们所经受过的艰苦。

你们必须尊重将被你们解放的人民。不这样做，你们将不成为人民的解放者，你们将会是给人民造成灾难的人，你们就不会是法兰西人民的光荣：他们反而会否定你们。意大利各族人民们！法国部队将为你们挣断锁链，法兰西人民是全体人民的朋友，你们应该以信任的心情来迎接他们。你们的财产、宗教、习惯将受到尊重。我们是向共同的敌人作战，我们只是对奴役你们的暴君作战。

通过这段拿破仑对士兵的动员令，可以看出法国远征军要做什么——这是一支战无不胜攻无不克的“解放大军”。他们用大炮轰掉锁链，告诉世界人民怎样有尊严地生活。

单项“军事天才”或者“思想者”不是很难找，但二者合一则凤毛麟角。而拿破仑恰恰就是这样一个难得人物。他是宪政阵营里成长的新军人，他脑子里形成的，是法国三大“人道思想家”灌输给世界的新思想。作为跨世纪新军人，拿破仑“两把利器”天下无敌：最猛烈的武器——火炮；最锋利的思想——《拿破仑法典》。

世界都对拿破仑那句著名指令耳熟能详：“让驴子和学者走在队伍中间。”这句话明着是想表达拿破仑爱惜学者，暗里却道出他能打仗的另一秘诀：带着先进的思想前行。在这支别具一格的“学者”军队里，不仅藏有数学和文学书籍，更蕴藏着世界第一部民法典，这部《拿破仑法典》是宪政国家最早的民法典，被许多西洋国家奉为蓝本沿用至今。它的最大价值是将《人权宣言》法制化，将“法律面前人人平等”“人身自由和私有财产神圣不可侵犯”写入国家大法基本准则中。

《拿破仑法典》是拿破仑一生最大的骄傲。拿破仑临死前说：

“我一生四十次战争胜利的光荣，被滑铁卢一战抹去了，但我有一件功绩是永垂不朽的，这就是我的法典。”

思想不是万能的，但是没有思想是万万不能的。“拿破仑神话”来自“思想与剑”的完美结合。19 世纪，法国创造了仅次于英国的世界第二大帝国，拿破仑那段“横扫欧罗巴”的辉煌令法国人引以为荣。植根于法国大革命土壤的拿破仑，焕发了“大写人”之爆发力，由一个只有剑的旧军人成长为手握新思想和火炮“两把利刃”的新军人，从而把法国人的思想和战斗力一起推上历史顶峰。

5.“德才”无敌——疑似“世界第一军事强国”

自“英才”崛起、“法才”跟进后，宪政于西洋全面开花。欧洲诸国为跻身“列强方队”纷纷效法英法，实施宪政。自此，欧洲不仅出现了“无弱旅”的盛景，而且震惊世界的“后起之秀”亦层出不穷。

19 世纪末 20 世纪初，“最后一个进入文明世界的西方国家”——普鲁士德国异军突起，成为世界学习的“强国楷模”。

这个后来居上的“德才”，到底有什么“特殊材料”，何以“倾倒”世界？

首先须从“德才”特殊性——德国的地理位置和民族特性说起。

从地理条件来看，德国身处欧洲大陆腹地，可谓西方世界的“心腹”；从民族特性来说，普鲁士德国人笃信自己是“优秀民族”，带有一种“与生俱来的优越感与征服欲”。在这个盛产哲学家的族群中，“人种论”非常盛行，近现代不少德国大人物认为：德意志人种是全世界独一无二的种型。

在这些“大人物语录”中，引以自豪的特性随处可见。诸如19世纪德国最伟大作家歌德在《浮士德》中写道：“他野心勃勃，老是驰骛远方。”

而另一名德国著名历史学家斯宾格勒给出了“德国特殊”的文化答案：“德国文化和任何其他文化的人的区别，也正在于他的不可抑制的向远方发展的冲动。”

当然，这不是简单的自恋，而是与特殊土壤分不开的——德国人的祖先日耳曼人栖息多瑙河以北地区，素以游猎、畜牧为主。成长于“森林社会”，所谓德国史，就是弱肉强食的森林与西方文明世界里交汇成长的历史。原始森林赋予了他们“森林社会的自然法则”，那就是必须持有铁血之魂，不停战斗，才能永久立于不败之地。

但是，16世纪前的德国，由于长期分裂，文明滞后，在欧洲人眼里不是什么了不起的国家，德意志民族也被认为是一个没有活力的民族。就像明治维新前的日本一样，在他们所处的区域中无足轻重。

这说明，无论多么“优秀”的民族，如果没有先进文明的助推器，是不可能获得质变、傲立于世界的。

于是，“德才”的特殊性之外，先进文明的翅膀不可或缺。19世纪中叶，普鲁士步法国后尘，发生了政治革命。革命迫使普鲁士政府不得不草拟了第一部宪法，承认“所有公民在法律面前人人平等、无种族特权”。

19世纪下半叶，是普鲁士强人俾斯麦的表演时段。他于1870年策动普法战争，生俘了拿破仑三世，德意志不仅就此实现统一，而且1871年正式颁布了一部史无前例的宪法。这部宪法，终于把普鲁士推进“文明世界”里。

虽然德国这部宪法比起法国的《人权宣言》来微不足道，带有“钦定”色彩——“钦定新政”规定，议会议员的人事任免权由皇帝掌控、议长由宰相兼任，皇帝仍能控制政府，首相控制议会。显然，这是保留了一些“普鲁士特色”的宪政，说白了就是君主与首相“二人台”权力格局，为强人政治留下了相当为所欲为的空间。但是，新政加上铁血魂，恰好成就了西洋宪政世界独一无二的“德才”——军国化的君主立宪国。

军国化君主立宪体制完成后，“德才”开始了在欧洲乃至世界的征战表演。传送到整个民族的血液中的优越感与征服欲，一旦加上先进文明的助推器，则如虎添翼，势不可当。

“德意志民族就像强壮的男人，他的对手就像女人!”

带着“铁血语录”和“新生德才”的德国强人俾斯麦所向披靡，德国从“欧洲可有可无的国家”跃升为“世界军事强国”样板，首都柏林还被推举为“欧洲际会中心”。1878年，荣任德意志帝国首任总理的俾斯麦主持召开重新确立欧洲新秩序的柏林会议。“德才”一举成为举世瞩目、打造“世界第一军事强国”的“顶级洋才”。

6. 西风吹起东风破——美船袭日、英法双杀大清国

(1)两种文明的较量——大英完胜大清国

19世纪，大英帝国远征军势不可当地涉入东方核心——远东及东洋地带。1840年，代表传统东方文明的中国与代表西方新文明的英国交手，中方惨败。

中英战争的结果，被近代日本学者总结为“汉才对洋才的完败”。完败的原因，看似军事不振，实则在于文明的核心——政治及文化的腐朽。

相形之下，验出了东方病夫的本色。不足2万的英军，打得20万清军抱头鼠窜，一个拥有四万万臣民的国家，眼睁睁看着几千“西夷”在本国海岸线进行登陆表演，清军似木雕泥塑，英军如天兵下凡。

想当年，建州女真曾靠金戈铁马打下中原大片江山，使中国一度成为区域最大帝国，但是，这场交手过后，清国显现了病夫原型，任何西方国家都可以在它身上割肉。

西风吹起东风破。19 世纪是西洋诸国“日新月异”的时代,却是东方老大帝国病入膏肓的时期。老大帝国病态根源,那些西洋国家早就看在眼里——文明衰败加触目惊心的内部“白蚁式”腐败,致其江河日下。清朝骑兵曾与北极熊(尼布楚俄军)打过平手,但到了这时候,除了对付本国国民,他们“不再能够吓唬任何人了”。

江河日下的东方帝国,不会因为远离西洋强国而被忽略。东洋的世界战略地位决定,这里的主人如果不是强悍的狮子,那就要成为别人猎取的羔羊。

中英战争之后,趁火打劫的西洋国一个接一个,迫于形势,清帝国建了东洋第一支海军,但是,正如给一个病人套上了金甲一样,这支带有内科疾病的东洋海军,在西洋人士眼里,外强中干,不得海军要领。他们的主要作用还是“糊弄君主和吓唬本国人民”。

西洋人士的判断,很快在实战中得到验证。

(2)法兰西灭亡“中国第一支海军”

中英第一次战争结束 15 年后,即 1856 年,爆发了第二次中英战争,这一次,英军不是独角戏,“世界副总”法兰西主动加盟,与英军并肩作战。

法军展示了和英军相同的强悍,让清国领教了如此道理:凡是西洋国,东方国家都惹不起。

英法联军洗劫中国都城后,爱新觉罗的子孙们终于有了痛感,萌生了一点改革之念,1861 年,他们授意开明官僚搞起洋务运动,东洋第一支海军——福建水师就此建立。

然而,这支海军一战即亡,“处子秀”成了葬礼。

此战就是著名的马江海战,又称马尾海战。东洋老大帝国的对手是西洋“榜眼”法兰西。

海战的历史背景是,中法两国争夺越南宗主权。

众所周知,清朝国际地位的衰落,是以失去东洋“藩属国”为标志,其中,越南易手,是主要事件之一。

18 世纪末叶,法兰西完成了宪政大革命,19 世纪中期,法国国力空前增强，与英国一起主导世界。通过中英战争，法国看出东方国家的无能，不免思量染指东洋，联合英军扩大在中国的势力范围。

1858 年，机会来了。法国以保护传教士为借口，入侵中国藩属国越南。

此间，苟延残喘的清国驻越公使，竟做起与法国“共治越南”的美梦。但“世界副总”法兰西一心独吞中印半岛，哪容一个垂死王朝与他分庭抗礼。抛开清国，蚕食越南才是他们的战略选择。1883 年，法国大军进攻越南首都顺化，离吞并越南全境只有一步之遥。越南国防军瓦解，国王派急使到清国求救。清君不知轻重，派清军参战，援越远征军进入越南，在东京（河内）附近的北宁府、山西府、兴化府一带布防。但无胆无力的他们不堪一击，陆上清军很快溃败。随后，决战战场转至海面，马江海战爆发。

马江海战是晚晴洋务运动之后，发生在中国海域的第一次大规模海战，交战双方分别是清国福建水师和法兰西第三共和国远征军舰队。

虽然北洋水师的名气很大，但清朝的第一支海上力量不是来自北洋，而是来自南洋。南洋水师以“福建水师”为主力，号称中国第一支“萌芽的海军”，它在洋务运动中生成，早于北洋水师十年建立。所以，福建水师的这一仗，可谓清国海军建军以来的第一战，也是广义上的东洋国家对西洋国家第一仗，胜败不仅攸关中法两国，而且还涉及东西世界命运。

应该说，福建水师的运气并不太差，它遇到的对手，不是当时世界最强的海军力量。其时在世界无敌的海上力量，是英国皇家海军。而在东方，日本尚在崛起中，并未完成海上强军。所谓法兰西第三共和国远征军，其战斗力前不如英国，后不如日本。

然而，即便是与西洋二流海军交手，清国海军却还是不在同一个档次。

1884 年 8 月 23 日下午 1 点 3 刻。半小时之前，这世界上有一支中国舰队叫福建水师，半小时之后，这支舰队消失于海洋世界。马江一战，福建水师 11 艘战舰沉没，官兵殉国 760 人，基本全军覆没。而法军仅 5 人死亡，15 人受伤，无一艘战舰被击沉。两军死伤比例超过 100:1。

谈及“马江海战”的失败原因，史学家与军事学家各种分析不一而足。晚清君臣“没主张”、战场“指挥失当”是为公认的失败原因。

诚然，仅就中法两国海军最高统帅的“经验”而言，不可同日而语。孤拔是法国远征军舰队司令，是法国海军中将，也是一个老资格的海上将军，在马江海战之前，他就指挥过法国征服北非中亚的多次海战，屡建奇功，富有近代海战指挥经验。而福建水师的指挥官——福建会办海疆事船政大臣张佩纶是晚清著名清流派，眼高手低，光说不练。对于海战，还处于“懵懂状态”，如果说北洋水师提督丁汝昌是个旱鸭子改道水鸭子，那么这个张佩纶则几乎不识水性。

然而，这不是失败的根本原因，如果从“国力”分析，这场海战的失败实属注定。而所谓“国力”，主要取决“文明质地”。

清国是个闭关锁国的封建“内陆国”，对西洋文明和海上世界基本处于无知状态。法国虽然不是个纯粹的航海国家，但却是西洋文明的发祥国之一，世界第一个共和国国家，两个国家“文明质地”使然，注定了“一边倒”的海战。

中法“马江海战”，确切地说，是一场不对等的海战。与其说那是海军对海军作战，不如说那是水师对海军的战役，“水师”与海军不仅是叫法的不同，更主要是功能区分。中国“水师”，即便经历了洋务运动改造，但无论北洋南洋，主要功能都不是用于对外海上征战，而基本是对内“拥兵自重”、对外充其量趴窝防御。

而彼时法国海军，虽是西方二流水平，但毕竟也是世界不可小觑的海上力量，法国 17 世纪初就有了正规化海军，在征战中国之前，它已经拥有 38 艘铁甲舰，9 艘岸防铁甲舰，50 艘巡洋舰、炮舰和 60 艘鱼雷艇，总吨位达 50 万吨，而且战舰基本自造。

虽然法国军队的战斗力并不突出，不能与英国比肩，但是凭借着“三化”——正规化、先进化、经验化，他们在南洋上耀武扬威绰绰有余。

就“正规化”而论，水师对海军，谁正规谁不正规，不言自明。看看两军统帅，孤拔与张佩纶的装扮，就可以看出什么叫标准的海军司令，什么是四不像的船政大臣。法国海军一直都处于征战中，世界各地实战练兵，身经百战，对海战如同家常便饭，而中国水师因为主要功能是“自重”，并无对外实战经验，所以一旦开战，这些“没见过世面”的中国官兵一起惊慌失措。

当然，中国军舰就装备硬件，也并不太差。但比起法舰技术含量还是大打折扣。法国投入海战的军舰有10艘，备有前膛炮、后膛炮，还装备了当时的新式武器——机关炮、鱼雷。而福建水师参战的11艘战舰大都采用应该换代的设备——立式蒸汽机，机器在水线之上，无护甲，装备的火炮基本是前膛炮，既没有装甲，威力、射速又都不如法舰装备的后膛炮。

提及清国这第一支海军的成败，极具讽刺意味，它是“成也法国，败也法国”。福建水师的舰船多为马尾船厂所造，而马尾船厂的外国顾问，正是法国军官日意格。法国人帮助清军造出了40艘舰船，而这些舰船却先被法国海军击沉了11艘。不知这是法国师傅存心留了一手，还是没有脱胎换骨的中国徒弟们无法学到师傅的精髓所致。

马江海战创造了中国海军失败时间的“最短纪录”。号称中国第一支“萌芽的海军”，没想到一出世就逝世，留给世界的，是“清国海战必败”的轻贱。

(3)美船登日，日本无法重演抗蒙一幕

作为中国的东邻，日本也无法在“西风东渐”中幸免。有意思的是，它没有被西洋文明的先师英法注意，而是被西洋后生美国盯上。

中英战争结束11年后，即1853年，世所共知的“美国黑船登日”事件发生了。操着冷兵器的幕府日本武士无法像对付蒙古战船那样战胜美国热战舰，继中国被英国打开国门之后，日本成为第二个被西方打开锁国大门的东洋国家。

“黑船来航”初期，日本幕府对美国的态度与中国清政府对英法同出一辙，抵触抗拒不成，就想应付一下了事。1855年，幕府硬着头皮与美国签订《日美亲善条约》，被迫同意在下田开设美国驻日领事馆。次年，美国首任驻日总领事哈里斯来到下田准备上任，不料却遭到幕府方面的反悔抵制。直到半年后，才得到将军德川家定正式会见。此时不仅是日本政府，即使日本民间对美国也无多大好感。1866年9月，离幕府垮台只有两年之际，江户市曾发生一起“小型义和团运动”，骚乱平民一边高喊反洋口号，一边袭击了正

黑船来航

日美签订亲善条约

在散步的美国公使。

但仅仅过了几年，日本蓦地发现“黑船来航”的价值。多少年后，日本人绘制的漫画中，“黑船事件”中的本国人“排美”面孔成为滑稽可笑的小丑，而美国舰长佩里（又译“培理”），则被树碑立传，视为一团“传递文明的圣火”。

第七章
东洋滞变——日本“单骑”取“真经”

东西文明在哪几个“关键节点”上拉开差距？

虽为东洋一“后生”，但日本确实比衰老的清国目光深邃，他们寻到了东西文明的胜负手，所以，成为东方国家赴“西天”取到“真经”的唯一幸运国。

1. 文明也怕货比货——西洋“三进”，东洋“三滞”

(1)不变的“奴时代”与西起的“人时代”

早在2500年前，即公元前4世纪，古希腊哲学家亚里士多德就有一句对东方人的“盖棺评语”：

“东方人天生具有奴性，使他们对压迫自己的专制政治既不反抗也不抱怨。”

这段评价令东方人蒙羞两千多年。客观看这句评语，对错参半。东方人的奴性的确比西方人严重，但如果说是天生的，这显然是偏见。

谁的奴性是天生的？这个问题就像说“女人生来就想做妓”一样不可理喻。

哪个东方人生来就不想活得有尊严？因为专制君主无缝压迫、不容臣民有一丝“人的想法”空间。所以，久而久之，他们便没有了“做人的想象力”，剩下的就只能琢磨“奴才的情趣”了。

亚里士多德怪东方人不争气，他可能是预见了千年以后，在“摆脱奴性时代”上，西方注定比东方先走一步。

事实的确如此。13—16 世纪，欧洲迎来“文艺复兴”运动，引领这场运动的意大利“三杰”——但丁、彼特拉克、薄伽丘，秉承希腊和罗马人留下的民主传统，挑战教会凌驾一切的“黑暗世界”。他们在黑夜中歌颂黎明，寻求人的独立自由。他们反对对人性的压抑，主张灵肉和谐、立足于尘世生活的精神追求，因为有了“文艺复兴”运动开路，西方在中近代，即渐渐过渡到“人时代”。

此时东方中国恰是大明王朝统治期。不能说这时中国一个“但丁”也没有，16 世纪下半叶的万历年间，这里也出现了一个惊世骇俗的思想家李贽，他与西方“三杰”一样，主张个性解放，思想自由。

然而，这个东方思想家的命运却与西方“三杰”大不同。

虽然西方“三杰”也遭到统治者迫害——但丁遭受放逐，但他在流放途中，“不愁没有面包吃”。而李贽与但丁相比，惨不忍睹——他以古稀之龄，死于牢中割喉。

“难道我在别处就不能享受日月星辰的光明吗？难道我不向佛罗伦萨市民卑躬屈膝，我就不能接触宝贵的真理吗？可以确定的是，我不愁没有面包吃！”

这是但丁在流放期间，面对教会的威胁利诱，毫不妥协的慷慨陈词。这段话，一方面说明但丁是一个伟大而勇敢的思想家，另一方面，也佐证了西方统治者的专制空间并非铁板一块。

所以，但丁的流亡没有沉沦和毁灭，而是一个伟大的开端。

那么，到底是谁，敢冒大不韪，为被教父污为“巫师”的但丁提供“面包”？

这得感谢城邦民主的好处，此处不留爷，自有留爷处。在被放逐时，但丁往返在几个意大利城市居住，有记载他去过法国巴黎。那里的人们可以不买教皇的账，他们也没有被教皇的恐吓吓倒，所以间或有对但丁这个“巫师”的同情和接济。

虽然流亡生活是艰苦的，但是毕竟还是有人不断为但丁提供面包，他的名作《神曲》也得以在“不愁面包”中出笼。《神曲》对教皇揶揄嘲笑，对自己所爱的人尽情歌颂。

文艺复兴就是在这样的背景下坚持下来，并形成了“阳光效应”。正因为西方整体环境对思想者的相对宽容，所以才造就了永垂不朽的但丁，以及伟大的人时代降临。而此时东方的大明国却还陷在对“邪士”李贽的诛伐中。东方人的奴性，无疑是在重复“李贽式命运”中被人为加固。

由此也可以说，“不变的奴时代”与“伟大的人时代”，是东西文明拉开差距的主标志。西方超越东方，早在大英帝国崛起前的文艺复兴之际就已注定。

（2）一个求德，一个求真——东西文明生产两类不同“才子”

如上所述，起于13世纪、盛于16世纪的文艺复兴是西方文明勃发世界的源头。而此时中国大明王朝，却行将就木。

除了李贽这样“千年不遇”的异类，大明还出现了方孝孺这样的人物，比起李贽来，方孝孺更能代表东方才子正统。

13—16世纪的西方“人性解放”运动，严格说是分“文理”两科的，“文科”是以文艺复兴为代表，理科就是以“天文学”为探索开端——哥白尼、布鲁诺鼎立“日心说”。而就在但丁、哥白尼、布鲁诺们为人性和科学真理而呐喊时，古老东方大国的正统才子们在干什么？

以布鲁诺与方孝孺为代表，其时中西世界出现了两种不同类型的才子，他们都才华横溢，不怕牺牲，但是求索方向却大不同。

当布鲁诺受火刑而死，方孝孺已被“灭十族”。为明朝皇帝继承权献身的方孝孺，死前曾作绝命诗一首：“天将乱离兮孰知其由，奸臣得计兮谋国用猷，忠臣发愤兮血泪交流，以此殉君兮抑又何求，呜呼哀哉兮庶不我尤。”

不能说方孝孺死得没价值，他的气节可歌可泣。但孝孺所殉之道，是永恒的思想，还是变换的利益？

方孝孺的死，没有带来大明王朝的丝毫进步，无论是生产方式还是上层建筑，以及人的观念，都没有本质的变化。

而布鲁诺则不同，他牺牲之后，神学主导的西方世界被科学打破。由此西方在自然科学和社会科学方面领先东方世界。

总有人问：中国两千年就有“食色性也”的认识，却为何没有发展成为人类学、心理学？中国发明了科举制，却为何没有发展成公务员制度？中国制造了火药，却为何不能发明热兵器？发明了炼丹术，却为何没形成化学？发明了占星术却为何没有天文学？发明了风筝，却悟不出制造飞机的原理？

一言以蔽之：先天缺失“求真”精神，从而无法形成系统的科学。

这绝不说明中国人的才智比西方人低，而是因为华夏文明在习惯中选择了走“伦理”的路而不走“真理”的路，重“德”不重“真”，求生活的合理而不求思想的确实。“汉才”中难以找到科学精神，以及彻底求真的执着，从而不能产生影响世界的大科学家。包括政治学和法学等等人文科学，除了隋唐发明的文官制度科举制，均无系统性。甚至就连影响东方的儒教，严格地说，那不是哲学，而只是一种道德学说。明朝之后，以复写儒家经典为核心的科考收缩回四书五经的八股笼子里，休提数理化等自然学科，即便在人文科学上亦无影响世界的系统科学产生。

如果说，中世纪之前，整个世界对科学多处于蒙昧状态，先行起步的华夏文明尚可以蜚声海内外的话，那么，中世纪到近代，世界已渐次进入伟大的科学启蒙时代，只靠道德学说、诗词歌赋、科举制、四个零散发明立世的“汉才”，情何以堪？

当西方才子把才情与生命奉献给真理时，东方才子却把精力、才华直至生命全部投在了“伦理道德”中。那里，既没有“自然科学”，也没有“社会科学”，有的只是似是而非的“王道”。

方孝孺的绝命诗，布鲁诺的宇宙观。一个求德，另一个求真，反映了两种文明的不同走向——这大约就是中国近代自明朝开始，中西文明拉开距离的另解答案。

(3)宪政一出，官政见拙——日本失去对中国的政治敬意

世所共知，汉唐文明之所以能给中国带来荣耀，“政治文明”居功至伟。

汉唐中国，其政体为东洋诸国效仿，中国在世界舞台纵横捭阖，无疑是“政治大国”。

中国之政在唐朝封顶，在宋时虽有最后的文官政治之辉煌，但已是强弩之末。政治是军事的晴雨表，政治大国必是军事大国，而两宋之羸弱已经预示封顶之政的末路。唐之后接过华夏文明大旗的宋明两朝，羸弱的两宋可以算文化大国，但算不上政治大国。那么随之而来的大明王朝，算不算政治大国呢？

考据史实可知，明王朝创造了“朝贡之最”，朱棣时期 150 多个国家“进表朝拜”，但这是不是政治大国“靠谱的标志”呢？

恐怕不能这样说。

从古至今，政治大国的的世界公认标准大致不二。简单归纳起来，一看政治制度先进性，二看综合国力。

抛开综合国力，仅就政治制度而言，西方早已失去了对明朝政治的研究兴趣，就连东洋世界，中国政治也不再是顶礼膜拜的圭臬。除了朝鲜，再没有邻国研习中国政治体制。邻国日本对隋唐中国的政治充满敬意，对元明清政体不屑一顾。元、明、清七百年时光，华夏文明被征服、停滞、倒退裹挟。其间或以野蛮征服文明，或以病态一统朝纲，或以倒退换得坐稳奴隶，翻来覆去都是同一个政治模式：极度专制之官僚政治。那个一度影响世界的政治大国逐渐消失。

14 世纪大明恢复了华夏正统王朝，但就在此时，日本失去了对中国的政治敬意。为什么？因为明王朝政体不进反退，就开明程度上，不仅不如隋唐，甚至相比两宋，也大为退步。

中国的科举制，日本曾经顶礼膜拜，以为是“最先进的选拔干部制度”。在黑暗的中世纪，科举制可谓世界政治迈向“三公”（公开、公平、公正）的“伟大创举”。效仿中国科举制，日本曾于 701 年颁布《大宝律令》，搞了“贡举”，从形式到内容与唐朝科举几乎无异。

然而，到了明朝，科举制不再为日本研习。因为这项制度自诞生以来，就没有解决好两个难题。或者说，根本解决不了两个难题，在明朝愈发无解。

后人在总结科举制死亡的原因时，多指这种考试制度日益僵化而走向末路。没错，这是科举制死亡的一个病灶，但不是全部。

科举制死亡的致命原因，不在于后天，而在先天。考题的僵化是死亡的前兆，先天缺陷的不治才是必死的深刻原因。

以“完善的文官制度”而言，中国虽然首创科举制，但这只是解决了普通官员选拔问题，“最大的官”和“主考官”问题并没有解决。在“最大的官”——皇帝天马行空的情况下，科举考试左右不了特权皇族的沉浮，而保证的只是平民阶层入仕的相对公平。科举制比起没有“准考证”、公平竞争形式都没有的贵族政治世袭制来，是进步。所以能在中国延续1300余年寿命，但在“强盗”（明唐甄《潜书》语：自秦以来，凡为帝王皆贼也）主考的情况下，它毕竟没有从根本上解决最大公平。

以科举制为特色的中国官僚政治在没有比较、没有制度竞争的情况下延续了千年。但是，世界迈向近代，宪政问世，此政不进反退，顿现颓势。

明中国中后期，官政的两大不治之症——“守旧”与“腐败”愈演愈烈。在封建官僚体制下个人权力与其地位成正比，为了达到向上爬的目的，官员只能墨守成规而不敢有任何逾越；同时为了维护既得利益，当然更不愿做任何革新。所以，保守就成为封建官僚克服不了的共性。

而腐败更是如此，不受监督的权力必然腐败，专制下的反腐败，做的都是无用功。中国每朝每代的覆灭，各有具体情况，但其中根本性的一条贯穿历代败亡的基线，说来说去，还是“政治腐败”四字。政治腐败的根系，在于“权力垄断”。“暴力夺权——权力垄断——政治腐败”是中国封建官僚政治的三点一线，所以，“其兴也勃焉，其亡也忽焉”的周期率，就是历代封建王朝谁也逃不掉的大宿命。

终明三百年，中国官政已经腐朽透顶。政府官员效率低下，学界除了复写四书五经，很难接受任何新的东西。在朝的保守，在野的也不开明。明朝的造反者李自成、张献忠，从他们粗鄙的口号“吃他娘、喝他娘，打开大门迎闯王，闯王来了不纳粮”来看，其政治素养不及隋唐十八路反王，其政治诉求甚至不抵宋朝的钟相杨幺。他们反抗统治者的目的，就是为了自己成为统治者，他们从来都不是为创新政治制度而战，他们只为自己当皇帝而战，因为他们没有政治信仰，亦无政治制度更新之想象力，不过是“权力的击鼓传花游戏”。如此，即便他们坐稳了皇位，百姓还是摆脱不了受奴役的命运，甚至要面临着一个更糟糕的强盗世界。整个民族陷入内耗、退化的深渊而在劫难逃。

17 世纪，当西方文艺复兴开花结果之时，东方华夏王朝却再次被“鞑虏”征服。入关的女真奴隶主对没落的封建官僚政治倍感新鲜，一头扎进去无法自拔。“鞑虏”入主中原二百年后，西方坚船利炮和宪政一起敲开了东方大门，让东洋诸国见识了“洋才”的不凡——“首相”是第一要“选”的官，主考官是“议会”和选民。宪政制度下的官员真正是“权为民所系”，其执政水平和行政效率当然要高出封建官僚许多。相形之下，东方官政的生命力，已到了垂暮之年，宪政取代官政，已是大势所趋。

关于近代政治大趋势，在东洋国中，日本比中国拿捏得准。1840 年，老东洋清国与新西洋英国交手，清国一败涂地。洞察一切，善于学习的日本看在眼里，记在心头，他们由此剖析“汉才不敌洋才”的根源，从中发现，“洋人”发明的宪政是个好东西。于是，日本的知识武士精英，一边加剧对旧政中国鄙夷，一边为本国的政治另寻新路。

2. 中日两版“西游记”——清国忙军购，日本取政经

关于中日“西学”的两样结果，日本明治维新时期的“国家大校长”福泽谕吉从“传播人群”角度给予解读。他说，西洋文明是通过中国商人流入中国，所以中国学到的都是流于语言洋货等表面的东西，而西洋文明流入日本是通过知识分子传播的，所以日本得到了西洋文明的精髓——思想的改变。

福泽此言不无道理，但只是观察角度之一。我以为，中日之所以西学深浅不一，主要是因为日本自古以来就有的一样东西，中国没有，那就是认真和求真。认真是日本学习先进文明突出的民族特点，求真是日本不同东方、类同西方的文化心态。日本人的认真传统，提高了他们求真的眼力，借助这

番眼力，他们成功找到了西洋文明突起的源头，彻悟了“盐打哪儿咸，醋打哪儿酸”。

所以，与其说19世纪中日“师夷”竞争，中国输在了起跑线，不如说输在了眼力上—— 如果说“西天取经”需要一万里路程，日本跑到了终点，而中国充其量只走了一千米。

（1）尊王而不攘夷——改变东洋史的日本留洋热

当19世纪中叶，中日两国相继受到西方侵扰时，两国的起初反应是一致的：尊王攘夷。但是随着时间推移，两国做法渐渐拉开了距离，清国坚持“攘夷”，一次又一次，栽倒在抱残守缺的对外盲目叫阵中，而日本则是随着与西方的深入接触，尊王而不攘夷了。

19世纪60年代，日本出现了一股留洋热，这比邻国清国来得更早。但这不是明治维新的开始，而只是苟延残喘的幕府的一次“尊王攘夷”“师夷长技”的实验。

1862年，日本德川幕府开始向欧洲国家派遣留学生，留学地遍布欧洲显赫国家。历经长期闭关锁国，日本年轻人第一次领略精彩的外面世界，当然也受到了方方面面的极大冲击，但是他们并没有饥不择食、对政府所选的欧洲国家“照单全收”，而是做出了自己的实地判断。

日本留学生首先到达的国家是荷兰。首选荷兰，是因为日本接受西方浸染的第一个国家就是荷兰，是荷兰传输的西医解剖学打开了日本了解西方的大门。

但19世纪下半叶的荷兰，已经告别了“海洋帝国”老大的辉煌，所以日本学生在这里的反响不温不火。

随后，幕府又向两个国家派出留学生，这两个国家是俄国与英国。日本留学生从这两个国家反馈的，是截然不同的评价——恶评俄罗斯，好评英格兰。

日本近代史在记述“日本人西洋留学经历”时，在大多数情况下并不包括俄国，在谈到欧美时，他们几乎不提俄罗斯。这是为什么？

我们现在提到近代世界最先进的文明是欧洲文明，更确切地说应该是指西欧文明。位于东欧的俄罗斯等国家，当然不是西欧文明的代表，相反倒是欧洲文明的后进者。

19 世纪下半叶，俄国正处于亚历山大二世统治之下，本国正在积极追赶先进的欧洲国家、学习西欧文化，进行地方自治和司法制度的改革。这种局面的国家，其实还不完全具备接受外国留学生的条件。

日本学生到达俄罗斯留学之后不久，便不再憧憬俄罗斯文化，并对俄罗斯产生了一种“幻灭性悲哀”。如留学生山内就说：“此国万事万物不如他国，皆学他国。海军学习英国，陆军学习法国，医术学习德国。不闻有外国人来此地学习者。俄语只在国内使用，并不通行国外。幕府学生甚悔来此地留学。”

在英国留学的森有礼（后来担当明治维新首任日本教育大臣）等人利用暑假来俄国旅行，更是激烈抨击俄国，毫不掩饰鄙夷之色：

“世人多指俄国为强国，强乃强也，并非真强，更难与英法美相较。”

木村匡所著《森先生传》还记下了森有礼对俄国“国格”的更猛烈恶评：

“我国之人多指俄国为‘义国’，是何污之甚也。乃掠夺土耳其之企图，霸占波兰国之情实，攻掠瑞士国之过半。近有对马事件，不义不法之举，难以胜数。”

“且俄国之政不依国论，一切出自帝裁，故不公不平之政颇多。帝明则国治，帝暗则国乱。其国人皆以帝为神，何愚且不义之甚也。”

森有礼这些海外留学生的话，可谓看透俄罗斯。这再次体现了日本人的一个特质，地球人都知道日本人“不仅善于学习，而且善于再创造”；而这一切的前提是认真，在认真基础上，“看问题看到本质”，“学什么一步到位”，叼在点子上。

幕末遣俄留学生的失败之举，不仅影响了近代日本人对俄国的看法，还使一些本来应该被派遣到俄国留学的人，改变了留学国。

譬如伊藤博文，在俄英两国之间，选择去往的国家不是俄国而是英国。虽然只有短短的半年时间，但却改变了伊藤的世界观。

1863 年，伊藤博文等长州藩留学生“偷渡”英国留学，到了英国后，伊藤一头扎进大英图书馆，在这里领悟了先进的欧洲文明的精髓。他对欧洲政治制度和政治人物的研究特别热心。他爱看亚当·斯密的《国富论》，亦涉猎达尔文的《物种起源》、赫胥黎的《天演论》、卢梭的《社会契约论》。

英国的繁荣令伊藤这批日本学生惊异。他们来到一座"世界第一坚固，且英人引以为荣"的炮台。该炮台"一朝有事一声令下，即可发巨炮数千。兵备之盛，令人称奇"，"英国之盛，令人惊异"。

伊藤博文在参观英国博物馆、美术馆、造船厂以及各种工厂之后，"深为英国文明之进步及实力之强大所折服"。

以伊藤和森有礼这批人为代表的日本留英生，是当时日本思想最活跃的青年人。他们一方面认同幕府的"尊王攘夷"以之报国，另一方面对先进事物接受最快且不受传统约束。

比如在出国前"培训"时，幕府给留学生约法三章。严禁留学生加入基督教，以抵制"异端邪教"，还有禁止留学生改变"本朝之风俗"。但是东西文化冲突在出国之际就发生了，此令一到境外，几乎成为一纸空文。留学生到西洋后往往将和服换成西服，男性的"丁髷"发型在出国前基本上都剪掉了。

在西化这一点上，伊藤做得比任何人都坚决。史书记载：1863 年，长州藩士伊藤博文和井上馨等 5 人在赴英国留学之前，"聚于一室，斩发改洋装"。

后来明治维新史证明，在日本的那场脱胎换骨的政治革命中，日本留英生的贡献最为突出，成为政治革命的先锋。这批学生初履英格兰这个世界主体文明国，所见所闻，深感西洋文明之强，"攘夷"思想亦为之一变。

诸如伊藤博文留学归国后，就立即抛弃了狂热的攘夷思想。出国前，他曾讽刺先走一步的好友井上馨(后来担当日本首任外务大臣)"出国不足五天，就抛弃了攘夷思想"，而后，他的思想与井上馨同出一辙。回国后，他已经是一位积极的"开国论"者了，甚至比井上走得更远，比如大倡"优化种族"论，认为黄种人荏弱不堪，不及白种人远甚。他在当选日本首任首相、主政后实施的改革大计中，就有很重要的"谋种"政策：凡欧美白人入其境内，辄鼓励日本女子与其野合，以改良种族。

“弃俄从英”令日本找到了名副其实的富国强民榜样国。之后，要求赴英的日本青年越来越多，英国成为日本学生首选国。很多来到英国的留学生，发出了与伊藤、森有礼同样的赞叹之声。他们惊叹伦敦之繁华，羡慕伦敦人富于社会公德，并处处与日本的社会现实进行比较。

他们说的这一切，三十年后在日本变成现实。

（2）德国人眼里的两个东方使者

1896 年，中国晚清大员李鸿章出访德国，求见俾斯麦。对于这次访问，在场的各国记者进行了详细记录。其中最有影响的记录是美国记者曼尼克思所作《李鸿章回忆录》，书中记载：当着铁血宰相的面，“中国副国王”李鸿章主动套近乎，自比“东方俾斯麦”。俾斯麦反唇相讥——没人说我是“欧洲李鸿章”。

李鸿章主动求见俾斯麦，俾斯麦只给了李鸿章十几分钟会面时间，在回答完三个问题后，他觉得礼节已到，就转过头与德国驻清国大使聊了起来，把李晾在一边。有趣的是，李鸿章和俾斯麦之会是中国一些史学爱好者津津乐道的话题，而这些“热脸贴到冷屁股”的细节，却很少被提到。

俾斯麦不太尊重李鸿章是有理由的，早在甲午战争之前，俾斯麦就进行过精准预言：“中国和日本的竞争，日本必胜，中国必败。”

战争还未爆发，这位德国首相凭什么认定中国必败、日本必胜？

俾斯麦是根据他所见到的访德中日官员的举动做出的判断。

“日本到欧洲来的人，讨论各种学术，讲究政治原理，谋回国作根本的改造；而中国人到欧洲来的，只问某厂的船炮造得如何价值如何。”而且更为糟糕的是，把这些东西“买了回去，也就算了”。

俾斯麦这么说是有根据的。中国早于日本受到西洋文明冲击，中国出使考察西方也比日本早两年，1869 年清政府派出满人志刚（记名海关道）、汉人孙家谷（礼部郎中）为核心的“访西团”，而使团的领队，竟是重金聘来的外国人——美国人蒲安臣。使团从上海出发首先抵达美国华盛顿；随后到访伦敦、巴黎、瑞典、丹麦和荷兰、柏林；1870 年 2 月，抵达圣彼得堡，在这里，领队蒲安臣因劳累过度骤然去世，志刚、孙家谷继续带队考察，过了半年，使团

蒲安臣使团

返回中国。

这支中国首支“访西团”收获了什么?

清政府念念不忘、时刻挂怀的,不是从欧美取得什么文明真经,而是“礼仪面子”问题。向欧美国家吹嘘中国“蒸蒸日上”,那才是访西团的工作重心,所以,访西团进行了长达一年半的巡访,却并没写成什么有价值的考察报告。

当然,并非没有一点文字东西留下来。譬如志刚大人,回国后就写了《初使泰西记》一书。在“巴黎考察记”中,他重点记述了观看西洋舞蹈的感受,多次赞叹之后,总结道:西洋舞蹈好是很好,但不符合中国国情。因为“中国之循理胜于情,泰西之适情重于理”,所以这些舞蹈只能在西方跳,不可引入国内。在法国,志刚听说了男女群聚海滨浴场“洗海澡”的“盛况”,男性只穿条泳裤,女性加穿一条“背心”,“遥闻此事而艳之,惜忙,未得一往观焉”。

如此“采风”西记，哪里是什么考察，分明是“观光客”所为！

随后，中国使团的访问成果大同小异。等到李鸿章对欧美八国访问时，各国已不将其做考察团来接待，而当经贸团礼遇，他们把清僚来访大都看作“经贸之旅”。李鸿章访德，没有得到德国政府的青睐，但却受到德国商界的隆重欢迎。李鸿章是德国军火器械的第一主顾，德国商界盼望通过他进一步开拓中国市场，因而，洽谈商会、参观工厂，处处宴请，殷勤款待。

只知观光购物、不知世界大势的中国使团，在当时的国际舞台上，屡次成为“世界笑谈”。

而在中国首个“访西团”出发两年后，日本政府也向西方派出使团，“欧美使节团”以右大臣岩仓具视为正使，内阁重臣木户孝允、大久保利通、伊藤博文和山口尚芳等人为副使，使团成员几乎囊括了明治政府的所有要害部门。

岩仓使团的使命原本与中国首个访西团大同小异：与欧美国家协商外交，修改幕府末期以来对外缔结的不平等条约。但是，西方的现实让他们大吃一惊，他们发现，西方强盛的本源不是外交，而在“内治”。于是，岩仓使团主要成员遂把外交使命放在一边，分成几个小组，主要精力放在了解西方“宪政制度、工商体制和教育学术体系”中。

岩仓使团一共花了 2 年时间考察，先后游历了美国、英国、法国、比利时、荷兰、德国、俄国等国，虽然修约要求没得到满足，但是却取到了西方强盛的真经。尤其在学习欧美先进制度方面，获益良多。

木户孝允在考察的第一站美国，就有了触动灵魂的认识。“日本文明不是真正文明”，“日本是在睡梦中过了两千年”。在法国巴黎对西方繁荣，木户孝允终于彻悟。“我们以为西洋国家自然如此，但事实并非这样，他们的财富和繁荣，很大程度上来源于 1800 年之后。”“从巴黎出发，越往东、文明越简陋。”

在当时的“世界文明中心”英国，岩仓使团参观了法院、监狱、学校，认识到大英帝国强盛的根本，是“国民获得了国家崇高地位”。

岩仓使团在考察刚刚完成统一的德国的收获是最大的。这个收获不仅

岩仓使团

是他们参观了克虏伯工厂和西门子电机制造厂以及兵营、大学、博物馆等，更重要的是他们找到了其所需要的国家发展模式。

1873 年 3 月，刚刚完成统一重任的“铁血宰相”俾斯麦接见了来访的日本使团。在招待宴会上，俾斯麦告诉日本人：如今世界各国，虽然都说要以礼仪相交，但那毕竟是表面文章，背地里实际上是以大欺小，以强凌弱。这番话让日本使团顿有醍醐灌顶之感。他们不仅认同了俾斯麦的强权政治说，同时也醉心于德国的发展模式。

回顾俾斯麦对中日两国“西游记”的评价，不得不承认，“铁血宰相”长着一双鹰眼。后来中日两国历史发展的事实，竟然惊人地按照他预测的轨迹演变发展。

其实，19 世纪末，中日海战一触即发时，在西方国家眼里，看好日本的并不多，不少国家因为中国重金购入西方最先进的坚船利炮而看好中国，待战争有了结果后，西方大多数国家才知“中国虚实”，从而才对日本刮目相看。

而俾斯麦早就看到了中日两国的胜负手。在俾斯麦眼里，他欣赏的东方使者不是来自中国，而是来自日本——那里才有可能诞生“东方俾斯麦”。

(3)一个购“洋货”，一个引“洋政”

近代在中日尚未交手前，日本就建立了对中国的自信。这种自信不是空穴来风，而是其来有自——基本上是一种政治自信：“旧政”之国必弱，“新政”之国必强。故抱守“旧政”的中国必不敌开拓“新政”的日本。

事实确然。19世纪中叶，同在落后的东方国家行列挣扎的中国和日本，处在同一条起跑线上，中国甚至比日本还略早些起跑——洋务运动比明治维新早8年。但是，由于对“洋才”的理解不同，一个抓舰炮、忙采购，另一个抓政治、研学术，结果霄壤之别。

在向西方学习时，日本提出“和魂洋才”口号，日本的所言“洋才”，从字面看，与中国“师夷长技”差不多。二者的区别不在字面表达上，而在内容与手段的把握上。

后人在评价晚清“师夷”这段历史时，亦看到了内容的局限。譬如《海国图志》作者魏源的眼力就有限制。他就“技”论“技”，在论述“技”的内容时，魏源说：“夷之长技三：一战舰，二火器，三养兵练兵之法。”可见，兵器和兵法是魏源重点关注的“夷之长技”，此时他虽然比一般国人眼界宽，但却宽得有限。当你只停留在军事硬件，不知它背后的政治软件时，你就不能真正克敌制胜；当你不知道“技”的来源，你就无法得到“技”的真传。

“师夷长技以制夷”之“技”本身就决定了“师夷”局限。对于“夷技”的来源，清朝君臣大都一知半解，他们在“师夷”的内容上坐井观天，把“夷之长”局限在“先进武器”与“先进技术”上。显然，他们眼里只看“洋才”之表，未及“洋才”之里。

而邻国日本却一步跳出井外，抓到了“洋才”核心。他们知道洋人的“才器”里装着最值钱的东西，不是技，而是政——小才曰技，大才曰政。在“师夷”上，日本不仅牢牢把握一个“师”字(不是“买”)，而且眼界深远，探到“夷长”之底。他们知道，醋打哪酸，盐打哪咸，提升科技之本，在于改变国内政治制度环境。所以，他们虽然不是在东亚第一个提出“师夷长技以制夷”的国家，但却真正把这句口号变成现实。他们不仅师夷之技，而且还“吸夷之精”，再创造应用，从而后来居上，成为夷中之强。

说一千道一万，晚清中国的改革之所以没有达到强国目的，是因为在师夷上“抓小放大”——眼睛盯在了观赏“洋景”与购买“洋货”上；日本的改革之所以立竿见影，是因为他们“抓大放小”——目光放远到“西洋学术”和引进“洋政”上。他们知晓，广义的“洋才”，如何少得了政治和学术这两大要务。

正因为日本把政治文明看成西洋文明的第一要务，所以，明治维新其实质是一场政治革命，理所当然地达到了富国强民的目标。而晚清的那场洋务运动，充其量只是一场有限的技术模仿，所以尽管费了九牛二虎之力，但还是继续弱下去，他们至死也不愿承认：弱国弱于政。

3.“仁道”救不了中国，“武士道”却救了日本

（1）仁道两千年不变，武士道却有新旧之分

前章已经详述，19 世纪之中原王道是一条通向坟墓之路。

就在曾国藩为中国旧道披上新大衣时，日本那边同样面临西方冲击，以吉田松阴为代表的知识分子也对日本传统武士道作出思考。

1840 年的中英战争爆发虽与日本无关，但对日本社会各阶层的震动很大，尤其是知识分子阶层，面对西方侵略东方，当时普遍存在焦虑心态。出生于 1830 年的武士教师吉田松阴就是其中代表人物。

1853 年 1 月，佩里率美国舰队驶入日本江户海湾，要求与日本通商。吉田松阴痛感大和民族危在旦夕，日本即将成为继印度和中国之后的西方猎物。与曾国藩不同，在日本临近被西方征服的危机时刻，吉田松阴摒弃了传统思想的束缚，他不是新瓶装旧酒，而是旧瓶装新酒，促使武士道和国家文明的实质转型。

为了学到西方真东西，吉田想尽各种手段。1854 年 3 月，在佩里率美国

舰队二次来航将要离开日本之际，吉田冲破幕府的锁国禁令，爬上美舰，试图通过密航出国考察，不料被美国水兵发现，被赶下船。

虽然“偷渡考察”失败，甚至由此被判了一年徒刑，但吉田没有停下以“近代化武士道”救国的脚步。出狱后，他创办了“松下村塾”，招揽了大批武士后生精英。

在吉田松阴之前，武士道要旨是武士对主人的忠诚。吉田松阴通过“新型传道授业”，将其上升为“天下兴亡，武士有责”。他积极倡导把武士道由武士阶层普及于一般民众，提倡将武士对主君的主从一体关系上升到民众对国家的一体关系。将忠信相依、生死与共的武士阶级的内在联结，贯穿到民众与国家的忠信相依、生死与共的内在联结。

吉田松阴带出很多高徒，他们都是近代化的新武士代表。他们不排斥西方文化，充分了解外部世界，并加以理性的分析。在实事求是评估西方各种情况的基础上，有方向、有步骤、有重点地吸收和学习，充分体现了日本志士的自觉性和主动性。

从一定程度上看，正是以吉田松阴为代表的近代日本知识分子的这种新武士精神才扭转了开国后的日本历史轨迹，使日本在摆脱开国所面临的一系列思想困境后，转而迈进了近代化的行列。

“留洋未遂”的吉田对中国旧文化的那套理论不以为然。他根据自己对中英战争的理解，作出了“满清为夷所侵，瓦解土崩，无足论者也，卒之山金请和而后止，然其间不见复有唱义焉者，何其不振之甚也。盖由纲纪废弛，而贤才不用，操习不熟尔”的结论。

他认为，清国之所以败于英国，是因为内部政治腐败、民族一盘散沙，不在洋务而在内务。他认为国家兴亡之道关键是内政不是外交，是治民不是治夷。“民内也，夷外也，谋外而遗内者凶；治内而制外者吉。”只有内修国政，才是不虑外敌的根本之策。吉田断言，觉醒开国后的日本必是一个近代化完整而强大的统一体。

随后发生的一系列历史事件，验证了吉田松阴的判断，而同时代的曾国藩的理论却被历史淘汰。武士道能救日本，仁道却救不了中国，盖因“内质新旧”。

与老迈的曾国藩形成鲜明对比，出身武士世家的吉田松阴，二十几岁就成为日本幕末时期闻名的志士思想家。他没有像曾国藩那样慎言慎行、寿终正寝，而是敢想敢干、实言实行。

1859年，为了推动日本改革内政、对外开放，吉田策划刺杀幕府重臣、保守派头子间部诠胜，结果事情泄露，被幕府处极刑，死时年仅29岁。吉田松阴牺牲后，他的学生伊藤博文、井上馨等人继承遗志，继续倒幕运动，直至开启日本历史翻天覆地的一页——明治维新。

（2）和魂的新生——是“铁”也是“水”

“和魂”的核心是武士道。世人对武士道的第一印象，是好勇斗狠。毋庸置疑，和魂属于“铁血魂”。然而，此魂“铁”且“铁”矣，并非一成不化。

如果对日本精神深刻解读，就会发现和魂“双重属性”：刚性与水性并存。

日本人一直标榜他们的和魂“一贯性”，其实武士道也并非铁板一块。在明治维新前，在“洋才”的冲击下，就有吉田松阴这样的“启蒙思想武士”对它进行改造，而到了明治维新时，随着“洋才”进一步介入，又产生了相应的深刻变化。

且看“维新三杰”之首大久保利通，刚出道时就是个日本传统武士，但明治维新出任内务卿后居然成为“崇洋媚外”的急先锋。他虽然不会跳交际舞，但常常出席西洋舞会，还率先剪短日式长发，改成西装短发，以“西人”新姿出朝晋谒天皇。在他的垂范下，日本朝野兴起了“崇洋运动”，群臣竞相除去头顶发髻。连明治天皇也剪短头发，大久保推动日本政府颁布《断发脱刀令》，令日本传统武士装扮“去旧貌换新颜”。其“崇洋”之甚已达“洋粉之最”。

大久保如此，西乡隆盛、木户孝允亦在崇洋上不甘落后。这些日本武士精英的崇洋行为，无论当时还是现在看来，都可视为“日奸”行为，然而他们没有被本民族唾弃，反而成为国家英雄。

如果说，在遭到西方列强“光顾”初期，日本人担心“亡国亡种”，但到了明治维新时期，他们即便举国崇洋媚外，也并不担忧日本会消失了。为什么？因为有新生的“和魂”在。

新生“和魂”确立了日本精神的“两面性”——在“自强”时，显示和魂的刚性；在“崇洋”时，显示和魂的水性。刚性一面的和魂使日本人很少有个体的变节，水性的一面使日本人永远跟定最强者。所以日本人在西化的时候并不担心民族文化会被外来文明侵蚀掉，他们有铁、水交加的和魂，“万代一系”的天皇，这足以让一切外来文明“千条河流归大海”——“日本化”。

4. 明治和慈禧是两种不同的“狼”

腰挎战刀，全副武装，目光坚毅，冷酷骄横——这是明治时期，分发到日本各所学校、年轻的日本明治天皇照片概貌，亦可谓历代日本天皇的标准像。

应该说，这种形象令人不乏感到残酷和暴力，但他们的残暴却基本定格为“外向型”，日本天皇号称万代一系，从未出现过一个“内向型暴君”，没有一个天皇对本国人发动过大规模的清洗与屠杀。

这当然与日本天皇大部分历史时间里是“虚君”有关。但是，即便是一些掌管实权的天皇、皇子皇兄们，也几无“内屠”发生。而这种情况在中国历史中不可想象，中国第一个封建王朝和最后一个王朝，都是暴君频出，而且大多是对本国人下手。秦朝仅历二世，但从秦始皇到秦二世，在对内施暴上，一个比一个狠。

清朝十二帝，虽然几乎无昏君，而且还是“草原狼”血脉，但是入主中原后，他

明治天皇

们很快从“草原狼”退化为“圈中狼”，在对外忍让丧权辱国、对内残忍血腥镇压上，比汉族皇帝有过之而无不及。

诸如晚晴实际统治者、“准女皇”叶赫那拉氏慈禧，最能代表她的内外术，是这句家喻户晓的名言——“量中华之物力，结与国之欢心”。诸多解读历史的人把这句话加到了慈禧卖国的铁证堆里，但是很多人却忽略了慈禧这句话的真实心态——她在骨子里是把被征服的华夏人当奴才，宁可将奴仆的东西送人，也不物归原主。虽然他们不是汉民族皇族，但却具有比汉民族皇帝更深的“牧羊”心态。在血缘上，他们自以为高贵，将汉血视为卑贱，不允许满汉通婚。奴隶主绝对与奴隶划清界限。在“牧羊”手段上，无论于朝野还是民间，无论是反抗皇家的太平军还是巴结皇家的义和团军，他们对其翻脸无情，任意杀戮，无所不用其极。

同为皇帝，为何两样做派？东海对面的日本天皇为何没有中国皇帝“内残外忍”的传统？

这还是要归于“同类不同道”。

前文已经详述，中国君主大都尊奉中原狼道，践行“内残外忍”四字要诀。古代日本虽曾以中国为师，但在“帝道”上与中国大不同。虽然从军事技术上，日本天皇不像中世纪女真、蒙古那样率铁骑打打杀杀，但从“道”上观察，从古至今日本显然与古代游牧民族大同小异：崇尚铁血立世，对外狼性征服。这种“海狼”秉性与草原狼不相上下，却与“圈中狼”背道而驰，甚至是“内残外忍”的“圈中狼”之克星。

日本的狼道，重心在外而非内，这里的文化原因林林总总，但最主要的一条，是他们出于生存环境的危机而产生的“团结本能”——如果想立于不败之地，或进入强国之林，本民族内部精神领袖就不能搞自相残杀，必须保留全民族同仇敌忾、抱团取暖的号召力感召力。这种意识，在“永远正确”的天皇大脑中，根深蒂固，不可动摇。

所以，从古至今，即便是没有进入“文明世界”，无论天皇是虚君还是实君，日本也没有出现过“内向暴君”。他们的残暴多体现在对外战争上。

中日两国君主，践行的狼道内外有别，最终成为两种不可同日而语的物种。后来甲午战争结果就证明了这一点。中日甲午战争时,光绪皇帝和慈禧太后娘俩其实是站在了一起,但结果说明:无论“帝党”还是“后党”,即便是加起来,也不是“蕞尔小国”明治天皇的对手。因为这是两个物种的对决,超越了中世纪宋金之战:一个是退化的草原狼——类同圈中狼,另一个是西化的海狼——类同海王星。孰强孰弱,不言自明。

5. 一同西学,两样结果——琉球打响第一枪,东洋考场5∶0

在19世纪的西洋人眼里,日本无疑是来自东方的最好学生。“西风东渐”的时代,东方国家普遍遭受西方国家冲击,包括中国在内的很多东方国家都远赴大西洋,取“强国之经”,但结果不是“不得要领”,就是“有病乱投医”。唯有日本,“单骑”取到了“西天真经”。

那么,取到真经之后的日本和未取到真经的中国,形成了怎样的变身呢?

(1)东人赢得似西人

玉墙旧国纪维新,万法随风倏转轮。
杼轴虽空衣服粲,东人赢得似西人。

这是1877年,晚清驻日参赞黄遵宪的一首赋诗。后来被编入诗集,诗集题为《日本杂事诗》。黄遵宪的咏叹,一定是亲见日本在明治维新中的变化,其进程快得如随风转轮,又联想到本国情况后的有感而发。

如果说林则徐是“晚清睁眼看世界第一人”,那么黄遵宪则堪称“晚清睁眼看日本第一人”。比《日本杂事诗》更有成就的,是他在驻日期间所著、1887成书的《日本国志》。

黄参赞为什么要写这本书?

这与中日两国间的“信息战”有关。自古以来,中日之间的“信息战”都是不对等的。日本了解中国多,中国了解日本国少,近代尤甚。造成这种局面的主要原因,是大一统的中国雄踞东亚,自以为是“世界文明中心”,弹丸小国日本当然不在中国眼里，中国历代帝王从未想到日本能对中国构成威胁。在中国强大，足以维护其大一统格局及霸主地位之时，中日之间这种不对等了解的状况尚未足以危及中国。但近代黄遵宪出使日本时，世界已入“海国时代”，东洋发生“三千年未有之变局”，日本逐渐富强，足以挑战中国。此时如果中国再不知日，则“殆矣”。

黄遵宪在写成此书后赋诗感言（《日本国志书成志感》），诗的最后两句为：

频年风雨鸡鸣夕，洒泪挑灯自卷舒。

黄遵宪自比为“鸡”，《日本国志》即是其“鸡鸣”。欲唤醒当政者与国人，使其明了“世界大势”以及中国在新世界形势下的困境和危险。

以他者为鉴，黄遵宪是在中国首倡“日本模式”的第一人。日本是中国之“标的”，中国之模范。在西方文明的冲击面前，日本与中国同处劣势，先后西学，中国起步还比日本早，但结果却是日本后来居上，成为19世纪末叶进军世界列强的第一支也是唯一一支东方力量。这难道不足以令同处东方的中国自惭形秽？

值得留意的一点，以黄遵宪为代表，此时中国已经出现对日本称呼的重要变化。《日本国志》中黄遵宪对日本已不用“倭”称，亦不用“华夷”之称，而用“彼我”。“华夷”强调等级高下，华为中心，夷为偏远，华为文明，夷为野蛮。“彼我”则是对等言之，“彼”与“我”平等相见。

（2）琉球第一枪——日本转守为攻

三十年河东三十年河西。19世纪末，西学之后的中日两国最显著变化，是综合国力的对比发生巨变，彼时时局，已不是朱元璋时中国要不要征服日本的问题，而是日本把征服中国正式纳入时间表。

当然，日本征服中国之念，或许很早产生。但是，真正化为行动，是与维新同步。日本明治维新后刚刚6年，就对中国进行了一次小心翼翼的征服尝试。那就是著名的“琉球归属”之役。

1871 年冬，东洋两个小岛宫古岛和八重山岛的居民到琉球进贡，途中遇到风暴，一船人漂流搁浅到台湾的八瑶湾，因语言习俗不通，被当地的居民误杀。

当时的宫古岛和八重山岛岛民都是琉球的属民，而琉球又是清朝的属国，按照道理，此事件跟日本并无关系，应该在清国和琉球之间解决问题。但日本不会放过“试剑”的绝好机会。三年后，即 1874 年以此事件为借口，打起“保民义举”旗号，派军发动征台战役，攻打石门牡丹社等地居民，史称“牡丹社事件”。

在日军猛烈炮火攻击下，石门不久陷落，牡丹社等地居民投降。形成在台南武力驻军事实之后，日本向清国开价谈判。谈判的结果是，清国用50 万两银子换取日军撤军，同时，中国间接承认了琉球改属日本。

“琉球归属”之役看似不大，但意义深远，此前日本从未通过战争从中国捞取过好处，但此事件的结果却使日本从中国掘到了第一桶金；此前中日东洋之争，中国是攻势，日本是守势，而此次事件之后，中日两国之势对调。通过预演成功，日本取得了“进军东洋”的相当信心。

（3）5:0！黄海海面上的武科场成绩

日本在琉球打响第一枪后，蓄势 20 年。终于大规模的“进军东洋”开始了。

1894 年开启的中日甲午海战，是两国西学之后的总较量，也可以说是洋务运动与明治维新的较量，更重要的，是争夺“东洋一哥”的决战。

大家知道，甲午海战主要含丰岛海战、黄海海战和威海卫之战三个阶段，真正的海上交战，是黄海海战，前后耗用 5 小时。交战的结果，是日本以 5:0（中方沉舰 5 艘，日方未沉 1 艘）取得黄海制海权。

这场海战是在不经意间发生的，被外界并不看好的伊东祐亨“联合舰队”与“装备精良”的北洋水师狭路相逢。“联合舰队”主动向北洋水师挑战，并很快看出了北洋舰队的弱点所在，伊东祐亨命“吉野”“高千穗”“浪速”“秋津洲”4 舰组成第一游击纵队，快速向前，从右翼袭击北洋舰队外围的“超勇”和“扬威”，打乱北洋舰队的阵形，自己则率主力舰队迎击北洋舰队

北洋水师旗舰“定远号”(德国造)

日本联合舰队旗舰“松岛号”(法国造)

正面。

日本海军的攻击收到奇效。虽然中方拥有德国造坚船利炮,但战役结果与战前世界普遍预想相反,“菜鸟”日本“联合舰队”击败了几乎在吨位上比他大一倍的清国舰队,击沉对方5艘巡洋舰而自己一艘未沉。

5:0完胜后,日本取得黄海制海权,这是东洋格局中,日本取得的重大历史转折。随后，日本一鼓作气，进攻北洋水师“避风港”刘公岛。

> 前三十载，我日本之国事，遭若何等之辛酸，厥能免于垂危者，度阁下之所深悉也。当此之时，我国实以急去旧治，因时制宜，更张新政，以为国可存立之一大要图。今贵国亦不可不以去旧谋新为当务之急，亟从更张，苟其遵之，则国可相安；不然，岂能免于败亡之数乎？

这是中日海军在刘公岛决战的最后时刻，日本海军统帅伊东祐亨致中国北洋水师提督丁汝昌亲笔劝降信。伊东祐亨这封信的中心思想是“缴枪不杀”，但此信的价值，不在招降，而在揭示了“国之强弱根本”。在海军司令对海军司令的劝降信中，胜方不谈海上战技与战绩，而大谈政治。字里行间，透露出日本军人对“国家强弱根本”的认识非常到位。

中日海战，败亡的中国海军其实不是亡在战舰，是亡于政治腐败。因为“国家存立之本”，不在“坚船利炮”之技，而在于“去旧更张”之政。

这封劝降信，也为中国海军的完败，日本海军的完胜，做了非军事非技术，而是政治上的总结。同时也等于告诉对手：为什么日本是中国的天敌——因为在“新政”的较量上，日本远胜中国一筹。

明治维新后的日本军营，出现了一大批精英军官，他们外能谋敌、内能谋国。他们与中国清朝军官的本质区别，首先不在指挥作战能力，而是在于“政治水平”。

甲午战争爆发前，这些精英军官均为日本鹰派代表人物，他们信心满满，极力煽动中日决战。认为中日一旦交战，中方必败。他们的自信并非盲目，而是在做了大量政治和情报功课之后做出的判断。

甲午战争前他们花了数年功夫备课，“征韩派”以留学或者考察之名对中国进行调查，以供日本政府决策。了解到腐朽帝国的实情，前后有《斗清策案》《清国征讨策案》《邻邦兵备略》《进邻邦兵备略表》《军备意见书》等策议出台。他们不仅对中国军情了如指掌，而且对中国政治本质也多有了解，对中国政府官员抱以鄙视，说清廷“自甘愚陋”，“遂造成一般麻木不仁之官吏”。

在这些“懂政治”的日本将领看来，中国政治大大落后于日本，一个政治没落的国家无论怎么耀武扬威，军事上也必然是外强中干。

由此可见，甲午之战，日本也可谓赢在军官“懂政治”。

（4）中日文科辩论赛——辜鸿铭大战伊藤博文

日本西化后，尽管与中国已在军事上分出胜负，但在文化上，中国有些“国学大师”还是看不起日本。用当时日本外务大臣陆奥宗光的话说，就是——

> 我国则轻视中国为顽固愚昧的老大之邦，中国则讥讽我国为轻浮躁进妄自模拟欧洲文明皮毛的一个蕞尔岛夷。

在诸多近代史作中，除了中日“武斗”的各种记录，还有不胜枚举的中日巨擘“文斗”范例。例如清朝湖广总督张之洞幕僚辜鸿铭手持《论语》“大战”日本首相伊藤博文。

辜鸿铭与伊藤博文无需介绍，一个是善辩的晚清官场学究，一个是铁血的日本政要，两个人碰到一起，注定要碰出“火星”来。

这场“舌战”发生在1898年10月，这是个非常历史时刻——甲午战争后、戊戌事变时。地点是武昌府，清廷湖广总督张之洞官邸。此时伊藤博文访问中国，南下会晤张之洞。辜鸿铭是张的幕僚，亦随张一同会见伊藤。为表地主之谊，辜鸿铭送了伊藤一份见面礼：一本自己刚出版的《论语》英译本。

辜鸿铭本以为伊藤博文会赞自己“学贯中西”、中华文化“博大精深”，不料却遭到伊藤博文的一通抢白。

伊藤博文早知辜氏是中国保守派中的著名人士，便借机敲打：“听说你精通西洋学术，难道还不清楚孔子之教能行于两千多年前，却不能行于二十世纪的今天吗？”

喜欢辩论的辜鸿铭并不感到难堪，顺势反弹：“孔子教人的方法，就好比数学家的加减乘除，在数千年前，其法是三三得九，如今二十世纪，其法仍然是三三得九，并不会三三得八。”

伊藤博文听了，一时无词以对。

这段“舌战”是辜鸿铭引以为得意的辩论“胜例”。伊藤博文虽然在战场上完胜清国，可辩才不及辜鸿铭。从形式看，的确是辜鸿铭占据了上风。

但从本质上分析，辜鸿铭的辩词，其实带有明显的诡辩。

把孔子之教与“三三得九”的算术混为一谈，有典型的张冠李戴、驴唇不对马嘴之嫌。儒教不是自然科学，甚至不是社会科学，除了发挥“教义”的作用，充其量只是教育学的龙鳞。如何跟“三三得九”相提并论？如果说孔子的理论是永恒的，那么坚持孔子理论两千年的中国应该长盛不衰才是，怎么被放弃儒教的弹丸小国打得溃不成军呢?!

作为“战胜国”的领导人，伊藤博文对中国官场学究态度傲慢，乃至遭到了一场严厉反驳，他在辩论技巧上显然不及辜鸿铭。然而，这场辩论并没有使他对辜鸿铭高看一眼，也没有改变他对儒教的偏见。这位近代日本政治家的思想导师不在东而在西。卢梭加俾斯麦，宪政思想加军国政治才是伊藤博文的核心价值体系，而儒教以及中国晚清学者在他心中，并无一席之地。

伊藤博文对《论语》不以为然，对官场学究辜鸿铭大加嘲讽，是因为在思想意识中，把中日两国的国家利益和文明体系都放到了对立面。辜鸿铭看不起日本政要的跋扈，伊藤博文也瞧不上中国学究死不认账的酸。

那么，他们到底谁为本国赢得了尊严？从甲午战争到庚子之变，近代中日之间发生的一连串历史事件，肯定了这样一个事实：尽管辜鸿铭辩才无双，但没能挽回天朝颜面。因为战场上找不回的东西，口水场上亦不可能找回。

第八章

另类骄傲——日主东洋五十年

虽然甲午战争后，清国的一些国学大师们仍然对日不服，但清政府已经领教了日本的厉害，对日态度出现一百八十度大转弯——再不敢举枪叫板，而是代之以橄榄枝，频送秋波。

与此同时，对日称谓也一再发生变化，最显著的变化，是以“东洋”代“倭”。

此间东方世界，发生了“三千年未有之大变局”。中国式微，日本气盛。

而清国之所以把“东洋”称谓心甘情愿送给日本，并非全部出于恭敬。在晚清君臣眼里，“洋”与“西方国家”等同，“洋人”就是欧美人，以“东洋”呼日，一是自知日本也有洋人般厉害，二是继续自恋“东方正统”，有意区分清国与西化日本的不同。

与其说，爱新觉罗的子孙没有海洋和海权的概念，不如说，他们死不认账东方文明中心已经远离中国。

但是，无论清国大佬怎么想，现实的发展是以“东洋”代“倭”为标志，甲午战争以降五十年，“日主东方”局面形成。

1. 另类骄傲——“东洋”成为日本代名词

(1)朝鲜易主——脱离中国,投入日本怀抱

中日两国的国际地位,从与朝鲜的关系上,可见最淋漓的体现。

世所共知,朝鲜从西汉开始,就一直是中国最亲近的藩属国,这种关系直至19世纪。漫长的两千年间,朝鲜王室、朝廷主流均是“亲华派”,从未把近邻日本看在眼里,政权内部更未出现过“亲日派”。

然而,这种局面到了19世纪末叶发生改变。“亲日派”不仅在朝鲜内部产生,而且还逐渐压倒“亲华派”,占据了朝鲜政坛上风。

这是为什么?

众所周知,明朝时期,中朝两国的关系走得最密。李氏朝鲜尊明朝为“永世的父国”,朝鲜人对明朝的感情非常深厚。故今日半岛,尚有“明朝在韩国”之说。

为何朝鲜与明朝走得最近?主要原因,就与日本有关。

1592年,朝鲜受到统一后的日本威胁,丰臣秀吉挥军大肆入侵朝鲜,应朝鲜的请求,中国明朝政府派兵援朝抗日,取得“壬辰卫国战争”的胜利。正是这场战争使得中朝之间的关系变得更为紧密了,中国发挥宗主国庇护作用,使朝鲜免于被日本蚕食。战后,朝鲜主动申请,正式纳入明朝藩属国。

清朝时期,朝鲜延为中国藩属国,继续定期向中国进贡;那么作为宗主国,清政府当然就负有帮助朝鲜维护主权的责任。清中期时的朝鲜是中国头等的藩属国、朝贡国。然而,这种关系延续到清朝晚期,却难以维系。不是因为朝鲜“不交保护费”,而是因为宗主国气喘吁吁,“收了保护费”也罩不住藩属国了。

自日本明治维新起、中日争端爆发20年前,作为“东洋前哨”的朝鲜就闻到硝烟味道,一部分明白人感到“势头不对”。当清朝驻朝公使袁世凯向朝鲜王室信誓旦旦保卫朝鲜之际,朝鲜朝野已有人看出端倪,在此之前,中国本土香港、澳门分别沦为英国、葡萄牙属地,一个政治落后、无法自保的国家,有什么资格再做他国的宗主国?可怜的老大帝国连自己都保不全了,哪

有能力保护自己的藩属国？

于是，朝鲜政府内部，“亲清派”已非铁板一块的主流派，“亲清派”之外，新起了一股“亲日派”。朝鲜军政界遂有了“亲清派”与“亲日派”之争。

当时朝鲜“亲日派”亦称“开化党”，其成分大多为新军少壮军官。明治维新后，日本“义务”替朝鲜训练新军，所谓新军其实就是日本在朝鲜培植的亲日武装力量。这股力量与原来的“亲清”王室家族势不两立，他们的政治诉求是摆脱老大帝国束缚，赶走清朝驻朝公使，效仿日本明治维新。

与古代白江口战役开端相仿，近代中日争端亦起于“朝鲜内乱”。

1884 年，朝鲜“开化党”起事，发动“甲申政变”。政变取得了初步胜利，“开化党”占领了王宫，保守老臣诸多被杀，国王被禁闭于宫，“开化党”一度大权在握。他们宣布“外结日本，内行改革，联日排清，脱离中国，朝鲜独立，实行君主立宪”。

客观评价，“甲申政变”实质，既是亲日派与亲清派之争，也是改革派与保守派之争，可谓朝鲜历史上第一场宪政革命，带有推动朝鲜历史发展的积极意义。领导政变的“开化党”应属朝鲜进步政治力量。

然而，“开化党”虽属进步力量，但因为孤军奋战，在驻日清军及忠于国王军队的联合反扑下，政变仅三天即遭破灭。“开化党”首领逃往日本求援。

鉴于本国维新大业尚未告成，军队羽翼还未丰满，日本对这次朝鲜变局采取了“有限介入”方式，最后与清政府约定“中日共享朝鲜”，签订了《天津会议专条》，为 10 年后中日决战朝鲜埋下伏笔。

10 年后，朝鲜爆发东学军起义。维护朝鲜王宫保守势力的清朝驻朝公使袁世凯起初并未把起义军及虎视眈眈的日本放在眼里，还想如上次那般出师助朝，维持“父国”的尊严。然而此一时彼一时，驻朝清军与日军一交手，方知“此日本已非彼日本”。不仅“罩不住小兄弟”了，而且自身也难保。

日本驻朝公使大鸟圭介后来在叙述这段历史时，颇为自豪，“清料我必不能出兵，不知我国历来整军经武，待之久矣”。日本备战演练已久，就等着这个时刻的到来了。朝鲜战争初始，大鸟听从外相陆奥光宗的指令，采取韬晦之计，明修栈道暗度陈仓。袁世凯在韬晦的对手面前，失去了对局面发展的基本判断力，派兵1500入朝，并依据《天津条约》照会日本外务省。可是没想到的是，当清兵入朝后，日本派兵9000挺进朝鲜，朝鲜局势陡变。

战争一爆发，袁世凯的对手大鸟圭介爆发出蛇一样的灵敏与攻击力，亲自带兵、兵临朝鲜王宫，而一度高高在上的袁公使，其反应速度与果决力相形见绌。大鸟圭介一举拿下了朝鲜王宫，迅速掌控了“朝鲜内政”。袁培植的亲清政府势力顷刻瓦解。

《清光绪朝中日交涉史料》和《日本外交文书》都记下了清国公使袁世凯在朝鲜的最后表现。日军控制朝鲜政局后，深感孤立无援的袁世凯，胆怯怕死，极想逃走了事。6月29日，连发三电，请求回国，他说：“华人在此甚辱，凯在此甚难见人，应下旗回，拟留唐（绍仪）守看管探事。”李鸿章勉袁：“要坚贞，勿怯退。”但袁不顾一切，决心挣脱险境，又上一电，极力渲染个人窘境。到7月15日，袁托词患病，竟躺倒不干，将政务交给唐绍仪，并向李鸿章哀求道：“凯等在汉，日围月余，视华仇甚，赖有二三员勉可办公，今均逃。凯病如此，惟有死，然死何益于国事，痛绝。至能否邀恩拯救，或准赴义平待轮，乞速示。”

袁世凯摇尾乞怜，以病为请，以死相挟，打动了李鸿章。17日，袁奉令回国，易装悄然离开汉城，搭平远舰返回天津，从此结束了在朝鲜的生涯。袁世凯个人获得了“拯救”；但中国和朝鲜的危机局势，毫无改变。

从朝鲜回国后，袁世凯一反常态，由一意主战转变为谨慎观望，最终成为“议和团”主要骨干，他向李鸿章汇报了朝鲜的情况，并撰写了一篇意见书，极力附和李的主张，大肆宣扬失败主义。他说日军已占优势，中国根本不能取胜，只有退守鸭绿江边，把朝鲜丢给日本占领。

1894年6月15日，清朝驻朝官署降下了清国的龙旗。朝鲜国王在王宫日军的簇拥下发表声明：“自兹脱离中国，独立自主。”就此，朝鲜“亲日派”占据了政坛上风，“亲清派”土崩瓦解。日本正式取代中国，成为朝鲜“宗主国”。

在此，如果把国家肢体化，那么显然，东北是中国的右肢，而朝鲜则是中国延展的右臂。脱胎换骨的“新日本”一出场，就占据朝鲜，剑指中国东北，这等于一下子打掉了“旧中国”右臂。两千年中朝牢不可破的“宗主—藩属”龙脉，也就此被日本割断。

（2）“日主中从”五十年

新日本的志向大得很，区区朝鲜“宗主国”之位并不能满足其胃口。征服朝鲜之后稍事休整，日本就发动了攻打“朝鲜前主人”——清国的战争。1894 年中日甲午战争爆发，清军完败。次年，“旧中国”与“新日本”结城下之盟——《马关条约》，日本一举获得主宰中朝两国事务的“东亚霸主”地位，“东洋”也就在此时正式成为日本“公称”。

以《马关条约》为标志，中国不仅丧失了台湾，而且大东洋以中国宗藩制度为基础的传统——“宗主国—藩属国”体系也彻底解体。“新东洋主人”日本席卷东方，可怜的中国“乾坤倒转”，也被纳入被“东西两洋”殖民的“准附庸国”行列中。

20 世纪初叶，清朝灭亡、民国成立后，中国虽然政治上已经开天辟地，但日本仍是压在中国政府心头的一块巨石。因为先前晚清的那帮大佬们把坑挖得太深，很难一下子填平。超越天敌短期内不仅不可能，且由于日本也在大踏步前进，摄于天敌之威还愈演愈烈。

尤其民国北洋政府时代，传承了晚清“亲日传统”，中日两国关系延续了“不对等的蜜月期”。北洋军政府统治中国 15 年间，虽然走马灯般换寡头，但在外交上，基本上都“唯日本马首是瞻”，国际舞台上心甘情愿跟在日本后面走。

就拿民国首任正式大总统袁世凯来说，早在朝鲜领教过日本的厉害，所以国家权力到了他手上之后，一上台就确立了“与日友好”的“北洋传统”。《二十一条》开了北洋军阀与日本交易的“大单”先河。

袁世凯死后，北洋军阀“亲日传统”呈“可持续发展”。为了得到“实惠”，打败本国对手，直、皖、奉三派军阀无一例外地都与这个天敌进行亲密接触。

人人都知皖系段祺瑞是“亲日派”，其实奉系张作霖与日本的距离，一点也不比皖系远。就是以“爱国者”自居的直系实际头目吴佩孚，也并不是与日本人一点瓜葛都没有。

纵观直系军阀，无论在冯国璋时期，还是后来以曹锟、吴佩孚为首时期，虽然因为势力范围原因，与英、美关系比较密切，但也不时谋求日本的支持，如第二次直奉战争伊始，直系即聘请日本人为军事顾问。可见，“爱国者”对日本的战斗力，也不得不宾服。

奉系是在北洋军阀集团中“后起”的一个主要派系，张作霖之所以能够做大，成为北洋军阀“后起之秀”，可以说，基本上是因为背靠了日本这棵大树。两次直奉战争，日本都充当了奉系“总后台”，要钱给钱，要枪给枪。在物资上武器上，老张都得到了日本人的实惠；没有日本给力输血，这个东北王做梦也想不到，自己能入住北京、过一把大总统的瘾、统领全中国。

1925年奉系内部发生分裂，如果不是日本以武装干涉手段，帮助张作霖扑灭郭松龄的“倒戈”，张作霖恐怕先于南满事件，已死于自己人之手了。那起郭松龄事件几乎令张作霖六神无主，准备通电下野，甚至要烧了大帅府逃命，是日本关东军出面，负责处理，稳定局面，可见，张作霖的东北军一旦失去日本后援，顿成丧失大半战斗力的乌合之众。

皖系与日本的关系就更自不待言。日本能给张作霖一车货，就能给段祺瑞一挂车。因为张作霖的势力范围毕竟只局限在东北，而段祺瑞政府却几乎可以控制大半个中国。所以，日本在中国的真正代言人，锁定的是老段。段祺瑞从日本手中得到的实际“援助”，足以令他不断燃起“武力统一中国”的野心。北洋军政府时代，日本主宰皖系段祺瑞部，俨然以“太上皇”自居。

投之以桃，报之以李。对于日本的“输血”，张作霖、段祺瑞都“知恩图报”，他们均允许日本在自己的地盘上驻军，段政府还曾宣布，日本享有指挥中国军队的权力。

当然，日本之所以在中国北洋政府统治期捞到“特权”，与其时的国际环境和中国得到的“外援比重”有很大关系。当时在英美俄这些列强当中，虽然也不时释放对中国各路军阀的友好信号，但真正“舍本”、给各路军阀实惠的，还是首属日本。

然而，慷慨的日本人不是傻瓜，它的大力援助，主要还是为自己的下一步吞并计划“投资”。但“等米下锅”的中国军阀考虑不了那么远，“有奶便是娘”是他们的“基本国策”，所以，争先与日本“亲密”，乃北洋之相传薪火。

近现代以降，日本制华50年，在北洋政府15年间“制力”尤甚。北洋三系，日本培植了两系。目的就是为了养大胃口，造好工具，有朝一日一口吞掉这个“食物链”下的庞然大物。

虽然作为中国军政府枭雄，张作霖与段祺瑞都不是当傀儡的性格，都有桀骜不驯的“铁血”作风，但是在日本人面前，他们只能阳奉阴违、借力发力，绝对不足以抗衡。所以，当老张不听日本的使唤时，就被关东军像猫玩老鼠一样干掉了。

在提及中国东北军这段历史时，有史作者言张作霖不怕日本人，而是日本人怕张作霖，这就不免属于精神胜利法的内容了。世上哪有猫怕老鼠的道理？怕不怕不由表面的态度说话，而是应该用行动证实。日本人认为，张作霖是他们养大的狼。干掉他，是因为这匹狼的利用价值已经不大，不敌蒋介石，东北早晚归于国民政府，与其等着蒋张合流，不如先除掉“征服中国东北”的一个障碍。

其实，回顾这段历史，不得不说日本人有点高看了奉系。事实证明，不仅老张反不了日本人，老张的儿子小张比老子更怕日本人，九一八事变，30万东北军对2万日本关东军，结果让人家如探囊取物般拿下东北全境。这简直是一场天敌之战，耗子再多也是喂猫的货。依此战法，再退一步说话，即便张作霖活着，以其“日本扶起来”的战斗力抗击日军，就能保住东北吗？

比起被日本暗算的张大帅来，段总理显然较精明。段祺瑞比张作霖更看得清日本实力，认定自己的生存与发展离不开日本，所以始终没有跟日本翻脸。清政府怕日本的战舰，段政府不靠日本的“后援”与“输血”，就难以存活。

1914年第一次世界大战爆发，中国正处段政府统治时期。在日本的唆使下，中国加入了日本那一伙——协约国。大战伊始，日本对同盟国德国宣战。然而日德交战的主战场，却在中国本土——胶州半岛。家门口的敌人，要靠“友邦”来清除。这是中国的屈辱,却是日本重建东亚的资本。战后,在讨论世界新秩序的巴黎和会上,战胜国日本捞足了“东方霸主”的面子,极尽显耀之能事,尽管中国谈判代表表现很出色,但他们背后的段政府有令:一切跟日本人协商后行事。

“日主中从”在巴黎和会上表现得淋漓尽致。一战后的日本与英、法、美、意并列为“国联五大国”,和会席位 5 个,是拥有“普遍利益的交战国”,而中国的地位连二等国塞尔维亚都不如,在“个别利益的交战国”中,席位最少,仅有 2 个。所以,尽管陆徵祥、顾维钧等中国代表费尽口舌,但远东甚至中国的事情还是日本主导,在日本的“态度”下,中国希望得到 5 个席位的“大国”请求终归是奢求。

(3)中国怕“东洋”为何甚于怕“西洋”

日本在 19 世纪末叶崛起,但那时只是亚洲强国,对比西洋列强,它不过是小弟。然而自“一战”结束,日本成为“国联五大常任理事国之一”后,它的影响力就不局限于亚洲了,它可以与世界列强平起平坐,并取得了与西洋大国同等的国际话语权。

此时日本对中国的制约,已经到达历史最高阶段。中国北洋政府对日本之惧,已与“老鼠怕猫”无二。“西洋”再对中国指手画脚,也不得不看“东洋”脸色。

其实,对中国而言,自甲午战争起,最怕者就不再是西洋“老大哥”英国,而是东洋“新大哥”日本了。

这是为什么?

除了日本国力与日俱增等因素,还有一个重要原因,那就是在“夷国”之群中,日本对中国的了解最深,真正“知己知彼”。

最具说服力的,就是日本军政人员的“中国通”水平,没有哪一个西方列强将官或间谍可比。

比如说,1895 年日本指挥甲午战争时的将领,从海上到陆地,都是对中国“门儿清”的中国通。海军统帅伊东祐亨,对北洋水师提督丁汝昌写下的劝降信,无论是汉语文言文功夫还是对中国政治弊病的解析,都令人惊叹不已。陆军统帅山县有朋，时任日本陆军大臣、第一军司令长官，更是一名才华卓越的“中国通”，在进攻中国东北时，这位侵略者竟深知“攻城为下攻心为上”——打出“同文同种”“恢复中华、驱除鞑虏”的口号，把日军美化为“解放汉族摆脱满洲人统治”的“正义使者”，相当迷惑了东北一部分汉族人的心。

山县有朋每下中国一城，第一件要做的事就是发布安民告示。在山县有朋的安民告示中，最著名的就是那篇《开诚忠告十八省之豪杰》。这是山县有朋约请著名间谍学者、“资深中国通”宗方小太郎撰写的。这篇文采飞扬的告示，将日军描绘成“从黑暗的满清统治下拯救中国人民的解放者”。这篇短短的告示，从清朝“劫夺”明朝政权开始说起，对清朝的内政外交，压迫汉族的民族政策进行了猛烈抨击，对“恢复中华、驱除鞑虏”进行了“义正词严”的诠释。宣扬日本“之所惩伐在满清朝廷，不在贵国人民也”，号召中国人“察天人之向背，而循天下之大势，逐满清氏于境外，然后革稗政”。

山县有朋的攻心之术似一把无敌之器，在山县有朋安民告示的渲染下，中国一些逃避战乱的民众陆续回家，其中甚至有人请求为日本军队效力。日军之所以在东北势如破竹，除了清军战斗力极差、闻风丧胆，跟山县有朋的“攻心术”所致的抵抗越来越少也不无关系。

透过山县有朋的“攻心术”表演，可见“东洋制华”的秘密武器。虽然从战场武器上他们尚不如西方那般震慑中国，但是从政治、文化心理上，他们的确比西方国家更了解中国。在中国的“洋天敌”群中，“东洋”日本的“中国通”是诸强之最。

在中国北洋政府统治时期，日本人的这一强项继续发挥作用，他们的中国通以“同文同种”“联合抗俄”拉近与北洋军阀的距离，充当北洋的“教师爷”。

其时北洋聘用的日本顾问不胜枚举。譬如军事方面，早在袁世凯小站练兵、就任练兵大臣时，就聘任日本在天津驻屯军的参谋立花小一郎少佐（此人后来晋升为陆军大将）为练兵顾问，随后又聘任金竹、嘉瑞和中川分别担任军政司参谋处、教练处和兵备处的顾问，参与北洋的军制改革。后来，立花等因合同到期返回日本，袁又聘请在北京担任使馆助理武官的炮兵大尉坂西利八郎接任立花的职务。坂西在中国待了25年，蓄发留辫，取了中国名字，讲得一口流利的中国话，光在袁世凯手下做军事顾问，从晚清做到民国，前后就达10年之久。

做了民国大总统后，袁世凯聘用的日本顾问从军事到教育，从农业到工业，更是无所不包。在教育领域，袁聘用了渡边龙圣做顾问，在医疗行政方面，则有古城梅溪、西村丰太郎，法政方面有冈田朝太郎法学博士，财政金融方面有佃一弥，农业方面有楠原正三，工业方面有藤井恒太、盐田真，印刷技术方面有下村孝光，等等。

就像那个坂西利八郎，袁世凯死后，他继续为中国寡头效力，经过黎元洪、冯国璋、徐世昌、又黎元洪二次上台，再到曹锟、段祺瑞，前后更迭七任总统。这个"跨世纪的中国通"或公开出任顾问，或躲在幕后策划，始终为中国当权者赏识而受重用，故日本公众舆论称坂西为"七代兴亡的不倒翁"。

以坂西利八郎为代表的这些中国通，与中国人达到了神似地步。有时他们和中国人站在一起，不管是谈吐，还是文化底蕴，比中国人更像中国人。他们不仅是谍报巨头，而且还是干政的智囊，间接影响中国政局走向。

近现代日本的中国通，对中国了解细到了什么程度？在为进攻中国东北作准备的日军当中，很多从事测绘工作的中国通，他们画的旅顺地图连街道有多宽都测得一清二楚，一些村庄猪圈的位置都画出来了。这些把中国研究透了的对手，最大化地增加了"东洋制华"的胜算。

地域相邻、驾轻就熟，备足功课、无懈可击，拿捏七寸、稳准狠，最后贼咬一口、入骨三分——这就是"东洋"高于"西洋"的制华之处。故此，称彼时日本为"中国第一天敌"，绝非虚妄之语。

2. 新东洋 VS 老东洋——"新日本"如何看"旧中国"

自中国两遭华夷之变起，日本人即把中国看成一个无可救药的老朽国家。明治维新日本脱胎换骨、成为"新东洋"后，这种藐视与征服心态一同疯长——中国被外族征服已不止一次，往者有蒙古，近者有满洲。游牧民族尚且能统治中国，何况西化之后的日本？

（1）“老东洋千年未脱旧态”——桑原与鲁迅所见略同

桑原骘藏，与鲁迅同时代的日本著名历史学者。可谓“新东洋”看“老东洋”的学界代表。

1914 年，他在《东洋人的发明》中，介绍中国四大发明对人类的贡献，同时指出：“造纸、印刷术、罗盘、火药固然是伟大的发明，但可惜的是，其老祖宗的东洋，经历几百上千年，依然未脱旧态。”

与其说，这是对“老东洋”中国的认识，不如说，这是“新日本”对“旧中国”的看法。

桑原对中国国民劣根性的认识，与后来鲁迅对中国国民性的见解不谋而合。

作为对中国影响深刻的伟大文学家，鲁迅早年的日本经历是众所周知的，他是陈天华、秋瑾同时期的中国留日生，而且回国后，与日本文人和出版人一直有密切的联系和很深的交情。譬如在上海开书店的内山完造，与鲁迅一生至交。

鲁迅是去日本学习医术的，但让中国人永远记住他的，是他的文章，更确切地说，是他对“中国国民劣根性”一针见血的剖析。

鲁迅为何对中国国民性看得那么真、那么深，达到了“稳准狠”的地步？

与桑原同样的感慨，可在鲁迅杂文《恨恨而死》中找到。文章也讽刺中国人只知“将火药用来做鞭炮”“将罗盘用来看风水”。

桑原将中国国民性首先归纳为“保守”，并将这个特性视为中国人的天性。

同样，鲁迅也对中国人的保守天性刻骨铭心，那句“搬动一张桌子也要流血”的名言就是对此劣根性的深恶痛绝。

保守为何成为中国人的天性？桑原是从中国的文化和精神演变史找原因，而鲁迅也认为这些是历史堆砌的产物。桑原对“中国人食人肉的习俗”进行了详细考证，而鲁迅的小说《药》《狂人日记》均写及食人肉。那位“狂人”翻开历史书，透过字缝，居然看到：“满本都写着两个字是‘吃人’！”

在看透旧中国这方面，鲁迅与桑原到底谁“吸收”了谁？无从考察，说不清，但一个显著的事实是，鲁迅在中国籍籍无名时，桑原在日本乃至东方学界早已是声名鹊起了。

鲁迅与桑原的“暗合”，客观构成了中日两个不同空间对应的双面镜。在这双面镜子里，中国人的保守、多疑、懦弱等国民弱点表露无遗。

诚然，鲁迅对中国国民劣根性的批判未必是对同胞的蔑视，而桑原对中国国民劣根性的批判当然也不能臆想为对中国的爱。两人在批判中国国民劣根性时心境应该是截然不同的，鲁迅大约是“爱之深责之切”，而桑原也许是“唇亡齿寒”。

在东洋世界里，中国率先遭到西方列强的瓜分。当时日本学者讨论东方的局势时，曾将中国和日本置于同一阵营。桑原的《东洋史说苑》就提到了这一点，将中日处境描述为西洋殖民扩张之下所共有的担忧和抵抗冲动。

中日能否联手保卫东方、对抗西方？这个愿景没有实现，反而日本成为“东方西人”，索性加入了瓜分中国的西方阵营中。“东亚共存共荣”不幸被日本军政府盗用，东方形势发生了质变。

鲁迅在日本全面侵华前一年辞世，对于日本，他恶评的语言不多，乃至后人为证明他的爱国心，去他的文海中去捞反日的只言片语。

“亲日”是汉奸，“亲俄”就是爱国者吗？在中国现代史上有个奇怪现象，没头脑的人往往执意以“汉奸”去骂思想有深度的人。从文化交流看，鲁迅“亲日”是毋庸置疑的，但是从长远的国民精神改造而论，这种“亲日”并无什么不妥，与“汉奸”也并不搭界。爱之愈深，责之愈切，也许他深知：以邻为镜会比孤芳自赏有益得多，相似的文化背景、不同的兴衰之道，在疗治中国国民精神上，日本学者那里也许能提供给他更准的“解剖”点。

（2）袁世凯被称为“猿猴政治家”

“日主东洋”50年间，日本学者不仅对中国国民精神评价较低，而且对中国政治人物也不看好，颇具代表性的是他们对袁世凯的评价。

袁世凯是清末民初中国政坛超重量级人物。虽然袁世凯在就任中华民国首任大总统，尤其是在击败孙中山二次革命、“万民上表”劝进“中华帝国”

皇帝时，国内威望到达顶峰，但在当时的日本历史学者眼里，既没有筹安会“六君子”对袁冠以“雄豪君主”的备至推崇，更没有当今翻案者抬袁到“历史伟人”那样的高度。

20世纪初叶，日本有两位广为人知的世界级历史学者，那就是活跃于东方学林的“东白西内”。东部白鸟库吉、西部内藤湖南。尤其是内藤湖南，他对中国史和东亚史的研究颇有心得，他为日本第一大报《朝日新闻》撰稿，自成实证派历史观。

内藤湖南出成果的时候，正是中国清末民初期。袁世凯无疑是这个历史阶段的一大主角，但内藤湖南对袁世凯的评价并不高。清朝倒台了，民国成立了，内藤湖南却依然不看好中国未来，他认为袁世凯那类政治人物上来了，中国“进入了最适合玩弄权谋伎俩而不顾长远国计之辈跳梁的时期”。

1914年，内藤湖南发表对中国戴着有色眼镜的文章《支那论》。此时，袁世凯正在从袁大总统的位置向洪宪皇帝的宝座递进，内藤湖南对如日中天的袁不以为然，称袁世凯只是个拥有“猿猴智慧的政治家”“不知大计、不通大局”的“机会主义者”，这样的人领导中国，对日本来说，不足为道。

以当时的历史背景来看，日本正向军国急剧迈进，内藤湖南等学者的“研究成果”也在为日本全面侵华作准备。虽然中国已经完成了推翻帝制的改朝换代，但内藤湖南等学者对中国依然带有轻蔑的眼光。以“支那”蔑称中国，就是当时日本不屑中国的一个标志。

内藤湖南对袁世凯的评价是否过低？虽然那时日本政界学界普遍不屑中国，包括中国的政治人物，但客观看来，内藤湖南对袁世凯的评价，还是颇为中的。其时很多人把中国的未来寄希望于袁世凯这样的政治人物身上，而后来的结果却让内藤湖南不幸言中，袁世凯不仅没有带领中国人新生，而且差点将中国拉回万劫不复的老路中去。

何谓“猿猴智慧”？猿猴对外界的反应比人灵敏，但是智商却没法超过人。说一个人拥有猿猴智慧，那就是精灵有余，却远虑不足。或者说只抓眼前自身利益，不顾民族百年大计。

诚然，袁世凯是机敏的，无论是和国内政党还是与外国政要打交道，他是极尽狡诈之能事，使自己利益最大化。他的原则只有一个，就是自己不吃亏。即便是签订《二十一条》，他也是想利用日本、占尽眼下便宜。

比起空谈的清流来，袁世凯是务实的。但是，一个投机政客与一个伟大政治家的区别，关键不在于是不是“务实”，而在于有没有政治信仰，有没有不可逾越的政治原则底线。

由是观之，以“政治家”评价袁世凯，不是过低，而是过高。政治家与官僚的区别，就是政治信仰和原则。毋庸置疑，袁世凯是个没有政治信仰和原则底线的人，他的本质和前辈李鸿章并无二致，是官僚而非政治家，他们做事是为了做官，并不是做官是为了做事。权力是他们的最高追求，而政治信念是个虚无的东西，他们绝对不会为做大事、青史留名，去冒丢掉荣华富贵的风险。

纵观中国历史，如袁世凯这样的政治人物多如牛毛，中国历史为什么产生大量的“猿猴智慧”政治人物？与“猿猴智慧”相辅相成的，是中国另一传统的发扬光大——以“成王败寇”为评价标准的庸俗历史观。这种历史观在中国“学界”（确切地说，是御用界）源远流长，一切为得势者、权力者服务，完全丧失文化的精神传承、文明进步、道义是非的评判，严重摧毁民族信念、文化信念，所以就不断催化出袁世凯这样的“政治家”。

内藤湖南的前辈、日本明治维新元勋西乡隆盛曾经这样评价过中国历史，“自孔子之后，历八十余世而不进步，此乃中国特色也”。而从政治人物的角度分析，中国之所以“历八十余世而不进步”，盖因袁世凯这样的“猿猴智慧”的政治人物太多，他们不通世界大局、不知发展大计，只是一些钻进“权眼”的“机会主义者”，如何带领一个民族走出泥沼？

袁世凯死后，推动日本走向军国的日本学者依然不看好中国，没有“像样的政治人物”和“无精神的精英群”是他们不看好的理由之一。与内藤湖南地位不相上下的学者桑原骘藏一语点到了这个痛处：

> 在中国有地位、有知识，可充当一般民众领导者的官绅阶级腐败堕落，他们既无精神，也无真心。这种腐败堕落是几百、千年来之积弊传

习，无望一朝一夕改变……立宪也罢，共和也罢，政体是死的，将其活用的是人。没有最要紧的人，任何政体都是不能充分发挥其效能的。

从辛亥革命到日本全面侵华，时间跨度是25年，日本在这25年里，产生了很多“立志征服世界”的政治人物，而中国的政坛上，内讧却成为主旋律，“玩弄权谋伎俩而不顾长远国计之辈”越积越多……

(3)“日本梁启超”：没有苦力，中国对世界影响则为零

世所共知，第一次世界大战时，中国加入了交战一方协约国，也等于是参战国，但作为参战国，中国军人并没有出现在一战战场上，而出现在战场上的却是中国劳工。这是为什么？

对中国这种举动的诠释离不开当时的历史背景。其时东方格局是“日主中从”，日本自日俄战争打败俄国后，已成为东方独一无二的“新主人”。中国北洋政府，一切都离不开“新主人”的庇护，以相当于“藩属国对宗主国”一样侍从日本。

一战爆发后，自顾不暇、内讧频仍的北洋政府无意参战，怎奈日本政府要求中国必须要站队，与日本站在一起，所以，在日本的力主下，中国北洋政府硬着头皮宣布参战。加入了英法美日领衔的协约国一方。

然而，疲于应付内战的中国军阀哪有多余的军力管外面的世界，怎么办？

好在日本及协约国也并没有看上中国军队，并不需要中国军队支援他们，他们看上的，是中国独特人群——劳工。

有资料称，一战期间，中国政府向欧洲战场派出了14万劳工，也有说超过20万，无论是14万还是20万，这都是不可忽视的一个庞大人群。须知，日本在一战的作为，主要是在中国战场对德作战，参战人数23000人，整个一战中日本在参战国中阵亡人数最少，仅300人，而中国劳工在欧洲战场上漫山遍野，阵亡了足有5000人之多。

为什么协约国及日本对中国劳工“情有独钟”？

当时日本有个著名政论家，叫德富苏峰，这个德富苏峰在当时日本的影响力，相当于梁启超对中国的影响力。

德富苏峰认为，中国不可忽视的真实原因是因为有苦力的存在，那些在树下弯着背、把脚踏在石头上的人兽难辨的苦力们，才是使中国恒久屹立在世界上的原因。

他在赴中国《七十八日游记》中写道：没有一个李鸿章没有关系，但是没有苦力中国的影响就变成零了。

> 在世界列强要被文明病所麻痹的时候，苦力以他们动物般的精力在世界的各个地方发挥作用，对中国来说，这比百万大军还要有力。而且，中国人的生命力和国民精神也在苦力的身上体现了出来，苦力是中国的恩人、救世主，也就是苦力大明神。

当然，德富苏峰同时指出，中国最便宜的是人命。他们任何时候都能拿物品和人命进行交换，廉价对待人命正是中国能够在世界上形成一个可怕势力的原因之一。

那么，这种"中国苦力"的成因究竟来自哪里？在于政府还是民众自身呢？

德富苏峰发现，在面对灾难时，中国人几乎都是个人主义者。中国人必须靠自己，因为政府指望不上。"在这个世界上没有比中国人更不依赖政府的了……中国人是独立自主的。"在这种"独立自主"背后，是一种深刻的无奈和放弃——"政府就连指甲垢那么一点点关照国民的心都没有"，国民则没有兴趣关注任何与个人无关的公共事务。

德富苏峰甚至为中国劳工打抱不平——"把政府当作了整个国家，以为富政府就是富国，为了富政府，就可以不顾一切地使人民愤怒，使人民痛苦，这样做难道合适吗？"

德富苏峰还把日本人和中国人的生命观作了对比：日本人珍惜生命，而且不拘泥于此，不怕死。中国人一边把人命看得不值钱，却又怕死。日本人像男子汉，懂得羞耻，所以强势有力。中国人不像男子汉，不懂得羞耻，无论什么样的事情都干得出来，所以也强势有力。

此番对照，令日本人欣赏中国苦力的真实心态一览无余：不是出于佩服，而是因为他们可以替日本人去干“高贵人”不愿干的活。一战中死了300人的日本，攫取的利益却与英法不相上下，可谓远东最大赢家。而付出5000人生命代价的中国，却处处看要他们的脸色行事。同样的东方国民，不同的死亡价值，生命承受之轻重，可见一斑。

（4）梦圆与梦碎——东方文明的正反镜

“日主中从”始于《马关条约》，盛于“一战”前后。此间日本，对中国的影响从内政到外交，从军事到文化，无处不在。

对中日两国文化人而言，这个时间段也堪为特殊——进入一个“寻梦”的交会期。

20世纪一二十年代，中国迎来了许多带着“寻找古典美”夙愿来观光的日本文化人，他们写了不少“中国游记”。而中国文化人这一边，“留日热”达到高潮。从政治延展到军事、文化生活领域，“东洋之花”盛开。

虽然都是寻梦，但结果大相径庭。中国文化人在日本几乎达到了圆梦之旅。而日本文化人这边，却大都是梦想的破碎。

乘兴而来满意而归——可以说这是中国文人日本观光的普遍感受。

乘兴而来败兴而归——来中国观光的日本文化人收获的，则是另一种弥漫失望的情绪。

日本著名作家芥川龙之介的《中国游记》就写满了这种情绪。

从今天的角度看，可以说，《中国游记》是一本对华夏文明的绝望书。

1921年3月，年仅29岁的日本青年作家芥川从日本九州坐海轮出发，第一次远航中国。芥川的中国游历时100天。在三个多月时间里，芥川走遍了几乎所有中国重要城市——上海、杭州、苏州、扬州、镇江、南京、芜湖、九江、庐山、北京、汉口、长沙、郑州、洛阳、天津、沈阳等地。

芥川到中国的第一站是上海，《中国游记》第一篇文章写的就是对中国上海的《第一印象》。芥川接触的第一批中国人，是上海拉黄包车的中国车夫，他们给了芥川首次的“中国印象记”：不干净，不讲究。

芥川踏上中国土地，写下的第一句话是："一脚刚跨出码头，我们就被几十个黄包车夫团团围住。……本来，黄包车夫这个词，在我们日本人的印象里，倒绝不是脏兮兮的样子……可中国的黄包车夫，说他们是肮脏的代名词也不为过。且粗略地扫视过去，但见个个相貌怪丑……这么一群人前后左右地把我们围了个水泄不通，一个个丑陋不堪的脑袋一齐向我们伸过来……一位刚刚上岸的日本妇女甚感恐惧……"一个获得日本文学最高奖（芥川文学奖）的大作家，来中国写给日本人看的第一段文字，竟是如此败兴不堪。

《中国游记》有一篇内容，写了一个中国人正慢悠悠地向湖里撒尿，芥川写这人撒尿形态后感叹："与日英两国是否结盟等等事情都与这位中国人无关。"这是对又老又大的国家可怕且具有辛辣讽刺意味的象征——没人关心国家大事，只顾自己优哉游哉。

"一年老的盲人乞丐坐在地上"，芥川凭着自己对中国《水浒传》等小说的了解，形成了芥川心中的乞丐——是浪漫的，而在中国上海，他看到的乞丐是"身上披着一张旧报纸，膝盖上的肉，腐烂得像只剥开的石榴，乞丐伸长了舌头在舔着腐肉"。

对于中国的西化，芥川也认为是庸俗的。只有简单的模仿，失去了本民族的个性甚至尊严。芥川说"上海的确有西洋化的一面……也总有一种不合时宜、过分花哨的感觉"。芥川说到黄埔公园，"外国人可以进去，中国人则一个不让进。名之曰'公共'，真是极尽了命名之妙"。

游记中唯一对中国的赞誉之词是古庙，他进到了城隍庙："我十分钦佩那些造像之妙，因而久久不愿离去。"

芥川一直这么写他所看到的中国，只发现脏乱差。这是写实还是偏见？

少年的芥川，就开始学习中国文化，阅读《西游记》《水浒传》《聊斋志异》和唐诗宋词等等，逐渐形成他的中国文化趣味，在当时的日本作家中，芥川被誉为最了解中国文化的作家之一，他有十多篇作品题材都取于中国名著。可谓对中国古典文化情有独钟。

但成年后的芥川到中国，就像强大后的日本看中国。是一个青年人来到一个濒临饿死的脏老头身边。

日本文人到底是来看中国有多么老,还是有多么年轻？当时的日本媒体称:日本文人去中国,主要是想来看看年轻古国的新貌。但芥川的《中国游记》字里行间满是“中国和中国人:脏、乱、臭,一无是处”的印象。《中国游记》在芥川回国一个月后于日本的《每日新闻》报上连载,读者深深感受到中国的新貌无从谈起,昔日文明古国今日几乎一无是处。

在日本,芥川读到的都是中国古典文化的精髓,四五千年的长河里,被历史不断抬举和冲刷,而被留下来的中国文化名著。游历中国,芥川看到的却是满目疮痍,令芥川心生怨气,古老优美的华夏文明一去不返,现实的败落几乎没有留存这种文明的一丝美感。

芥川在中国期间说得最多的中国话,也是一踏上中国土地学会的第一个词就是“不要”。芥川的原文是:“就连声‘不要,不要’回答他们就行。”

“他们”当然是指中国人。

“不要”是芥川面对破碎中国的态度。

无疑,20世纪初叶日本文人的中国之旅,大都是“文化伤心之旅”,他们的《中国游记》是一面面破碎的镜子。正如同样一面镜子,也分正反。同为东方国家的西学生,中日两国就像镜子的正反面一样对比鲜明。西学日本并未失去中国传统好的东西,古代华夏文明的精髓在日本与西洋新文明一起交映成辉,而“中体西用”的中国,却盲人摸象、不得要领,长久定格在“东方破落”一景。

20世纪初叶,在来中国寻梦的日本人当中,不仅有作家、学者,而且还有少壮派军官。譬如大名鼎鼎的石原莞尔,1920年就化装成劳工来到中国武汉码头,本来这些日本少壮军官,是做着联合中国抗击欧洲的东方梦,但是目睹中国破落怪状,他们的东方梦破灭了,不得不另作打算。

(5)“中国要革新,必须要有日本介入”

20世纪初叶的中国现状,给日本留下的是失望和轻慢。这种失望和轻慢,加剧了日本染指中国乃至整个东方世界的自信。

“中国要革新,必须要有日本介入才行”——这是其时内藤湖南得出的高论，对此，他给出的理由是“中国在政治军事上，完全没有自发革新的素质”。

内藤湖南发表此论时，已是 1924 年。此时中国，民国已历时十二年，我们今天回顾那段历史，如果内藤湖南是在说中国清王朝，大概不会有多少人提出异议，但为什么他们对中华民国的认定也与清国大同小异呢？

可以说，比起清中国，民国从政治制度到国力已经大大跃进了，但为什么内藤湖南依然不看好此时的中国呢？认为没有日本的介入，中国的革新就无法实现呢？

任何话语都不能脱离时代背景孤立存在，内藤湖南说这句话时，一个无法忽视的时代背景是：日本正值军国神话如日中天之际。刚刚赢得第一次世界大战胜利的日本，已经无可置疑地成为亚洲老大、东方一哥。凡涉远东外务，国际都要看日本脸色说话。

作为东方世界在西方人面前的骄傲，日本当然不满足于左右远东外务，邻国的内务它都要染指，这里，当然就包括介入中国政治。

从历史的解读观察，内藤湖南的一切高论，都可以看作是为日本全面吞并中国作理论准备。新生民国还未长大，肯定还不是日本的对手。而强劲的邻国是不养对手的，给不了中国太长的成长时间。胃口和耐心是呈反比例生长的，随着胃口的扩大，耐心逐渐缩小了。

当然，我们也不能否认一个基本史实，虽然推翻了帝制，但当时中国仍无法让包括日本在内的国际社会高看一眼。内藤湖南甚至在 1914 年就预测，民国不久当会出现类似于八国联军侵华战争中列强在天津实行的所谓“都统政治”。可见，民国中国没有令日本人欣赏、忌惮，反而更加深了日本染指中国的肆无忌惮。

彼时一些日本学者对中国的评价无所顾忌，可谓恶评如潮。

如内藤湖南，在《支那论》中甚至把中国比喻成没有灵魂的腔肠类动物：“支那恰似蚯蚓这种低级动物，把一段身子给切断了，其他部分没有感觉，仍然能够继续活着。”

加藤虎之亮在《支那的民族性》一书中认为，“中国的统治阶级和下层民众的关系很淡薄，作为国家组织的朝廷，实际是君主和百官结为一体，休戚与共，而他们的国家却与下层民众没有关系，就好比海水，君与臣是表面的波澜，虽然波浪起伏，但底层却是什么动静也没有”。

这就是日本人眼里的旧中国，一盘散沙，一无是处。

基于中国当时“政治内耗”乱局，加上军国日本必然扩大侵略的因素，使得那种“将中国交给外国人管理”的论调，越来越盛。譬如内藤湖南就提出了“支那之国际管理论”：

> 支那乃世界最古老国家……由于数千年来其周围几乎没有可与之竞争、将其磨砺之别的国家存在，也就像旷野中的独木自在地成长，充分发展，即使没有受到外部之害，由于树木本身的生命周期，也会在内部出现空虚……支那作为长期孤立的国家，因其内部滋生的弊端，而逐渐趋于老衰，而从老衰恢复过来，靠树木自身的活力来做到，是难乎其难的。救济它，必须以外部之力去其腐败，或切除其寄生之木才行。

关于这一点，内藤湖南拿出了与另一名学者桑原骘藏一样的“实证”——甲午战争。他们一致认为，日本挑起的甲午战争刺激了中国变革，中国戊戌变法乃至辛亥革命都与这场战争有关，中国“因甲午战争而受到大的惩创是好事”，因为这场战争激发了民间政改诉求，加速了清政府灭亡的脚步。

不难看出，内藤湖南与桑原骘藏的文章，都包含为军国日本全面侵华作理论准备的中心思想，但是，作为日本实证学派的代表人物，他们指出的中国病也并非尽数侮蔑。中华民国成立后，政治制度问题解决了，但新的问题又来了，那就是民族精神缺失而造成的一盘散沙的内讧局面。

关于上述看法的原因，桑原骘藏在另一篇文章中一语道明。

1929 年 10 月，桑原骘藏发表《关于日支共存共荣》一文，文中写道：

“沉睡的狮子过几十年还是睡不醒的狮子，终究不会觉醒。四千余年来的长梦，在今天还没有充分唤醒。诚然，民国是成立了，南京政府也有统一南北的样子，但是从实质上看，支那的国际信用与地位毫无提升，多数国民生活上的不安毫无改善。”这是他对民国中国社会的基本看法。

关于持上述看法的原因，桑原骘藏在另一篇文章中说，民国既没有出现伟人的迹象，官绅阶级也无望觉醒，国民党与革命党虽然宣言动听、招牌很新，“但支那人还是支那人，那些党员、官僚、旧军阀，在腐败与堕落的程度上没有什么差别”，至于一般民众，“是地地道道的群氓……要觉醒，认识新时代，理解新思潮，实现支那的更生，终究是不可期待的”。

桑原骘藏认为，中国无论官民，都不能成为革新的力量。“文弱”“保守”“妥协”“猜疑”是中国人根深蒂固的“国民性”“民族性”，即使到了民国也没有真正改变。

对民国官员，他更无好评。“没有德义心的官吏、所谓政治家，自身被（国民）蔑视为政客，并不期待靠他们改革。”

从《支那论》《新支那论》这些论著中，这些日本学者都重重强调由日本指引中国社会变革是必须、必然，并上升到历史高度——

支那的革新要施以日本的力量，不是源于一时情况的问题，这可以说是源于东洋文化发展、历史关系的理所当然的归宿。

日本在今天正在成为东洋文化的中心，已成为超过支那之出色强国，通过五六十年来的努力，已积累了西洋文化，尤其是其运作经济机关所应有的训练，将其变为最适宜于东洋的形式，且能对东洋文化进行有益的取舍，固其根本，在社会经济方面，也有英美所不具备的对支那经济组织从基础上进行改造的能力，因而有所谓“日本人对于支那改造”的使命。

今天看日本学者说这些话，如果仅是促就中国文明进化，像辛亥革命那样支持中国，当然不是坏事。然而，关键是中国当时已经建立亚洲第一个民主共和国，从政治制度上并不落后日本，只是需要一个成长期，如果硬说中国此时离开日本指引的变革，就与历史发展趋势不合，那么就不能不令人怀疑，日本这个中国革命的“助产士”，此后真的是“别有用心”了。

3. 东方后生很纠结——向西？向东？

（1）“三国干涉还辽”事件催生“日本主义”

众所周知，日本文化的致命缺陷，是“原创”问题。即日本文化先天缺失主体性。从古至今，有两个日本，一个是“汉化”日本，另一个是“西化”日本。但这并不表明，日本没有一点属于自己的“土生土长”的东西。

尤其是“汉化”后、“西化”前的中近代日本，眼见中国一步步衰落、古老帝国不断遭受华夷之变，顾影自怜，顿生“文化焦虑”。

早在17世纪清兵入关、中国再遭华夷之变时，日本就有人提出放弃中国儒学。那么，要用一种什么文化取代儒家文化、除掉来自中国的文化胎记呢？

此时，一批精明日本学者发现了本土的“神道文化”。

17世纪末到18世纪初，是日本“神话故事”高发期，其有一本著名的历史剧作，名叫《国姓爷合战》。说的是英雄郑成功传奇。此书的作者是日本一个著名武士作家，名叫近松门左卫门，这位被后人称作“日本的莎士比亚”的日本作家，就是靠“国姓爷”一举成名。直到今天，《国姓爷合战》仍是日本的一个偶尔出演的传统剧目。

这部历史剧诞生于1715年。剧中中国民族英雄郑成功成了日本骄傲。不仅郑的“日本血脉”被无限放大（取了个日本名叫“和藤内”），而且还被“神话”，他为扬日本国威帮助汉人与入关的鞑靼人（清兵）作战，清兵一次次被打败，每次胜利后，他总是摸着老虎的脊背对被他打败的清兵说：“纵然你们人多势众，也没什么了不起，我的生国是大日本……你们看看日本人的本领！连老虎都害怕我们！”

日本武士作家煞费苦心地把中国郑成功升华为“日本神话”，无非是想借此解决日本式“文化焦虑”，激发大和民族“主体文化觉醒”，从而推动民族大崛起。然而，在没有经历文明质变的17、18世纪，日本虽然有“神话”做文化与精神支撑，却也不能仅凭神话故事促就民族崛起。所以，那种焦虑和煎熬并未彻底散去。

时光飞转到了19世纪，明治维新为日本打开了一扇“全景天窗”，经过漫长文化焦虑煎熬的日本，似乎突然找到了文化方向，那就是从制度到文化“欧化”（西化）。

西方制度令日本受用无穷，然而，西方文化却令日本加剧了文化焦虑。尤其在西化日本成型后，一味想跟亚洲说再见、一心想融入欧洲的日本，遭受了一个重大历史事件的打击后，文化焦虑扩大化，进一步刺激文化主体性觉醒。

这起重大历史事件，就是发生在中日甲午战争之后的“三国干涉还辽”事件。甲午战争结束后，战胜国日本眼看将要得到梦寐已久的中国辽东半岛，但是，法德俄“三国干涉还辽”，却让日本空欢喜一场。

“三国干涉还辽”从军事上讲，使日本“痛失辽东”战略要地，从文化角度上讲，标志着西方对日本的排斥。“三国干涉还辽”后，日本人开始对本国“西化”国策进行反思，他们认为，“汉化”不行，全盘“西化”也不行，必须要寻找到自为主体的“日本主义”。

如何建立“日本主义”？既要排除中国儒佛两家对日本文化的影响，又要保持与西方的文化距离？

一批日本学者再次适时“出土”了“神道文化”。

20世纪30年代，日本有个著名哲学家叫高山岩男，他从《古事记》和《日本书纪》中，寻找土生土长的日本精神，结果找到了国家神话。他认为，日本的神话故事，多讲建国的由来、皇室的起源、国家的发展等，自然神话和文化神话，都从属于国家神话。而以国家神话为根基的日本文化，经过“汉化”和“西化”后，已经成为“神道天下观”文化，在他看来，中国文化早已过时，西方文化也早晚衰落，唯有国家神话能永恒推动日本崛起。

于是，日本神道文化再次被拔高。原为日本地方文化的神道文化，因为国家苦于放大原创，便由地方文化转成国家文化。与其用儒学教育臣民成为天皇的驯服工具，不如用神道鼓舞民族信心，把日本的历史精英们一道“封神”，从而让国民死心塌地地跟着他们走，甚至把东方领袖国天经地义地说成是日本。

于是，在这样的历史背景下，神道顿成无价之宝，其功能被无限放大，从那里寻找土生土长的日本精神，变成了原创捷径。以“和魂”替代“汉心”，以“神道”替代“佛心”，与明治维新明确提倡“和魂洋才”“日本精神”遥相呼应。原来属于地方性民间信仰的神道，彻底变身为全国性的国家神道。此间，崇拜天皇、信仰神道，与军国主义、极端民族主义“无缝对接”，终于令“日本主义”煞有介事。

（2）日本“门罗宣言”

世所共知，美国在崛起的过程中，有一个里程碑标志，那就是门罗宣言。门罗宣言发表于1823年，主旨是宣告“美洲有虎初长成”，新生美国已经初步具备与欧洲列强势均力敌的国力。警告欧洲列强不要再染指、殖民美洲，美洲是美国的美洲，欧洲与美洲要井水不犯河水，如果欧洲对美洲用武，则将被美国视为敌意行为。

很多学者将美国的门罗宣言看作是划分美国历史分水岭的重大举动，其实，这种举动非美国独有，甚至是一个新生强国的必经之路。譬如东方国家日本，在崛起过程中也有类似行为。“日式门罗宣言”亦贯穿于日本崛起过程中。

那么，“日式门罗宣言”是怎么回事?

此事须从日本明治维新后期说起。

19世纪80年代末90年代初，日本通过明治维新实行一系列富国强兵政策，国力得以日渐增强。但同时，除了前面所言的“文化焦虑”，日本还面临一个“失去自我”的危机。在西方国家蚕食东方大背景下，日本依然不能松口气，甚至与近邻老大帝国中国一样不安，拥有着强烈的生存危机感。

日本到底应该“拯救”东方、与东亚共存？还是“弃东就西”、脱亚入欧呢?

起初，日本一部分政要学者是想联合中国抗击西洋对东方的侵袭，正如对中日文化“同文同种”的认同一样，他们认为中日两国的未来也是紧密地联系在一起的。中日两国目前都是内外交困，同样面临崩溃的危机，但是

日本人体验西方的生活方式

“日本无论在文化传统还是天然资源方面都很匮乏，而中国在这两方面都很富有。如果日本能够给中国一定的刺激，并从中国获得精神与物质上的资源，那么黄种人的未来还是有希望的”。

然而，老大的清国一再不争气、自顾不暇的现实，使日本渐渐失去了联合中国对抗西欧列强侵略、重振东方文化的信心，转而专注于自身做大。

在以福泽谕吉为代表的“日本国家大校长”指导下，“脱亚入欧”、全盘西化是近代日本发展的大背景，然而西化到了一定阶段，日本也出现有别于福泽谕吉的“国粹卫士”。

日本“国粹卫士”主要有两个代表人物——三宅雪岭、志贺重昂。他们都是政教合一式人物，既是学者，又关心政治。在明治维新 20 年之际，即 1888 年，他们以政论家身份组建日本政教社，创办《日本人》杂志，掀起一场轰轰烈烈的“国粹主义”运动。

与清帝国的辜鸿铭式盲目排外“国学家”不同，日本国学家并不反对日本师从西方政治制度，但是对浅薄却占据主流地位的全面欧化主义提出异议，提出“日本应成为日本人的日本，而非西洋人的日本”的主张。也就是说，日本应该实行近代化，但是不能因此牺牲日本固有的文化。

在名著《真善美日本人》中，三宅雪岭意在“以日本历史、传统、文化的独特性来展现日本人的姿态和气概”，力图唤醒在强势的西方文明面前自惭形秽、失去民族自信心的日本人的自觉。

这就是日本国学家的“独特”之处。但凡持文化保守主义者必言保存国粹，而三宅雪岭主张的国粹主义却并非狭隘排外的文化保守主义。“余辈或言国粹助长，或言国粹彰显，并非要维固守旧物。”“即便是日本固有的风俗、日本独特的习惯以及制度、国产物，如果不适于今日国家的发展，都可以破除之。文明方面如果不利于同泰西诸邦比肩驱驰，则尽可舍弃，岂能留恋旧物而误国家千万年之大计。”

可见，三宅雪岭的国粹主义文明论是站在理性的合理主义的角度，无论是本土文化还是外来文化，一切以“是否有利于国家发展”为取舍标准，强调东西方文明的融合、协调。

三宅雪岭主张重新认识亚洲传统文化的价值，强调日本要成为亚洲的文化领袖，为世界文化做贡献。而志贺重昂的思想与三宅雪岭形成非常好的互补。他在考察了东南亚国家后，特别警告日本，莫要走东南亚国家“东施效颦”的老路。《南洋时事》是志贺重昂的成名作，在这部作品中，志贺重昂以南洋土著人在欧美列强的势力扩张下所遭遇的“失去自我”的悲惨命运为鉴，强烈主张日本应依据生物进化的根本法则，保存本民族的势力和“固有禀赋”，以维护日本的独立，而不能一味地崇拜和迷信西洋，以免重蹈南洋土著人的覆辙。

美国的门罗宣言令美国从少年走向成年，成为地域盟主，而以新国粹主义为代表的日本“门罗”，也正是由于他们的出现，才使得日本在明治、大正时期能够保持东方传统文化与西方近代文明的平衡，走上独特的发展道路。清末民初，大多中国人认为日本是个西化国家，但是同时又不否认，日本是东亚国家中保持东方文化传统最好的国家。在进化中保持国学，和以国学抵抗进化，这是日清两国在19世纪末端的不同表现，也自然得出了两种不同结果。

日本的“国粹主义”阻止了日本的全盘西化，令日本找回自我。而且，客观上还起到了美国门罗宣言式的作用，使西方列强对东方用武时，不得不忌惮这里还有一个与他们比肩的可畏后生。

4. 平分中国——日俄战争的东方预言意义

如果说“三国干涉还辽”事件刺激了日本文化觉醒。那么,随后发生的又一起重大事件,则激发了日本文化的超越,令东方人找回了些许文化自信。

这起事件就是日俄战争。其时日本历史学者把这场战争,当作世界史的转折点、日本命运的新起点。在从胜利走向胜利的日本,以“神道”开路,开始形成并受用西化加神道化的“日本主义”。

携明治维新和日本主义之勇,弹丸小国日本完胜横跨欧亚大陆的大北极熊,俄罗斯有史以来,第一次作出割地认输的让步,南库页岛纳入日本怀抱。经过这场战争,俄罗斯患上严重“恐日症”。拱手将东洋第一把交椅让给了日本坐。

日俄海战

日俄战争的胜利,可谓对“日本主义”的完美验证。

关于日俄战争的意义,各种历史书籍已经讲得够多,但是它对东洋及其中国命运的“预言意义”,却提及得不多、分析得不够。

就当时清廷而言,那场在本国领土上鏖战的两大邻国的对打,不仅是耻辱,而且是行将“被肢解”的“预演”。

日俄战争以俄国战败，与日本平分中国库页岛为结束。交战的是俄日，战果却是中国领土。其“战略意义”及“预示作用”不可小觑。

从战略上讲，日俄战争是俄日亚太战略的一个分水岭。战前两国是对手，战后对于侵略中国，日本和俄国达成了“默契”，总基调由“对掐”转为“密切合作”。之后俄国即成为日本侵略中国的好帮手、好伙伴。为“分割中国”，俄国与日本先后缔结过4次密约。

而日本这一方，也对俄国默契分割中国“投桃报李”。俄国十月革命后，俄国形势大变，日本制定了进军西伯利亚援助白俄政策，并且拉上中国。在日本威吓之下，中国北洋政府于1918年5月16日签订了“中日陆军共同防敌军事协议”，5月19日签订了“中日海军共同防敌军事协议”。其内容主要是：中国支持日本并和日本一起与苏俄作战，扑灭苏俄革命。

日本为何由抵触俄国控制中国转而拉着俄国分割中国呢？

这就是日本人的精明务实所在。前文已述，甲午战争结束后，战胜国日本眼看将要得到梦寐已久的中国辽东半岛，但是，“三国干涉还辽”，却让日本空欢喜一场。而在“三国干涉”中，法国和德国只是“友情出演”，领衔主演、叫得最欢的是俄国。

日本军人和学者将“三国干涉还辽”事件视为日本的一大耻辱而耿耿于怀，当时著名学者德富苏峰曾经登临辽东半岛，很不甘心地用手帕盛住旅顺口的沙土，作为日本“憾失”辽东的纪念。回国后，他配合日本政府的扩军备战方针，在报刊上大造“十年磨一剑”，必报“还辽”之仇。

10年后，日俄战争令日本一雪前耻，但是世界都知道日本是“惨胜”。经过这场战争，日本意识到在侵华的道路上，无法一脚踢开势大力沉的北极熊绊脚石，与其“俱损”，不如“俱荣”。于是，“抢吃”就变成了“分享”，“对掐”就变成了“合作”。

日本与俄国平分中国的想法，自明治维新就萌发出来，到日俄战争成型。明治维新时期日本有一个颇有影响的参议叫江藤新平，他曾发表过颇有影响的文章——《支那南北两分论》。文章认为，中国虽然版图很大，但气数已尽，不可救药了，日本应该联合俄国将中国瓜分掉。瓜分后中国北部让给俄国，南部归日本所有。

无疑，日俄战争是两大恶邻“平分中国”的一次预演。而对于日俄战争中保持“中立”的清政府，却自始至终陶醉在“以夷制夷”的沾沾自喜中，这完全是麻木的猎物惨遭围猎前的不知死活。

5. 致命的隐患——“德粉”日本的“民族优劣论”与“半拉子宪政工程”

当日本“一战”成名，奠定了“国联五强”席位之后，“东方霸主”地位已将不能满足其胃口。踌躇满志的日本，准备迈向“征服全中国乃至全世界”的更高台阶。

众所周知，日本在明治维新学习“洋才”的具体过程中，选择的是“德才”。日本君臣为何钟情“德国模式”？因为近代德日，除了形似——忠君体系，还有神似——都拥有“民族优劣论”。

但是，其实日本所选择的这条道路，喜忧参半。喜的是这条路令日本“飞速崛起”，忧的是日本与榜样国埋下了同样隐患。

(1)走德国人的路

明治维新的功臣伊藤博文，虽然年轻时就被英国“君主立宪”深深吸引，但做了日本首相后，还是就日本具体走什么道路陷入苦苦冥思。

身为“总理”的他，带着“教育部长”森有礼走遍欧洲各国，寻找最适合日本的发展道路。譬如在国民教育上，他首先尝试了英国模式、法国模式，但都没有取得预期效果，甚至后来还尝试了美国模式，也没有成功。

最后，普鲁士德国的出现，令日本这些政治精英眼前一亮。

1882 年，伊藤访问了德意志帝国。在那里，他拜访了很多德国学者。柏林大学的古纳斯伊特告诫伊藤，那些向英国、美国、法国等国学习自由的人将会把日本引入歧途。日本应该和德国一样，树立君主权威和君主国家一体化。

伊藤在德国考察的时候正是普鲁士统一德国的时候。当时的德国正以“先军政治”和“教育应服从于政治”推进“德式文明”进程。

通过和德国学者的交流，伊藤决定把普鲁士作为学习的榜样，将德国模式列为日本近代化的“主板模式”。

普鲁士德国搞的什么“文明模式”？那就是后来居上的国家主义。简而言之，就是君主宪政、限量民主。帝国首相俾斯麦主持下完成的《德意志帝国宪法》的主要特点是帝国中央权力广泛，带有浓厚的专制主义和军国主义色彩。虽然国家有议会，议员由选举产生，但政府和军队不需对议会负责，而是效忠国家君主。君主不是虚君，仍是国家实际最高领袖，拥有国家最终决策权的是首相和君主，而非国民议会。

伊藤博文对德国宪法一见钟情，因为该宪法宣布国王神圣不可侵犯，保留了君主专制的全部基本特征，太符合日本国情了。此模式既可发挥日本国民活力，又可帮助树立天皇的绝对权威。如此立宪确立国家根基，何愁日本不强？

日本从1868年明治维新到1889年颁布宪法，宪法空白达21年之久，其主要原因是倒幕运动没有一个明确的纲领，所以尽管明治政府已确立了向“洋才”学习的方针，实行宪政乃大势所趋，但明治政府仍拖而不决，以便寻找一个学习样板。以致举国21年间处于“国家大法饥渴中”。

对于日本来说，《德意志帝国宪法》就像是一场及时雨。德国宪法与德国模式令日本内阁如获至宝。“总理”伊藤与“教育部长”森有礼决定“以德国为榜样”，奉行立宪国的国家主义政教和军事结构。

考察回国后，伊藤博文立即向明治天皇陈述发现，天皇与其一拍即合，伊藤被任命为宫内大臣，下设宪法起草委员会，负责起草宪法。1888年宪法草案完成。1889年2月11日，明治天皇召见群臣，宣读宪法，《大日本帝国宪法》由此正式颁布。

有学者经过比照后发现，该宪法除第一、三十一和七十二这3条是日本独创之外，其余多达46条与普鲁士及德意志各邦的宪法类同。宪法的“天皇总揽大权”“内阁从属天皇”“军事统帅权独立于内阁”三大特点，更是得自《德意志帝国宪法》之真传。

上什么山唱什么歌。国家主义的“德国模式”在日本施行10年后即获得极大成功，明治维新后日本军事力量大增，这很大程度是“德才”催化结果。以德国宪法为规，日本提出“富国强兵”的口号，效法德国，优先发展军事工业和扩充军备，工业增长创造了32%的世界奇迹。德化之日本短短十几年内大大改变了工业落后的面貌，从封建农业国一跃而成为近代工业国，迅速跻身于世界强国之列。

德国模式不仅让日本“富国强兵”成功，而且还取得了教育成功。

德式教育强调以增强国家的实力为目标，加强政治对教育的统治。当时的德国教育家认为，与其把国民作为人去加以尊重，不如靠教育来保证国家的繁荣和富强。德国在教育方面实行双轨制，杰出的人才可以享受自由的教育，最后进入大学，而一般大众则只能受到普通教育。日本引进了普鲁士的双轨制，把精英教育和大众教育区分开来。师从“德才”的日本“国体主义教育”包含三个要点：为了国家富强而办精英教育；为了维护国家政体而实施“国民皆受军事训练”的教育；在学制上，主张“以国家办学为主”。

为了把军国思想渗透到学生的意识里，日本比德国做得还彻底——他们把师范教育学生的生活全部军事化，让学生都穿军装，1888年的时候强制教师也都穿上统一样式的军官服。

以1900年《教育敕语》正式颁布为标志，“德才”开了日本教改成功先河。按照德国教育模式照方抓药的结果，使日本“国体教育”取得辉煌成果。

从1889年颁布“德式宪法”，到1945年二战结束，日本受用了“德国模式”大半个世纪。在这大半个世纪里，大和民族的才华超强升级，形成所向披靡的“东洋之才”。“德才”给大和民族注入了“军国宪政”的“特别激素”，使日本从军事到教育，扶摇直上九重天。

（2）“德国模式”助日本“一战”成名

20世纪初叶的国际世界，出现了崩溃迹象，整个世界就像一个面临解体的太阳系，民族沙文主义与社会达尔文主义主宰了世道，将世界变成一个你死我活的斗兽场。那些大国们拥有一个共同的信念——“一个种族为了生存必须具备侵略性”。“那些优先采用了文明制度、先进技术和自由价值观的国家，注定要支配国际环境；而那些没有做到的国家，则面临殖民甚至灭亡的危险处境。”

为什么会出现这种情况？除了世道的丛林化，还有时局的变迁。

其时世界已无老大。老迈的英国，其霸权在世纪初瓦解，所有的大国都急于“卡位”。尤其是翅膀渐硬的德国，非常想成为新的世界霸主。而有“东方德意志”之称的新兴日本更是摩拳擦掌，跃跃欲试，以图在世界范围内大显身手。

在这种局势下，两个没有道义是非的军事同盟——英法俄日主导的协约国与德奥主导的同盟国就此诞生，战争因一起偶然事件爆发。

一战是西洋文明世界的一场崩溃悲剧，但却是“东洋新主人”日本的成名曲。

这是一场无关道义的战争，交战国一切为了本国利益最大化。甚至师徒之间，也因为利益拔刀相向。世所共知，日本近代心向普鲁士，从宪法和军事上而论，德国无疑是继中国之后的日本拜过的第二位文明导师，但在“猎物”面前，学生也顾不了那么多了。

1914 年 8 月 23 日，第一次世界大战爆发不到一个月，日本政府便正式向老师——德国宣战。同一天，日本海军第二舰队封锁了中国胶州湾海口，向驻扎在那里的德军开战。日军兵分两路向山东出兵。一路由神尾光臣中将率领，于 9 月 3 日在山东龙口登陆，目的是从青岛背面袭击德军；一路由加藤定吉中将率领，于 9 月 18 日从崂山仰口湾登陆。9 月 18 日拂晓，日本海军的几艘舰艇驶到仰口滩外的大关岛，然后向德军驻地王哥庄方向开炮。

此役日军总共派出两万三千余的地面部队，配备了大炮等武器，同时海军也加入战斗。而德国的青岛守军只有几千人，日军与德军的比例大约为 6:1。但就是这样的力量对比下，日本还是领教了高于清军、俄军多少倍的德军战斗力。日军遭到德军疯狂抵抗，战斗持续了近三个月。直到 1914 年 11 月 7 日，日军终于攻占了德军的中央堡垒——东镇炮台和海岸炮台，德军的陆上防线全线崩溃。

11 月上午 7 时，德军代表同日军代表在东吴家村会见，接受了日军提出的开城的要求，签订了停战条约。11 月 10 日，日军正式接受德军投降，进入青岛市区，11 月 16 日宣布对青岛实行军管。历经百日“浴血奋战”，日本终于直接在中国的地面上从德国人手中抢到了青岛的控制权。

青岛战争结束四年后，一战以日本这方的协约国胜利而宣告结束，新兴日本打败了新老师，占据了老老师新土地，“一战”成名。捞足战争好处的日本胃口大开，“再打一场”的战争欲如湖中蔓草一般疯长，摩拳擦掌的他们准备在新的“世界大战”中再显身手。

(3)致命的体制隐患:“德粉”日本的“半拉子宪政工程”

如上所述，从明治维新到二战前，日本最服的国家只有一个，它不是中国，也不是美国，而是普鲁士德意志。

一战使日本成为远东战场的最大赢家，“大日本帝国”的“强国梦”似乎已经实现。日本人的爱国心此时表现得十分狂热，而德国老师留下的军国体制的危害却被忽略了，它随着极端民族主义一同野蛮生长。

凡极端之物，大都衍生愚昧、浅薄、狭隘、粗暴，所以军国体制一旦与极端民族主义结合，那么无需史学家施以“妖魔化”笔法，其结果必生妖魔。

一战后的日本，没有因为德国的战败而放弃德国模式，相反，随着战后“超人”希特勒打造的“德意志第三帝国”的崛起，他们对德国军国体制的崇拜更加深了。

30 年代，日本文部大臣桥田邦彦、鸠山一郎(2009 年担任日本首相的鸠山由纪夫祖父)都是“德粉”“希粉”(德意志第三帝国希特勒的忠实信徒)。鸠山一郎著有《世界之面貌》一书，书中希望日本继续效法德国，强化德式体制。

30 年代日本驻纳粹德国大使大岛浩，也是希特勒的崇拜者，由于他对纳粹党意识形态的执迷信仰，希特勒称他为“具有钢铁意志的真正的纳粹党人”。

其实，无论是一战还是二战前，就当时国家体制而言，相比宪政国鼻祖英法，德国和步德国后尘的日本，是相当不完整的宪政国家——他们所打造的是“半拉子宪政”工程。其民主中带有专制，文明中夹带野蛮。他们的民族素养无疑很高，一个民族有很高的文化教养、“行为严谨”“举止自律”“品质廉洁”，确实是值得骄傲，但这绝不能保证整个民族不会误入歧途，也不能保证这个国家在极权的体制下,不会做出危害其他民族和国家的罪孽来。

体制比素质更重要,民族素质和国家政体有时不是必然的有机体,素质高的民族拥有一个坏体制,也一定不会学好。一战后,“德粉”日本没有吸取一战德国教训,反而与德国体制更加神影相随,浑然不知苦果将至。

(4)致命的思想隐患:民族优劣论

日本偏爱德国之路,除了军国体制符合国情,还有一个思想隐患,那就是与德国大脑一样,日本人的脑子里也拥有“民族优劣论”。

德国历代政治强人,坚信日耳曼民族是“世界最优等民族”,而日本的强人也坚持认为,“世界最优等民族”应该加上大和民族。

与“优等民族论”相对应的,当然就是硬币的另一面——“劣等民族论”。德意志第三帝国把犹太人、罗姆人看作劣等民族,“大日本帝国”也不屑地将周边中国人朝鲜人视为无法比肩日本的劣等民族。

即便在崇拜西洋的近现代,日本也未失去“优等民族”超强的自尊心。活跃于20世纪初叶,以远藤隆吉、芳贺矢一为代表的日本一部分国学家认为:失去了优秀感,也就失去了日本人的资格。远藤隆吉在《日本我》中写道“西洋有西洋的特征和长处,东洋有东洋的特征和长处”,“西洋的长处固然应该取之,但西洋的特征却不一定要取之”。强调“日本人在其精神中有一种核心信仰:我是日本人,日本是世界上卓越的国家”。

如果仅从批判本国人对西洋的崇拜来说,远藤隆吉的“日本人优秀论”似乎有一定的道理,但如果以此作为歧视其他民族的理论依据,则具有明显的反人类倾向,就会偏离正确轨道了。

不少持“日本人优秀论”的日本国学家把本民族看作完美无缺的民族,从人种到历史传统都大加颂扬,蔑视和贬低其他民族。他们认为,大和民族的体质容易适应外国的风土,人种是最优秀的,因此经受得了对外征战,有帮助世界发展的责任;日本历史上的立君制度极善极美、地理文物纯善纯美,形成了日本的国体和人情,元首和国民如父子般亲密,相互敬爱之情极深,平时恭俭慈爱、勤勉、服从,紧急时举国一致,献身牺牲上战场;武士道表明日本人有忠孝、节义、勇气、廉洁等特性,是国民性卓越的证据。甚至好战也被他们说成是日本人的长处——好战是因为日本人喜好竞争，而喜好竞争则是因为喜好进步，所以日本人是天生的进步民族。

基于此，日本一些学者认为：这样优秀的民族自然有权统治其他民族。诸如写出《日本国民的真精神》的天眼子就主张对外政策也要践行“国魂主义”，“向海外伸张我国威国风，扩充日本化之领域”，“进取经略非仅限于派遣兵队，割占他国，而应将我国之语言、风俗等有关我国风貌，尽可能向外国扩充之”。

可以说，出自“民族优劣论”的种族主义在日本此间深深地埋下了种子。他们一边盛赞欧洲人种优秀，“现在，欧洲人的藩属地、殖民地之多，已经占有了亚洲、非洲、澳洲、美洲的一半。照此趋势，百年内外，世界必然完全为欧洲人所有，而且下等的人种逐渐被压倒灭绝。今后，欧洲人种越发成为优秀的人种”，一边强调“我日本人绝不是劣等人种……与欧洲人同是上等人，是和欧洲人一起横行于世界将天地万物归我所有的伙伴”。

日本“优等民族论”另一个代表人物芳贺矢一，在《国民性十论》中虽然也提到日本人“缺乏奋斗努力的精神，欠缺雄大豪壮的气质”等缺点，但重点还是洋洋洒洒举出了十大优点：“忠君爱国、崇祖先重家名、现实实际、爱草木喜自然、乐天洒落、淡泊潇洒、纤丽纤巧、清净洁白、礼节作法、温和宽恕。”其核心内容是把所谓的“国体”和“国体观念”看作日本人国民性的根本。与之呼应的远藤隆吉甚至声称此乃“日本能卓越地迎来今日隆盛之原因”。

这些“日本优秀论”的鼓吹者将所有的眼力都盯在了“日本隆盛”上，却丝毫没有察觉到“国家主义”“民族主义”发展到极致，可能为日本带来灭顶之灾。

第九章

后生可畏——西洋亦出“优生儿”

如果说,先习唐宋文明,后习西洋文明的日本,是东方独一无二的“优生儿”的话,那么大西洋那面,也有一个更地道的西方“优生儿”。

正当“东洋新霸主”日本所向披靡、脚踩东半球、傲视西半球时,西洋文明的主角位置也发生了悄然变化,“世界总督”大英帝国进入“老龄化”,“英才”虽然没有完全落伍,但“老者”显然已经无法领跑。一个与英国有着“血缘关系”、名唤“美利坚”的“后生”当仁不让地接过了“领头洋”接力棒。

1.西洋“优生儿”

对比英国,美国究竟有什么更值得炫耀的领导世界的优势呢?

很多人称美国是“没有历史包袱的国家”,这没有错,但说他们“没有传统”就不准确。世上没有无源之水无本之木,任何一个国家的“基因”都不是从石头缝蹦出来的。毋庸置疑,美国的传统就是英国。翻看历史卷宗,可以说,英国是美国的“娘家”,“美才”里流淌着“英才”血。美利坚是世界最大移民国家,而“原移民”的主体,就是盎格鲁撒克逊人——来自英国的“领导”及其家属。

缔造美国的国父华盛顿年轻时的梦想就是成为一名正式编制里的英国军官。追寻“英国梦”期间，华盛顿参加了英国对法国争夺殖民地的七年战争，那时他代表英国，法国是其敌人；在领导北美殖民地独立战役中，他的敌人是英军，此时他得到了法国的帮助，盟友与天敌又调了个儿。

世所公认，华盛顿的伟大，不在于他的军事才华，而在于他的品质高度。他是第一个带领本民族独立却不贪恋职位的领袖，他不想做奴役本国国民的君主，也不想做征服别国的狼王，他想做个永远的伟人。

美国曾是大英帝国一块“温和统治”的殖民地，华盛顿的建国思想，追本溯源，还是英国的政治文化。而后经过独立战争、华盛顿的提炼，构成了独具特色的美国移民社会政治文化，主要体现为：平等和人权原则、自由主义的价值观——这就是“美才”的萌生过程。

显然，在美国人眼里，自己是个“优生儿”。虽然出生伊始，整体国力与“娘家”大英帝国无法相提并论，但至少有两个“软件”方面的优势一出生就走在“娘家”前头——

其一，政治制度。宪政是17世纪英格兰人的发明，而18世纪末叶出生的美国一下子就把它提到“三权分立”的高度。如果说发明宪政的英国是“高中水平”，那么美国的宪政，一亮相，就是“大学本科”。

18世纪末，对于许多国家而言，美国是个新世界。但美国人几乎具有一种“先天”的优越感，这种优越感，与“血统”、人种无关，而是源自国家政治制度的高起点。

其二，领导人。在美国人眼里，英国女王是无法与他们的国父华盛顿总统相提并论的。缔造美国的第一人华盛顿，在美国被视为“圣人”，他主动辞官、不做国王的高风亮节，是终身制的女王无法比拟的。

当然，这里还有法国人的贡献。从时间上讲，美国的宪政比法国还早，法国的民主革命发生于美国独立战争20年后，但是美国的建国思想却深受法国启蒙家影响，《独立宣言》发表于《人权宣言》之前，最早演练了“孟德斯鸠梦”，确立“三权分立”民主宪政。

可以说，美国政治，传承于英，受益于法。《权力法案》—《独立宣言》—

《人权宣言》,三点一线,构成近现代西洋世界的政治主流与正统。

所以,基于上述原因,说美国是大英帝国的“华丽转世”也比较贴切。他们的“特殊关系”超过东方的中国和日本,那不是新旧文明割裂,而是同一个文明体系里的“传承”与“升华”。听听美国国歌“星条旗永不落”,与“日不落帝国”梦想何其神似——两个“不落”异曲同工,一个“出于蓝胜于蓝”的可畏后生呼之欲出。

2. 超越英帝国——美国发明了“新征服经”

西洋文明的主体国、19 世纪的“世界老总”大英帝国,为什么会在 20 世纪中期衰落?

除了不可避免的“盛极而衰”客观规律,以及独特的地理因素——英格兰是个岛国,无法将征服地从大陆上连成一片,大英帝国对征服地的统治方式,也是促就帝国早衰的重要原因。

回顾世界征服史应该承认,比在征服地只留下尸骨与马粪的蒙古帝国,大英帝国于殖民地而言,已经算得上“较好的统治者”。他们相对温和、不嗜杀。

但在两点表现上,大英帝国与历史上的那些殖民帝国大同小异。

首先是贪婪。大英帝国被称为“垄断帝国”,在巧取豪夺占有他国财富充实本国国库这一点上,他们与历代殖民帝国没有区别。

第二是傲慢。虽然他们没有像蒙古帝国那样,把被征服地区的人分四等,但这并不表明他们对当地人一视同“人”。他们在国内奉行民主,善待本国人,却在被占领国家享受特权,轻慢他国人。

英国对印度的统治,一直被看作是征服者的温和典范。自 1757 年印度与英国爆发普拉西大战、印度战败之日起,英国就对东方这个古老国家进行了长达 200 年殖民统治。回顾这段殖民史,客观地说,英国是比莫卧儿征服者文明程度更高的外来统治者。他们使印度第一次获得超越印度教的强大外力,形成文明“助推器”,古老印度的确由此吸取到一些西方民主社会的营养,推动印度走上民主世俗社会。

然而，无论英国在印度实施多么温和的政策，都无法消除印度人的敌视和反感。在如此温和的统治者面前，印度人还是坚持要独立。为什么？就是因为英国上述两点表现，严重打击了印度赖以自豪的民族精神。印度是印度人的印度，还是英国人的印度？英国总督给不了几亿人一个准确答案。

好东西自家用，野蛮人不配享受民主——这是英国殖民世界一开始就奠定的统治基调。这个基调成为他们最终失去世界文明中心地位的主要缘由。所以，从这个角度上也可以说，大英帝国的衰落是其在文明成果上“吃独食”导致的结果。

尽管可以师徒相称，但学生的理想和水平超越老师者大有人在，在“征服世界统治世界”的方式上，美国的做法就与英国大不同。

20 世纪初，“世界总督”英吉利开始退场之后，世界文明的主体舞台一度出现真空状态，列强混战的第一次世界大战就是在这种情况下发生的。欧洲“后起之秀”德意志意欲填上这个位置，但最终稳稳填补这个真空的却是英系北美殖民地上的“后起之秀”。

作为“领头洋”——“领袖国”接班者，美国海外做派与西洋前辈截然不同，她不想走殖民老路。这与她的出身有关——美国本身就是殖民地争取的独立国，不能像英格兰对付自己那样对付他人。

在文明上不能“吃独食”，只有“众文明”，本国领导权才有保障——这是新生美国从衰落英国那里得出的深刻教训。

基于此教训，西洋“后生”推出了“新征服经”——对于征服的领土，要么纳入联邦，要么让其独立，自己来领导。

美国刚成立时只有 13 个州，后来达到 51 个。这里，除了体现出英国不具备的地缘优势——实现了 51 颗星的美国东邻大西洋、西临太平洋，是个横跨东西两洋的海陆大国，具有吸收美洲领土甚至世界海域的相当张力，这是岛国英格兰所无法媲美的，而且，还验证了推行“众文明”的美国对外的吸引力和凝聚力。

在推出“新征服经”过程中，美国的立国之本《独立宣言》起到了至关重要的作用。手举《独立宣言》的美国人，对于被征服的国家，不仅不阻碍其独立，反而帮助其独立。

就拿美国对菲律宾的统治来说，由于地理因素，不可能纳入联邦中，但美国也没有按照英国殖民的套路来，不是压制其独立，而是辅助其独立。

崛起于20世纪的美国，于世纪初帮助菲律宾摆脱了西班牙殖民统治。接管菲律宾后，美国面临一个重大课题：

如何保持美国人自独立以来一直尊崇的美国精神和反殖民主义传统，以维持美国形象，又能把握菲律宾按照美国的意愿建设？

早就意识到了“老式殖民法”严重缺陷的美国，决定不走英格兰的老路，在菲律宾另辟一片征服者的新天地。

具体做法是：在菲律宾建立文官政府，帮助菲律宾实现自治。

1901年7月4日，以美国第一任菲律宾总督塔夫脱为首的第一届文官政府在马尼拉宣誓就职。但是这位从美国司法部长位置转来的总督在就职典礼上就表达了与西班牙总督不同的意愿：

> 尽管群岛的自由是掌握在美国国会手中，但总统所做的每一件事都是尽可能为菲律宾人的独立作准备。

不是压制民族独立，而是主动培植民族自治独立。美国的政治理想超越英法。从1901到1935年的30多年中，历届“过渡政府”尽管施政的风格不同，但总的来说都没有违背让菲律宾人逐渐实现自治这个总原则。

对于美国的新做派，菲律宾学者格赛义德给出了如下评价：

> 菲律宾人为了自由而战斗过，可是失败了，菲律宾人除接受美国的统治以外，没有别的法子可想。对他们来说，幸而，养育在民主传统中的美国和君主制的西班牙相比，是一个较为宽大的统治者，他们有福气得到民主和美国文明的开明影响。

在任职期间，塔夫脱公开宣称他完全不赞同英国、荷兰和法国人对殖民地事务的处理方式。他极力反对继续利用军队来处理菲律宾事务,要求尽快撤走大部分军队。同时反对美国商人要求在对菲律宾贸易中拥有的特权,塔夫脱因此而受到美国商人的强烈指责,说他对菲律宾实行的政策是理想主义、利他主义的政策,不符合美国利益。

塔夫脱对这些指责不予理会,他宣称,他所做的一切并不是为了迎合“已腐化的美国商人”的利益。他强硬地说:“如果这些美国人不喜欢他的政府和法律,不愿意服从这些法令,他们可以乘下一班船回美国去。”与此同时,塔夫脱提出了一个著名的口号:“菲律宾人的菲律宾。”

1907 年,菲律宾举行了第一次立法议会选举。菲律宾人奥斯梅纳被选为议会议长,奎松担任了议会多数党领袖,他们成为 1935 年自治政府成立时的第一任总统和副总统。

美国在菲律宾 30 多年的统治,使菲律宾政治发生了巨大的变化。美国人第一次把美国式的三权分立政治模式输入他国,彻底终结了西班牙殖民者在菲律宾的封建专制、政教合一的统治方式。菲律宾人逐步得到民主选举等政治自由。

美国 30 多年的统治使菲律宾人变为一个英语民族,美式英语成了菲律宾人最一般的社交语言,学校教育完全英语化。“美国文明的影响使菲律宾人的生活发生了巨大变化。年轻一代起了美国名字,如富兰克、汤姆、玛丽等,他们玩美国游戏,跳美国舞,唱美国歌,吸美国纸烟;喝美国饮料,吃美国食物,看美国电影,很多美国风俗习惯为菲律宾人所采用。如庆祝华盛顿诞辰、感恩节、圣诞节、吃火鸡等。”美国的“新殖民法”初试锋芒便在菲律宾大获成功,直到今天,美国文化和生活方式仍然是菲律宾人追求的时尚。

当然,美国的“新殖民法”并非等同于“放任自流”,他们虽然帮助他国独立,但会不时“纠正”他国内政。从美国对菲律宾的统治看,政治上,美国允许菲律宾人实现自治,但对菲律宾内政的干涉却从未中断,从菲律宾的第一次选举,到独裁者马科斯下台,美国政府都充当了幕后推手,从而始终保证菲律宾按照美国设计的“正确的轨道”前行。

总之,在美国“新征服法”出台后,菲律宾成了她的世纪实验。这种实验的效果，既能满足美国不当“世界总督”的立国精神，又能帮助其实现“世界领袖”的长久志愿，何乐而不为！

因为美式菲律宾试验立竿见影，所以美国的这种“新征服法”或曰“新殖民模式”，后来为西方各国效法，转而向这个后生学习“领导世界之道”。

而在20世纪初叶，通过美国对菲律宾的“新征服经”，旁观他国不难得出下一步推断：这个西洋后生很可畏，注定要在这个世界大有作为。

3. 西洋有了新领袖——山姆大叔的“世界正统”之旅

（1）山姆大叔的精神本质

> 美国好像是一只巨大的锅炉，一经在它下面生起火来，它就能够产生无穷的力量。

这是活跃于一战前后的英国外交大臣爱德华·格雷对美国的评价。如何诠释这个“锅炉”喻体？

我想，不如拿大家更熟悉的美国代表符号来说起。

众所周知，美国的国家精神符号是深入人心的“山姆大叔”。如果说美国是只大锅炉，那么他应该就是点燃美国的“烧锅炉大叔”。

对于拿“山姆大叔”称呼美国，也许有人迷惑不解：一个只有一两百年历史的年轻国度，为何以“大叔”自称？

要搞清这个问题，先要弄清“山姆大叔”来由。

高个子，白头发，头戴饰星高顶帽，身穿燕尾服条纹裤，虽白发苍髯，却精神矍铄，一派威仪……这就是美国画家弗拉格在两次世界大战征兵宣传海报《我要你加入美国军队》上所描绘的“山姆大叔”。

这个“山姆大叔”的原型，是美国独立战争时期纽约的一位包装商，名叫塞缪尔·威尔逊。他诚实能干，富于创业精神，在当地很有威信，人们亲切地叫他“山姆大叔”。在美国为独立而战的第二次英美战争期间，他担任纽约州和新泽西州的军需检验员，负责在供应军队的牛肉桶和酒桶上打戳——“U.S”，凑巧的是，“山姆大叔”的缩写也是“U.S”，“U.S”就是“山姆大叔”。以讹传讹之后，“山姆大叔”名声大振。直至画家把他形象化，“山姆大叔”成了最受美国人欢迎的国家象征。

山姆大叔

弗拉格在画“山姆大叔”海报时，有意把“山姆大叔”塑造为国家人格。弗拉格创作的山姆大叔海报在两次世界大战中，被美国陆军征兵宣传局广泛使用，散发千万张，可谓历史上印制数量最多的海报。在鼓舞士气之感召力与凝聚力方面，发挥了难以估量的巨大作用。美国人把“山姆大叔”诚实可靠、吃苦耐劳以及爱国主义的精神视为本民族的骄傲和共有的品质。

基于上述深入人心的原因，1961 年美国国会通过决议，正式承认“山姆大叔”为美国的象征。

当然，美国“国家形象”的表述方式，有政治、文学、影视多种，“山姆大叔”登上的是漫画版高峰，而在文学表述中，与“山姆大叔”好有一比的，是“桑提亚哥”——《老人与海》里的主人公。

《老人与海》是美国作家海明威的杰作，桑提亚哥是小说中所描写的敢与鲨鱼殊死搏斗的老渔夫，他无与伦比的力量和勇气，坚强乐观的精神与不屈信念，成为美国“国家形象”与“国家精神”的文学标志性表述。

桑提亚哥是海明威所崇尚的坚不可摧的精神力量的象征：坚强、宽厚、仁慈、充满爱心，即使在人生的角斗场上失败了，面对不可逆转的命运，他仍然是精神上的强者，是“硬汉子”。

美国人精神力量需要弗拉格、海明威这样的艺术家不断给予人格塑造。

所以，当海明威悲壮辞世后，肯尼迪总统致唁电称："几乎没有哪个美国人比欧内斯特·海明威对美国人民的感情和态度产生过更大的影响。"进一步肯定了他所塑造的国家形象与精神——"老人与海"身影。

无论是《我要你加入美国军队》中的山姆大叔，还是《老人与海》中的桑提亚哥，都是"据有超级力量与超级速度的老头"。年轻的国度，崇尚顽强的老人，这与美国的立国精神一脉相承。

美国国家形象以老人形象为载体，旨在赞扬男性硬朗精神，并强调精神传承。山姆大叔不光帮助美国民众建立起了勇气和信心，而且还是一种不死的精神象征，表明美国精神生生不息，薪火相传。

注重薪火相传的国家里，老人是最有号召力的，他能给年轻人以不老的精神力量。正如《老人与海》里，孩子准备和老人再度出海，他要学会老人的一切"本领"，"打不败"的精神代代相传。

"山姆大叔"与"老人与海"代表的"国家形象"与"国家精神"，在美国对外战争中成为精神动力之源。美国青年人平时很少高呼爱国口号，可在对外战争中特别勇敢顽强，在战场上擅自建制、叛变投敌或临阵脱逃的现象极少——因为山姆大叔、老渔夫桑提亚哥都在看着他们。

（2）西洋新领袖——山姆大叔的"世界正统"之旅

二战前的美国，无意"领导世界"，可谓世界最大"中立国"。

"中立国"转身"领袖国"，皆因太平洋战争爆发，日本人打到美国"大前门"，抽冷子给看热闹的"中立国"一击重拳，令美国改弦易张，由观望转参战，由参战转主导。

我们知道，二战时反法西斯同盟一共 52 个国家，其中有老牌帝国英法，也有新兴的中国、苏联，为什么他们自觉不自觉地都公举美国坐"头把交椅"，心甘情愿接受其"领导"呢？

其时国际舞台，发生了一个耐人寻味的变化，那就是法国与美国"西方盟主"地位的转换。

二战前，法国与英国一道，在西方世界占据"正统地位"。一战后的巴黎和会上，法国出尽风头，有"老虎"之称的法国总理克列孟梭对世界各成员国指手画脚,哪个国家拥有几个席位都需他首肯,俨然“世界盟主”。

但是到了二战时,法国的地位一落千丈。收官二战的同盟国雅尔塔会议上,法国连参加会议的资格都没有,戴高乐将军只能在门外枉自兴叹。美法“轮转换位”,“高卢雄鸡”成为“山姆大叔”的陪衬。

三十年河东三十年河西。在历史上,法国不仅做过世界“副总”,而且还做过民主国家的“领头羊”。美国的国家象征物“自由女神像”,就是法国在美国百年国庆时送给美国的。那时,美国对法国的态度,颇为敬服,对“世界先生”的礼品,欣然接受。

然而,“世界盟主”毕竟要靠实力来说话。二战迅速亡国的法国从世界得到的,更多是同情而不再是诚服。这个昔日“世界盟主”,在二战期间的国际地位,不仅无法企及美国,甚至不如中国,虽然中国抗日也有打得不好的战例,但是毕竟抗住了百万日军的进攻,终究没有亡国。

实力不济的法国再以“正统”说话时,显然底气不足,不可能得到世界的拥戴。

可见,战争年代,无论什么政治集团,要取得领导权,两个要件不可或缺:1. 占据道义制高点;2. 雄厚的物资实力——主要是军事力量和经济财力。

正义须靠纲领和财力实现。一个国家要想让世界“服”你,也必须要有这“两手硬”。美国在二战期间,奠定西方盟主,乃至同盟国“正统地位”,走的基本也是这个路数。美国在当时世界两项第一无人企及:一是道义旗帜举得最高,二是物资实力最雄厚。

美国虽然是受日军偷袭被迫参战,但是她打出的却是“拯救世界”的旗帜。在罗斯福总统那篇著名宣战演讲中,直接给出美军参战的意义——

> 我们现在处于一场战争之中,不是为了征服,不是为了报仇,而是为了这样一个世界:在这个世界上,我们的国家和我们国家所象征的一切都将对我们孩子是安全的。我们期望能消除日本的威胁,但是,如果我们做到了这一点,却发现世界其他部分则由希特勒和墨索里尼支配。那就对我们没有什么好处……

罗斯福总统的这句话，是告诉包括美国人民在内的世界人民：美军不仅要同打到美国家门口的日军作战，而且还要与没惹美国的德军和意军作战，为的是让包括美国在内的全世界都得到安宁。如此覆盖全世界的正义之战的旗帜，还有哪个国家比之更鲜艳呢？

旗帜鲜艳，物资也最雄厚。对于盟国，美国要钱给钱，要物给物。二战期间，几乎每个同盟国，都得到过美国的援助，美国参战之前，国会即通过租借法案，明确宣布将无条件地全面援助英国、中国等国家。美国共向英、苏、法、中等几十个反法西斯国家提供500多亿美元的物资，英国得到援助最多，约占60%，苏联第二，约占20%，中国排在法国之后，不到5%。对于被援助国家而言，那不是锦上添花，而是雪中送炭。

物资资友之后，是军事外援。伦敦上空，出现了打败德军不可战胜神话的山姆大叔的“雄鹰”；抗战的中国上空，出现了家喻户晓的“飞虎队”——“美国志愿援华航空队”。“飞虎队”出手不凡，以牺牲24名飞行员的代价，换得了击落日机300架的战绩，插上飞虎队徽和鲨鱼头形战机的中国空军终于在对日空战中一度扬眉吐气。

帮助你打侵略者，给你武器弹药粮食物资。这样的国家，能不博得世界公举吗？公举这样的国家坐头把交椅，于公与私都有利，何乐而不为？

不言而喻，二战时美国的“老大”地位得到世界大多数国家的迎合与公认，一个重要原因，就是各同盟国都得到过“美国的好处”。倘若彼时有哪个国家跳出来与山姆大叔争头把交椅，那么不仅自不量力，甚至是自讨苦吃——在世界都被卷入战争的火海中，拿出几百亿美元的资金援助全世界？成千上万架战机满世界鏖战？所以，岌岌可危的英国出不了这个头，陷在德军炮火中的苏联乐得“让贤”，自身难保的法国不再逞强。

青出于蓝而胜于蓝，山姆大叔在二战中脱颖而出，取代英法成为西方新领袖。可以说，美国是以“世界第一外援”的资本树立了“世界正统”的地位。山姆大叔的“盟主”地位，是在二战期间，实实在在打出来、捐出来的。谁跟美国过不去，不仅在道义上失去支撑，而且也等于是跟白给的物资和美元过不去。

第十章
太平洋战争——东西“后生”总对决

未来世界的冲突是东方文明和西方文明的冲突，作为东方文明代表的日本不可避免地要和作为西方文明代表的美国进行一场所谓“最终的战争”，以此来决定人类社会的走向。

——石原莞尔

1.东方“后生”，意在世界

如果按照这位日本陆军中将之说，称彼时日本和美国各自是东西文明的代表，不一定服众。但如果说两国是东西世界的“可畏后生”，大概无国异议。

他们是天生一对“欢喜冤家”。

自日本有了历史，到19世纪中叶，虽然本土受到过蒙古帝国威胁，但从未被外来国家占领。但自1853年“黑船来航”起，却开了被外国军队踏上本土的先河，而给予日本“第一次”的国家，恰恰是美国。

托美国“黑船来航”的“福”，日本搞了明治维新。日本明治维新时，美国刚结束南北战争。明治维新使日本脱胎换骨，由封建国家一跃而成宪政国。南北战争使美国二次投胎成功，由一个美洲国家，正式变成西方文明主体国。

如果说明治维新刚刚完成的日本，对美国不敢正视，其目标主要在东洋，那么成功主宰东洋、成为东洋代名词后，它就要代表东洋挑战西洋、代表东方挑战西方了。

二战前，日本“吞吐世界”之心与“日本能量”一同暴涨。此时，“超级日本”不仅敢正视美国，甚至以“东方一哥”之态，虎视眈眈地要征服“西方一哥”了。

作为天下无敌的“东方后生”，日本的巅峰出现在1941年的亚太战场。

从1937年发动“七七”事变到1941年偷袭珍珠港，这段时间世界无国敢惹日本，偷袭珍珠港后的半年间，日本达到一个回光返照的军事顶峰。

我们现在看日本地图，其领土与在甲午战争前基本没有变化，都是以本国四岛为主的37万平方公里左右。历史上，日本“版图”扩大是从发动甲午战争始。它先后占领了朝鲜、琉球、库页岛、千岛群岛、台湾岛、中国大部。二战爆发后，东南亚大部分国家，如马来亚、泰国、菲律宾也悉数为日军盘踞。太平洋十几个国家和地区，尽为日本势力范围，太阳旗招摇千万里。

如今网上仍可搜到二战时期日本绘制的“大日本帝国”全盛时的“疆域”，加上广阔海洋大陆架，彼时日本甚至达到“三分天下”。乃至后来有人言，如果不偷袭珍珠港，捅了美国马蜂窝，日本会不会在亚太站稳脚跟？千万里疆域都在学说日语？

从道义的角度讲，日本早晚必败。而从战略讲，被赌局冲昏头脑的日本军国者，选择的对手值得分析。其中一个焦点问题是，日本如果不选择南下而是北上，如果太阳旗与纳粹旗插在一起，那么苏联是否必成德日囊中之物？日本与德国“平分世界”的大梦是否又进了一步？

也许有人会拿太平洋战争发生两年前的诺门坎战役说事，认为日本远东的战败，使他们畏惧俄军。但此一时彼一时，一战前到二战期间，日俄一共有两次交手。一次是1904年日俄战争，日本完胜，取得东洋（远东）主导权。二次是1939年的诺门坎战役，苏联红军与日本关东军交手，结果是朱可夫率领的红军打退了日本关东军，双方在原边界罢兵。

第一次日俄战争，俄军败于轻敌，想以一部分部队灭掉日本举国精锐；第二次日俄战争，诺门坎战役，骄兵却轮到日军，日本关东军没把苏军放在眼里，结果被倾尽全力的苏军击败。

而二战爆发后，苏联情况已经出现巨大变化。1941 年的 6 月，德国开始进攻苏联，至秋季陆续取得重大战果。而此时日本若能坚持北上论，一定对苏军造成极大威胁，甚至改写二战历史进程。但是 1941 年初，日本政府派外交大臣松冈洋右到莫斯科访问，不到一周，就同苏联政府签订了《日苏中立条约》。

从长远的战略角度来看，日军一旦与德国合力灭亡苏联，德日联盟的实力当不在英美联盟之下。如此欧洲战场或存巨大变数，日军或许还可延长嚣张期，“大日本帝国”的“版图”可能还有一个更大的回光返照式的扩张。

当然，历史允许假设但不可能重来，如果日本那样做了，对中国将产生不可估量的两个影响。一是若日本不败，最无望光复的国家当属中国，中国可能要被日本收缩为一个永久根据地，恐怕永无宁日。二是日本终败，那么作为战胜国，中国也许能收回更多的远东失地。

2. 恶霸与善霸——东西“后生”不同道

在日本战时首相东条英机和美国五星上将麦克阿瑟的脑子里，都充满了征服的意念。但是他们脑子里的征服之道，却大相径庭。

> 禽兽相接，互欲吞噬，吞食他人者是文明国，被人吞食者是落后国，日本也是禽兽中的一国，应加入吞食者行列，与文明人一起寻求良饵，以在亚洲东陲，创立一个新的西洋国。

这是日本“近代化教父”福泽谕吉名言，以“禽兽论”为核心的“日本征服经”。作为福泽信徒，东条英机将此经奉为圭臬。

而麦克阿瑟对此不以为然。他认为日本是用野蛮征服文明，而他主张，用文明征服野蛮。他想为世界展示的，是与以往不同的“新征服者”形象。

用他的领导、美国总统罗斯福的话来说,“我们这些领导人在这里的目的,就是要给这个地球上的每个男人、妇女和儿童以安全和幸福的可能”。

如此描述,“善霸”形象栩栩如生。这与日本“禽兽论”鼓噪的“恶霸”形象反差鲜明。

美国人为何拥有与日本不同的“善霸经”?他们的征服经是怎样炼成的?

原因不外有二:一是制度环境,二是教育经历。

以“打架王”和“赌王”著称的东条英机,在军国政教中长大。他的脑子里有执迷的信仰——神道教。源自日本“本土”的神道教具有悠久历史,它是一种自然、天皇、祖先一体崇拜的神崇拜——天照大神从天降临统治日本,和他同来的还有许多神明,都成了日本贵族的祖先。在历史漫长的岁月里,除了武士道,神道教也对日本人的精神起到了“激素”作用。这份古老的信仰到了近代成为日本富国强兵、实现近代化的一个精神支柱。凭借这份精神“激素”,日本在最短的时间里实现了全民意志的统一,将领导富国强兵、实现近代化的大权及时转移集中到天皇手中,到20世纪三四十年代,这种神话养育了大批东条英机式的“战神”,成为日本军国主义侵略扩张、用“圣战”征服世界的精神根据。因为东条英机们坚信,日本是个神国,没有任何国家能战胜日本。

而将此时美国名将与日本对比,我们会发现,他们是两类迥然的“征服者”。

出生于南北战争后的麦克阿瑟,青年受教于西点军校,39岁就成为西点军校校长,是该校自创校以来最年轻的校长。西点军校是谁创建的?大名鼎鼎的美国第三任总统、《独立宣言》主要起草人杰弗逊。杰弗逊的思想与人格魅力,并不亚于美国国父华盛顿,他是美国历史上屈指可数的伟大思想家,是18世纪启蒙思想在美国的主要代表人物之一,人文主义、民主主义“教父级”人物。他反对一切压迫,力主消灭君主制和贵族特权。他仇视暴政、珍视自由。在他看来,人的生命安全,人的自由及人的幸福是目的,财产不过是手段,甚至政府也是手段。为防止暴政的出现,他设计出周密完善的机制，并且把普及教育和发展教育看作是防止民主蜕化为暴政的最重要手段。

杰弗逊创立的西点军校的校训是什么？

“责任、荣誉、国家，守纪、严格、正直、刚毅。”

学员准则：不得撒谎、欺骗、行窃，也不得容忍他人有这种行为。不推卸责任，奉公奉献，对“我们将要服务的人民、政府和社会要有十分清楚的认识”。

得到杰弗逊思想真传的麦克阿瑟就像西点军校的每个毕业生一样，展现的是崭新的民主强人形象。他们笃信的征服经，一言以蔽之：不做恶霸做善霸。

福泽谕吉 VS 杰弗逊；东条英机 VS 麦克阿瑟。

以思想家与军事家的“两股车”为标志，显然，大战来临前的美日两国，已经出现“道不同不相为谋”的严重对立状态，此时的对立，不仅仅停留于东西世界的利益纠葛，而是要决出“道”之优劣。

不言而喻，相对美国，日本已隐隐失去了道义制高点——

一个立志做禽兽的国家，有终极正义可言吗？

3. 太平洋战争——东西“后生”总对决

从地缘战略上讲，日本放弃北进而选择南下，“指东打西”，必须先过美国这道关。故此，太平洋是横亘在东西“两个后生”间的必争之地。

对于太平洋战争，东西后生的实力对比，日本这方面唯有被称为“关东军大脑”的石原莞尔比谁都清醒，虽然他认为美日终有一战，但他不主张及早对决，面对提前到来的太平洋战争，石原如是言：如果这场战争需要一万元，那么美国手里有一百万，而日本手里只有一千元。

(1)美军战日军，犹如庄家战赌徒

太平洋战争结束后，人们不明白：为什么“怕死”的美军，能够击败“不怕死”的日本“虎狼之师”？

与日本作战，当初美国大兵心里也没底。太平洋战争爆发、美国大兵初

与日本交战时，其实是带有一定程度的恐惧心态，如果论及一对一的格斗，美国大兵非常害怕日本人，因为跟日本人一打仗，他们发现日本人根本就不是人，全都是野兽，个个视死如归。

众所周知，日本的名将都以“非常规作战”、冒险而闻名于世。

到了此时，这种好勇斗狠、赌徒式的将领达到了癫狂地步。日本首相东条英机、海军元帅山本五十六都是世界级赌徒人物。尤其山本五十六，既是一个著名海军统领，又是一个地地道道的赌徒，他认为不会赌博的人没有出息，所以他敢下赌注，要么赢个痛快，要么输个精光。

而当时作为日本最高精神领袖的裕仁天皇，对日本军人的赌战也基本采取了纵容态度。美国纽约州立大学史学家赫伯特·比克斯战后撰写《真相：裕仁天皇与侵华战争》一书，此书获得了普利策新闻传记奖。该书详细披露了日本内阁从决定发动全面侵华战争到扩大至太平洋战争的内幕，“天皇从一开始就默许，并在事后明确追认了他们的行动”。

太平洋战争是日本的最后豪赌，也是日本海军在世界舞台的告别演出。明知道胜算不大，却不惜举全国之力赌赢这场战争，日军的最后演出，情不自禁，无法自拔。东条英机有句名言：“人生一世，下这么一次从清水寺的平台上（日本著名跳崖自杀地）纵身而下的决心是必要的。”这句话活脱脱地张扬了一个赌徒的个性。

突袭珍珠港和中途岛海战是东条英机和山本五十六在军事上下的两个大“赌注”，结果先赢后输。为殊死一搏，他们甚至组织了“少年敢死队”——“神风突击队”，其成员平均年龄 17 岁，这些稚气尚未脱尽的孩子在空战中高呼“效忠天皇”“天皇陛下万岁”的口号，驾驶“一次性飞机”冲向美国战舰，为成人赌局付出了年少生命。

尽管东条英机和山本五十六展开的太平洋赌局是日本有史以来最大赌局，但任何疯狂之物，均离灭亡不远。太平洋战争自 1941 年 12 月 7 日始至 1945 年 9 月 2 日结束，历时三年零九个月，最终结果，日军完败——不仅输掉了大东洋（太平洋制海权），而且基本丧失了作战能力。

为什么以“赌神”著称的日本将领在以往其他战场所向披靡，到了太平洋战场遇到美国，就赌不赢了呢？

首先看到，与以往日本军国史上那些著名赌战相比，山本五十六的赌局有着明显不同。近代日本海军的赌局，是在自己的实力基础之上的胜算，赌局没有脱离日本近海，赌资大于对手。而到了山本五十六，这场赌局就太大了，东条英机、山本五十六把赌局蔓延到了太平洋，意欲赢下整个世界。大得不着边际，大得不自量力。

其次，赌王战赌徒，当然是所向披靡；但遇到总庄家，就算赌到头了。东条英机、山本五十六的前辈总是赌赢，可到了他们，最后连自己的命也赌没了，因为他们碰到的对手与以往不同——庄家美国。常胜赌徒，须有一技之长，师从“德国模式”的“东洋之才”对付政治军事全面没落的远东世界绰绰有余，但是遇到占据“洋才”制高点的“美才”，立显高度不够。

美日开战后，“东洋之才”在“美才”面前顿处下风。这是日本从未遇到的情况，从未战过的西洋世界顶级高手。麦克阿瑟的身后是世界第一政治大国的“旗帜”，第一经济强国的“粮草”，以及第一军事强国的“弹药库”，常胜赌徒遇到通吃全球的巨无霸庄家，情何以堪？

（2）美国克日本，是人道胜狼道

美国克日本，除“才”及综合国力占尽上风外，还有一个“隐形因素”，也发挥了至关重要的作用：“魂”之相克。即“和魂”与“米魂”（日语当用汉字，又称美国为“米国”）的天敌效应。

1945 年春夏之交，在美军即将进攻日本本土前，美国总统罗斯福发表著名演说，道出美日“哲学”相克：

> 我们即将进攻日本本土，这不是说要消灭日本的所有居民，但是确是要消灭这个国家里的基于征服和奴役其他人民的哲学思想。

关于日本的“军国哲学本质”，西方思想家早就一针见血地指出：日本的立法精神是残暴的，他们相信只有更严厉的残暴才能驾驭残暴。

以“残暴”见长的国家，有理性可言吗？

战时日本人的精神状态，与希特勒统治下的德国人极其相似，神风敢死队的出现，与德国少年团出战一样，基本丧失了理性和人性。

而日本人的对手，美国人的战时精神状态则是另一番情景。

众所周知，美国是个多民族移民国家，美国人看起来个个很散漫，但是当国难临头时，这些来自世界各地的皮肤颜色不同、体格形态各异，文化背景有别、贫富分化悬殊的美国人不是“各自飞”，而是如混凝土般地团结在一起。

1943 年太平洋战争交战正酣之际，美国政府在全国征兵，在征兵海报中，“山姆大叔”骄傲地说“美国总是为自由而战”，将 1943 年奔赴欧洲战场的美军士兵与 1778 年的大陆军排放在一起，向美国民众展示这场战争的实质与独立战争并无区别，得到了全体国民的热烈响应。

“为吞食他国而战”和“为自由而战”，可以说这是两种不同的精神境界。亦可演化为“狼性”与“人性”的博弈。在太平洋战争中，美军不同日军的一个重要精神点，是他们不像日本那样孤注一掷，豪赌本国人生命。而惜命的军队不代表没有战斗力，铁血军团也不意味着永远铁板一块。关键是他们身后的综合国力与民心向背。

“人人享有自由和正义”，这就是直面“虎狼之师”的美国取得胜利的精神底气。正如总统罗斯福在对日宣战时所言：“现在我们确信，一个国家要和纳粹讲和，只有以彻底投降为代价。两年来的经验已毫无疑问地证明，任何国家都不能姑息，没有一个人能用安抚的办法使猛虎变成温顺的小猫。对残忍不能姑息，不能对牛弹琴。”交战结果，“米魂”战胜了此前无敌的“和魂”武士道。

美日之战，从“道”的底色上讲，二战时的日本武士道已经彻底异变为赌王之道、狼之道；而美国山姆大叔之道是庄家之道、猎人之道。山姆大叔打败了武士，相当于猎人征服了狼。战争已无关东洋世界与西洋世界的分野，而是演变为“人道与狼道”的战役，系文明向心力之战。战争结果，充分说明一个世界潮流与轮回公理——狼道不敌人道，再凶狠的狼也不是软硬实力俱强的猎人的对手！

4. 再度归“西”——战后日本成“美粉”

关于太平洋战争对日本的“深远影响”，一些日本学者如是认为：日本在此次太平洋战争中，虽然仅有数年间处于孤立，但因此造成的后退，可与德川三百年的锁国匹敌。但我却认为，这场战败终于使日本探到西洋文明之核，美利坚文明使日本获得“二次新生”。

毋庸置疑，大和民族是个喜欢文明冲击的民族，当你的国家不能给它带来真正的文明冲击时，它就不会崇拜你。这就是蒙古军队和美国大兵在日本两样境遇的原因。

事实的确如此。虽然一些日本人对美国占领军心存芥蒂，但更多的日本政界和学界人士，还是采取了积极的心态，甚至心存“感恩”和“庆幸”地拥抱“征服者”。

据相关史料记载，美国大兵初登日本时，是带有与日本初战同样的恐惧。既然日本人打仗个个如野兽，如果占领军一到，所有的日本国民倾巢而出，会爆发出怎样的非人类凶悍？美国大兵摸不准。

结果出乎意外。美军来了，日本国民夹道欢迎美国占领军。自1945年8月美国远东军踏上日本本土，日本就一直处于“被占领”状态。但令人惊叹的是，日本没有像后来的越南那样涌现各种反美组织，终其70年，日本本土也没有出现一支“抗美武装”。

这种情况与美国“染指”的亚

战后的麦克阿瑟与日本天皇

太其他国家完全不同。譬如越南,不仅反美武装风起云涌,而且最后还把美军赶出越南。而日本是单一民族国家,大和民族是世界公认的强魂民族,但是面对“外来侵略军”,他们却集体不反抗。

一方面,在对外交战史中,这个民族几无叛徒。另一方面,“侵略者”占领日本半个世纪,日本没有出现一支反抗武装,何以如此?

想当年,日本抗击蒙古帝国是何等壮烈,但对美国却前倨后恭。

美国远东军司令麦克阿瑟到来之前,日本有许多“非法组织”。他们对美国占领军一度抱有敌意。但麦克阿瑟修宪之后,日本几乎不存在什么非法政治组织,日本共产党也获得合法化。1946 年战后首次选举,日共首次参选就得到了 5 个席位。激动的党主席德田球一甚至管美国占领军叫“世界人民解放军”。

美国“占领军”在日本“执政”7 年,于 1952 年“归政”日本政府。当麦克阿瑟离开日本时,车辆离开大使馆驶向机场时,大约 25 万日本人伫立在通往机场的公路两旁,他们恋恋不舍,许多人潸然泪下。

再没有比这更感人的征服者和被征服者“十八里相送”的场面了。

人言麦克阿瑟再造了日本,但是“大哥”的努力,离不开“小弟”的配合。日本没有抗美武装,也没有“非暴力不合作”的政治家。面对大哥的改造,日本政坛欣然打出“以民主的一票来回报世界”的标语。

麦克阿瑟的小弟兼助手,相当于协管的内阁首相吉田茂,做出了正统政权无法超越的“政绩”。他带领全体国民,师从“美才”,比之当年伊藤博文学习“德才”还毕恭毕敬。美军在日本“执政”7 年间,麦克阿瑟与吉田茂二人合作默契,他们天生一对,珠联璧合。没有麦克阿瑟的改造,“民主日本”不可能成功,没有吉田的精心配合,日本的民主化也不可能一帆风顺。积年之后,他们一个被日本人视为“再造日本之父”,一个被本族人称为“日本的丘吉尔”,永远为日本铭记。

就此,日本没有抗美武装的谜底即可暂解。原来,对“侵略者”的服与不服,决定了他们的行为举止。而对“侵略者”的服与不服,又取决于他们认可不认可"侵略者"带来的文明。这种认可一是来自两种文明的交战结果,二是来自对外来文明的价值判断。换个角度看,日本彼时对美国文明五体投地,所以是举国"美粉"、举国"日奸"——何须一人变节、何来武装反抗组织?!

第十一章
东方新曙光——华夏文明的两次短暂复兴

自“日主东洋”起，中国仁人志士终于清醒：政治文明才是一个国家文明新生的第一要素。日本政改三十年，即获得东亚事务主宰权，随即进入国联五强（英、美、法、日、意），综合实力世界第三。这骄人的成绩令中国的知识精英奋起“以日为师”，20世纪初叶受用于“新东洋”之“汉魂”与“汉才”全面爆发……

1. 华夏初醒——“汉才”东渐、“汉魂”狮吼

19世纪末20世纪初，在日本的刺激下，中国发生了起于民间的三度政治觉醒。第一次为戊戌变法，第二次是辛亥革命，第三次即五四运动。

(1)甲午战争撬动中国传统政治制度

具有两千年寿命的中国传统政治制度的松动，是从中日甲午战争开始的。

如果说英国人发动的鸦片战争还没有让清人清醒过来，那么，中日战争则彻底扯去了老大帝国的遮羞布。正因为甲午战争的惨败，中国朝野上下才正式直面富国强民的根本——政治改革这道“过不去的坎儿”。可以说，没有甲午战争，就没有戊戌变法。所以，戊戌变法的外部因素日本占到

最大。

而随后发生的戊戌事变，也与日本有着难以分割的关联。

关于这场事变，史上公认，维新派策动袁世凯“勤王未遂”、袁向荣禄、慈禧告密是总导火索。但是，此间，还有一个诱因却被后人忽略了，此诱因可谓戊戌事变第二导火索。

那就是伊藤博文访华。

1898 年 9 月，已经卸去首相身份的伊藤以私人身份访问中国，此时正是中国政局山雨欲来之际。伊藤在中国逗留了一个月，几乎会见了晚清所有政要和政治派别领袖。中国政治改革势力对伊藤博文来访表现热烈，并请其指教。以康有为为首的中国维新派，对伊藤博文此次访华“成果”抱有很大期望。9 月 20 日，光绪皇帝在勤政殿会见伊藤博文，伊藤博文向光绪皇帝表示，赞赏中国新政。这一天非同寻常，它是“戊戌政变”前夜，光绪皇帝退出中国政治舞台的“末日”。

当伊藤博文赞扬中国的变法、对光绪表示钦佩、表示他可以为中国的变法做点事情时，光绪皇帝的答语里，也包含了请伊藤博文为“变法总顾问”的一层意思，有点“准帝师”之意。足见光绪皇帝与维新党一样，对伊藤在中国变法的“外援”之力上，抱有很大期望。

结束与伊藤会见的当日，光绪马上召见袁世凯。“末日”会两人，一个是促动他效仿的第二导火索，另一个是出卖他的总导火索。

伊藤博文选择中国政变前夜访华，是有预谋还是“不期而遇”，我们不得而知。但是，有一点是可以肯定的，他对中国的维新派，情有独钟。这当然不能排除他的大原则——为日本的国家利益考虑，加深日本对中国的影响，使日本在中国利益最大化。但是，“志同道合”谈得来，大概也是拉近距离的重要原因。

伊藤觐见光绪第二天，即 1898 年 9 月 21 日，“戊戌事变”发生，保守势力反扑，慈禧太后再次临朝“训政”，光绪皇帝被囚。后党开始抓捕维新党。梁启超逃入日本使馆，而日本公使林权助因无东京指令，不知所措。仍在北京的伊藤博文当即表态：救梁启超逃往日本，并表示“如至日本，由我来照顾他。梁这位青年，对中国来说，实在是宝贵的人物”。

眼见着中国政治改良功亏一篑的伊藤，不知心里作何感想？

从他积极营救维新流亡者的态度看，他对中国百日维新的失败是同情和惋惜的。但是，正像他对光绪皇帝表白的那样：外臣当竭其所知以告。“外臣”两字，表露了他的真实意思——有些事力所能及，有些事鞭长莫及。中国的事情，即便维新党想借力发力，本身也要有“内乱”的实力方可成事。

历史往往是由内外两组势力推写的。当光绪皇帝召见完外国首相再召见本国将帅时，其实已经作好了“里应外合”的准备，可惜本国将帅变节，使得外国力量的介入也十分有限。相反却给发动政变的保守势力以口实——“勾结倭寇，卖国图谋”的屎盆于是就扣在了维新皇帝头上。

之后的历史更加令人惊诧。人言“三十年河东三十年河西”，而中国改良派转身革命派，仅用三年。“日本元素”在戊戌变法中沉没，在辛亥革命中再生，中国留日生转瞬间成为中国革命“主力军”。

（2）清政府其实是被中国留日生推翻的

戊戌变法效仿日本明治维新，但惨遭失败。中国希望在哪里，向何处去？中国有识之士不甘国家继续没落下去，遂前仆后继践行救国之道。

> 要学那，法兰西，改革弊政。要学那，德意志，报复凶狂。
> 要学那，美利坚，离英自立。要学那，意大利，独自称王。
> 莫学那，张弘范，引元入宋。莫学那，洪承畴，狠心毒肠。
> 莫学那，曾国藩，为仇尽力。莫学那，叶志超，临阵逃亡。
> 或排外，或革命，舍死做去；孙而子，子而孙，永远不忘。
> 这目的，总有时，自然达到；纵不成，也落得，万古流芳。
> ……

这是中国留日生陈天华所著《猛回头》一书段落，与20世纪初叶流行于中国革命青年人中的邹容《革命军》齐名。之后陈天华又创作了《狮子吼》，两部书里，虽然有“种族、排外”字样，但是那里的“种族主义”，其实是争取民族平等的“民族主义”的意思，并不是现在所言的种族歧视的“种族主义”。所以，《猛回头》《狮子吼》张扬的“汉魂”总归是浩然正气。

对今天中国大陆年轻人来说，陈天华似乎是遥远而生疏的名字，其实他离今天并不远，他的名字在海内外回荡百年，其影响不亚于黄花岗七十二烈士。

20 世纪初叶，以陈天华为代表的中国留日生成为推翻清王朝的主力军。孙中山发起革命是在美国檀香山，但落脚日本东京时才真正成了“气候”，形成了起义力量。

为什么留日的中国学生，成为最强大的海外革命团体？他们从“新东洋”学到了什么？

晚清末年，中国掀起出国留学潮。在中国学子去往的留学国中，日本成为首选。尤其戊戌变法失败之后，留日潮汹涌澎湃。从时间上中国人留学日本比留学欧美晚了数十年，但在人数上，近代中国留日人数超过了留学欧美各国人数的总和。数以万计的中国学子留日盛况在中国留学史上是空前的。历史学家费正清在《剑桥中国晚清史》中记载：“在 20 世纪的最初 10 年中，中国学生前往日本留学的活动很可能是到此为止的世界史上最大规模的学生出洋运动。”

为什么中国学子们首选日本留学呢？拿梁启超的话来说，因为“中、东情势风俗相近，易仿行，事半功倍”。戊戌变法失败后中国继续下沉，但比邻日本如日中天，既然榜样身边就有，学习世界最先进的“洋才”，何必舍近求远呢？

同时，在当时支持中国革新的国家中，日本也是最为突出的。孙中山的同盟会，是在日本期间结识了宫崎寅藏、犬养毅等名流，并联合了中国留日学生的精神领袖黄兴才宣告成立的。虽然日本政府也配合过清政府，搞过“取缔令”，但以犬养毅为代表的护宪派，对孙中山的在日同盟会，还是采取了纵容态度。在这样的环境下，留日中国学生成为“辛亥革命”的火种。

这些留日的中国学生，究竟从日本取到了哪些真经？

“干货”很多。从“断指将军”黄兴，到“鉴湖女侠”秋瑾，这些“青年近卫军”无一不受到“新东洋”影响,武士道精神对中国留日生发生了积极作用。黄兴秋瑾这批反清干将,骨子里都流淌着“铁血”。他们汲取了日本尚武精神,敢作敢为,立志以武力推翻专制的封建王朝。

这些“青年近卫军”把“秀才造反”的能力提升了一个层次。后来许多日本学者认为,清政府之所以垮台,中国辛亥革命之所以成功,是因为那些留日的中国学生“学以致用”,他们把日本明治维新的种子散播到中国。作为革命团体的骨干,他们的行事风格受到日本的深厚影响,对中国革命团体的形成有莫大的功劳。

中国传统“秀才”最大的行事风格特点是什么?戊戌变法是效仿日本不及时,因为变法主流人群,讲究“君子动口不动手”,以康梁为代表的维新派知识分子群大都是这样的“君子”,满腹经纶,口若悬河,但动手能力极差,乃至指望凭借“三寸不烂之舌”,妄图说动官痞(袁世凯)去“勤王变法”,岂非缘木求鱼?

当时中日两国知识分子群,不乏东亚读书人共性,即大都具有国家忧患意识,多满腹经纶之士。然而,中国知识分子致力的变法,却没有像日本维新一样取得成功。究其根本,中日精英,所差者,不在头,而在手。即:不是中国知识分子的思想比日本差多少,而是失败源于动手能力。

明治维新的成功及戊戌变法的失败,给了转为革命党的中国留日生以“实言实行”的启示:“君子动口亦动手”。他们的主要精力与任务不只停留于宣传政治变革上,而在发动起义,武装夺取政权上。

我们知道,自古中国文人难成事,一是因为没有独立的组织,不能获取独立的经济地位,所以必须依附于豢养,否则无法独立起事。二是因为他们害怕暴力,没有以暴制暴的能力。而纵观中国封建王朝两千年之变迁,非暴力革命决难打破。对此,革命党人有清醒的认识:清统治者决不会微笑交出政权,必须像西乡隆盛对幕府那样以武力夺之。

有着这般见识的革命党文人,这群中国留日生,与以往历史中的文人大不同。他们敢说敢干,不仅造反成了,而且成就的还是经天纬地的大业。导致清王朝垮台的武昌起义虽然事出偶然,但是实际发动人“三武”之中,孙武、张振武都有留学日本经历,蒋翊武也拥有大量留日生好友。从这个角度上,也可以说,倒行逆施的清政府是被中国留日生推翻的,唯有如是文人才能改变国家命运。

(3)这一刻,日本对中国刮目相看

对中国辛亥革命,日本当代思想家北一辉有一句著名"日式评价":日本是中国革命的"助产士"。所谓"助产士",为日语当用汉字,翻译成汉语俗语,就是"接生婆"。

北一辉的言论虽然是从日本的角度出发,但客观来看,清末中国政治巨变中的日本元素自始至终是无法排除的。如果把辛亥革命的"外国势力"以"十成"划分,那么"寄存"了辛亥革命主力军的日本至少要占"六成"。

历尽磨难与牺牲,中国留日生用一场革命让皇帝在中国成为历史。1911 年,辛亥革命胜利,1912 年,中华民国成立。

无论后人怎么品评,仅就辛亥革命推翻两千年帝制、创建亚洲第一个共和国而言,这是一场伟大的革命,是成功而不是失败的革命。

此时中国,有三点足以傲世:

1. 华夏民族的历史选择是正确的,和世界潮流一致。

2. 华夏文明在世界近代文明进程中衰落,但民主政治此时降临,与世界许多国家相比,还不太晚。

3. 中国是"亚洲的法兰西",民国成立伊始公布《中华民国临时约法》,在中国历史中第一次将"主权在民"思想立入宪法。老大帝国由此焕然一新,洋溢"亚洲第一个共和国"的新生活力。

由这三个傲世,足见辛亥革命对华夏文明的巨献:给老迈的华夏文明注入现代文明的核心——政治文明,使复兴成为可能。

虽然中华民国初期经历了袁世凯复辟等的阵痛,但民国十年间的朝气,还是全面超越了晚清七十年的暮气。以政治文明为先,此时中国多点开花,汇入"世界流"。此时是中国历史鲜见的"人才鼎沸期",许多推动国家进步的"文武全才"人杰横空出世,横刀立马的将军同时也是能舞文弄墨的儒者,满腹经纶的才子同时也能为国家前途抛头颅洒热血。他们普遍拥有独立的人格与思想，是中国历代人才群中除去诸子百家时代最闪光的一批。

中国才子们的壮举不仅彪炳千秋，也令天敌日本刮目相看。无怪乎北一辉这个日本思想狂人，辛亥革命后也跑到中国来学习——因为中国留日生“出于蓝胜于蓝”，建立了“亚洲法兰西”。

(4)五四运动——日本刺激下的中国民间第三次觉醒

戊戌变法与辛亥革命过后，日本对中国的影响不是减弱，而是日益增强了。因为此阶段日本的发展达到一个鼎沸期，它是东西方世界都无法忽略的一大主角。

1919 年 5 月 4 日，是中国历史上一个特殊日子，中国爆发了史无前例的自发爱国学生运动，后来的中国青年节由此得来。而这个事件的爆发，也是近邻日本刺激的结果。

1914 年 7 月 28 日，第一次世界大战爆发，一方是以德国为首的同盟国，一方是以英法为首的协约国。西方“后生”美国及东方“后生”日本，都不是这场战争的主角，但他们为了自我利益，也必须选边站。

结果，他们都选择了站在英法协约国这一边。

作为“同文同种同价值观”的国家，美国选择英队列，一点都不奇怪。但是，日本为什么也选站在英国一边呢？须知，在明治维新到一战这个历史阶段，日本可是师从德国起家，为什么战争打起来了，师徒不站在一起，反而去跟别人打老师呢？

这就要涉及日本这个国家的特别之处及特殊盘算。

一战日本打出的参战标语是“永保东亚和平”及“维护日英同盟的利益”，颇显“正义凛然”。但当时隔岸观火却洞察一切的美国一眼看出，日本别有用心。时任美国国务卿蓝辛指责日本出兵另有野心，日本对德宣战的真正动因在于：出兵山东，打通控制中国大陆的主干道；而山东一直是德国势力范围，所以天赐良机，必须搬掉这个绊脚石。

虽然日本崛起“学业”选择的“班主任”是德国，但是战略考量，使他们更愿意与英国结盟。因为英国在远东没有与日本的根本利益冲突，相反却对那些把手伸得太长的欧洲国家有所牵制。

当然，除了战略考量，还有一个原因也不可忽略，那就是——“报仇”。日本是个睚眦必报的国家。那起挥之不去的“三国干涉还辽”事件令他们没齿难忘，因为俄德法干涉，日本把中日甲午中吞下的最大一块肥肉辽东半岛又吐了回去，通过三国干涉事件，日本看出俄德是日本在东亚争霸的主要对手。所以，一战爆发，战略需要加新仇旧怨，促使日本决心向老师开刀。时任日本首相大隈重信在参战前发表演说，强调日本参战是对德国鼓动干涉还辽的复仇战。

日本参战受到盟友英国鼓励，时任英国海军大臣丘吉尔对日本参战曾发表此见：英日协约国必将获胜，日本参战可提高日本的国际地位，巩固东亚势力。而这，正是日本对德下手的最大动机。

一战于 1914 年 7 月在欧洲塞尔维亚打响，而日本的主战场却在中国胶东湾。从德国人手中抢到青岛的控制权，是日本一战摘下的第一颗大桃子。

当 1914 年日本人将青岛从德国人手中接管时，中国人尚未愤怒。因为日本政府对中国政府作出承诺，日后将胶州湾归还中国。然而，战争结束分配战果时，胶州湾不仅没有回到祖国怀抱，日本反而扩大了独揽青岛的山东特权。

显然，中国人感到了前所未有的欺骗与愚弄。五年之盼，化为乌有。举国愤怒势出必然。

而除被骗之外，还有一个心理落差因素，也发挥了巨大作用。

世所共知，一战之前，依据《胶澳租借条约》，德国已经占了青岛 17 年。但是并未引发中国大规模抗议活动。容忍德国，容忍不了日本，原因恐怕不是因为德国比日本文明，而是相比日本，中国同为东方国家，同为“战胜国”，境况竟有天壤之别。自甲午一败，中国就处于追赶日本的路途中，但到 1919 年，中国已经追了日本 25 年，差距为何还这么大？“严重挫败感”必然导致国民巨大心理落差。一场“还我青岛”为始的伟大爱国运动就此爆发。

如果说，一战是促就日本成名世界的“天赐良机”，那么“外争国权、内惩国贼”的“五四运动”则是 20 世纪“天敌”日本刺激中国民间的伟大觉醒。五年积攒的愤怒，终于在一夜间爆发。席卷全国的游行令本国政府和日本政府惊骇。三年后,中国从日本手中收回青岛主权,新生政治力量蓄势待发。一场伟大的爱国运动终于实至名归。

2. 谁阻断了华夏文明第一次复兴

20 世纪 20 年代末期,以孙中山创建的新生政治军事力量国民革命军征伐袁世凯残留的北洋军为标志,中国进入了一个“武力统一中国、实现主义救国”的内战期。

(1)谁是“中国最强者”

20 年代中国北洋政府有个大军阀叫吴佩孚,他是登上美国《时代》杂志封面的第一位中国人。当年美国人认为,这个北洋军阀直系实际头目,是“中国最强者”,是最有可能“武力统一中国”的人。

诚然,吴佩孚的辉煌时刻,有“洛阳打个喷嚏,北京都要下雨”一说。这个意思是指,驻军洛阳的吴佩孚是时任总统曹锟的“中流砥柱”,北洋直系军阀头目名为曹总统,实为吴大帅。吴佩孚最辉煌的时候,南击皖系段祺瑞,北赶奉系张作霖,拥兵百万,屯扎洛阳,的确信誓旦旦,立志以武力统一全国。

然而,谁料想,1926 年,当这位“中国最强者”与新生国民革命军一交手,竟一败涂地,一蹶不振。身经百战的吴大帅,栽在“学生兵”手里,这似乎匪夷所思。

但是这伙“广州学生兵”大有来历,他们均出自广州黄埔军校,军校创始人就是孙中山,校长是“孙中山的好学生”蒋介石。

孙中山为什么要创立黄埔军校?在 1924 年 6 月 16 日的首届开学典礼上,他说:“诸君要知道,中国的革命有了十三年,现在得到的结果,只有民国之年号,没有民国之事实。像这样看来,中国革命十三年,一直到今天,只得到一个空名。所以中国十三年的革命完全是失败,就是到今天也还是失败。”“如果没有好革命军,中国的革命永远还是要失败。所以,今天在这地开这个军官学校,独一无二的希望,就是创造革命军,来挽救中国的危亡。”

1925 年初,终生追求“中国之自由平等”、立志北伐的孙中山出师未捷身先死。次年7月9日,“继承孙中山遗志”的蒋介石亦吹响了“武力统一中国”的号角。国民政府举行蒋介石就任国民革命军总司令暨北伐誓师典礼。蒋发表北伐誓词,主动向北洋军阀吴佩孚宣战:

国民痛苦,水深火热;土匪军阀,为虎作伥;帝国主义,以枭以张。本军兴师,救国救民;总理遗命,炳若晨星。吊民伐罪,迁厥凶酋;复我平等,还我自由。嗟我将士,为民前锋;有进无退,为国效忠;实行主义,牺牲个人;丹心碧血,革命精神。

国民革命军大举北伐,“精明善战”的吴佩孚仅仅抵抗了两个月,就一溃千里。北伐军攻克武昌,吴佩孚见大势已去,不得不开始了辗转流亡的落寞之路。

败于蒋介石之手的吴佩孚,并没有气急败坏,他出人意料地认输服输。

战败后,吴佩孚曾赞蒋曰:“其用兵之妙和坚定撑持,我自愧不是对手。”

由此看出,吴佩孚是真的钦佩蒋介石的军事才华,自惭形秽。

但是,对于直系败于国民军的原因,他只知其一,不知其二。他不知道,蒋介石高于他之处,不仅仅在“用兵之妙”,而还在取得了“道义的制高点”。彼时,民心向背已昭然,百姓夹道欢迎打败吴佩孚的北伐军,显然,吴佩孚已经成为时代的绊脚石。

这个被美国《时代》认为“中国最强者”,“比其他任何人更有可能统一中国”的人,为什么没能统一中国?被一股学生兵打败、被国民抛弃?

因为他虽然一时军事力量强大,却不代表最进步的政治力量。比起国民革命军的政治主张,这位空谈“民族主义”与“爱国主义”、对争取民主权利的同胞大开杀戒的军阀,早已显得腐朽没落。

吴佩孚曾以支持五四学生运动赢得“爱国将军”的美名,“不出洋,不住租界,不结交外国人,不举外债”——这是吴佩孚的“四不”宣言。他不仅说到了,而且还确实做到了。

但是,除了这些爱国宣言,他没有系统的政治信念与进步的现代思想。

存于大脑的主流价值观，还是封建军阀官僚的“杀伐权谋”。他的“爱国主义”与义和团的“爱国主义”在精神本质上并无二致，所以号召力有限。出国就是不爱国吗？结交洋人就一定要卖国吗？不住租界就是爱国者？梁启超还曾逃到过日本大使馆避难，但他后来对中国的贡献以及对历史的推动作用，一点也不比那些不出国的人差。

败于蒋介石之手的吴佩孚，虽然在人生的最后阶段，拒绝和日伪合作，晚节保持得不错，得到世人称道，但是，这并不能一举抹掉他的灰暗。如果他在最有权力的时候，顺应世界潮流，推动中国政治进步，达到富国强民之目标，那么北伐军能不能打败他，日本人敢不敢来侵略中国，还是未知数。

所以，不能因为军阀的民族气节就认为他是英雄，关键是他在政治上代表了国家的进步势力还是落后势力。不难设想，即使没有出现蒋介石北伐军，吴佩孚以武力统一了中国，也注定不长久。因为他除了枪炮，拿不出指引国民前进的精神纲领。

虽然蒋介石也带着军阀的身影，但毕竟打着孙中山“三民主义”大旗，这在当时中国是象征最进步、最“正统”的精神旗帜，所以，徒有“四不”宣言的吴佩孚，打不过蒋介石，亦在历史洪流的规律之中。

当然，从政治与道义上看，国民政府取代北洋政府是个进步。但从国家的整体形势看，国民军的北伐只是取得了名义上的胜利。之后，名亡实存的军阀时隐时现、大大小小内战无休无止，乃致葬送了华夏文明第一次复兴良机。

(2)复兴与内耗——民国为何没令中国迅速崛起？

在回顾民国史时，有人说，是日本在20世纪30年代发动的两次侵华战争打断了华夏文明的现代进程。如果日本30年代不侵华，中国在20世纪中叶就能成为世界强国。

我认为此言有一定道理，但不能涵盖所有缘由。

从1895年甲午战争结束，到1937年七七事变开始，从日本开始挑战中国本土，到实施全面侵华，时间跨度是42年。42年，对于一个国家脱胎换骨，是太短，还是已经足够？

应该说，天敌日本已经给了中国足够的时间“存活”，这42年间，日本在发展，中国也没有停滞不前。然而，接下来中华民国并没有像明治维新后的日本一样迅速崛起。要知道，日本明治维新只用了9年时间，就完成了脱胎换骨，再也没有人敢欺负他们，只有他们欺负别人的份儿。而中国，从辛亥革命算起，到1937，也已经过了25年光阴，还是没有出现质的腾飞。乃致终于招来日本对中华民国发动的全面战争。

在日本决定发动全面侵略战争时，军国者一手举起“同文同种”，一手举起“大东亚共荣”两块招牌，与其说显示了他们对华夏文明的认同感，不如说显示出日本对于中国的文明优越感。

不得不承认，中国虽然在辛亥革命后，尤其是20世纪30年代取得“黄金十年”成就，但终究没有完全实现华夏文明的复兴。从文明发展的角度看，民国初期的历史，既是一部文明复兴史，也是一部内耗史。或者说，后者在一定程度上抵消了前者。结果导致文明复兴半途而废。

中国的内耗文化源远流长，这种文化本来是封建专制制度的产物，在“只有皇帝是人”的制度下，中国人得不到人的尊严，人与人之间如角马逃脱狮子追逐般相互践踏，没有互相尊重的传统。这种文化基因到辛亥革命成功后，不仅没有因为政治文明的引入而消解，反而因为突然获得的人权而更难把持，人人都想“说一不二”，身处民主国家顶着封建脑壳，利用民主良机做皇帝梦，一度泛滥成祸。

民国伊始，军阀干政，各类军阀主导的政治势力不去寻找相互妥协、双方共赢的方法，不求融见而是相互征战。随后出现的各类政治派别，把不同异见者看成是你死我活的斗争对象。他们对政治对手毫不留情，即便在外敌入侵时，一方抗外敌的时候，亦需要提心吊胆地提防另一方。

统则专制，分则内耗。文明古国难以在短时间内领悟民主真谛，内耗猛于外患，这不能不说是华夏民族莫大悲剧。今天试想，如果华夏民族在抗日前不是处在相互仇恨的内战中，则复兴或可早就，之后的灾难或许可以摆脱。

3. 民国为何未亡于日本

历史上，日本曾两次意图“亡中国”，同时也给中国带来了两次“起死回生”的反弹机会，尤其以20世纪三四十年代那场全面侵华战争为甚。这是中国历史上第三次濒临国亡的危机时代，却几乎惊天逆转为华夏文明绝处逢生。

自中国抗战胜利结束后，一个悬念始终众说纷纭——

如果没有美国参战、太平洋战争爆发，中国抗日要多少年，继续相持到什么时候？最后结果怎样？是日本吞并中国全境，还是中国军队把日本赶出中国，抑或汪伪政权之“中国”与日本“同流合污”？

大半个世纪过去了，这是中国抗日留给世界的最大悬念。

如何简捷地揭开这个悬念？

历史没有回头路，但可以假设，为了寻找正确答案。

三种可能性，到底哪种可能性更大？我想可以换个角度，先弄清如下这个已经有了结果的追问——民国为何未亡于日本？

虽然中国抗日战争的性质以今天的历史眼光看，与以往中国汉民族王朝抗击游牧民族对中原的征服不同，但就反征服战争的敌对结果而言，却可有一比。在华夏文明的历史变迁中，宋亡于蒙古，明亡于建州女真确是事实。然而，民国却没有亡于更强大的外敌日本。这是为什么？

就规模而论，日本对中国的侵略，是有史以来中原所遭遇的外敌入侵规模最大的。蒙古灭南宋，正宗的蒙古铁骑不到5万，建州女真灭大明，八旗兵不足10万，而日本侵华，共派出200万大军。但日军最盛时，也不过吞并了半个中国。难道日军的战斗力不及蒙古铁骑和八旗兵吗？

众所周知，二战虽是德国发动，但在二战中“开疆拓土”方面收获最大的国家却是日本，囊括整个亚太。日本一度在战时建立了号称“人类历史上最大”的帝国。所以，与其说日军不如蒙古军、满洲八旗兵剽悍，不如说抗战时的中国强于南宋和大明。

抗战时的中国，具有超越历史的五个“反征服优势”，乃宋明时期不

可比。

（1）国势不可比

以往中原反征服历史时期，均是国势衰微，或者政治腐败透顶，或者内乱乱到了京城。而民国时的中国，虽然也有内战和腐败，但毕竟不同封建王朝的不治之症，总的来说，“才”不落伍，所以国势仍存上升空间。

（2）凝聚力不可比

以往华夏历朝，外敌进来前夕，国家内部往往已经四分五裂，分崩离析，没有一个号令天下的统一政府、统一指挥。而民国在日军全面侵华时，各个党派同仇敌忾，形成了统一政府统一指挥、凝聚力空前的国民军抗日武装。所以，日军“分化瓦解，以华制华”的策略，比起过去中国的外敌“企划”，效果就差了很多。

（3）文人不可比

以往华夏外患来临时，虽然也出现死烈之士，但大多数文人士大夫还是贪生怕死。而民国抗战时期，文人也面临着“下跪”与“拼命”的选择。在只有“下跪”与“拼命”两条路可供选择时，一部分人选择了下跪，一部人选择了拼命，精英群中后者的比例大于前者。这是中国人贫血与热血共存的时代，是盛产汉奸文人时期，也是“非常文人”英雄辈出时代。“文人持剑”成为时代风景——文人“投笔从戎”，一寸河山一寸血，十万青年十万军。“学生兵”成为当时铁血男儿的象征。

“文人持剑”会给国家带来什么？抗战期间，西南联大历史学教授雷海宗推出的一本书作《中国的文化与中国的兵》，在知识青年中影响很大。他认为：中国旧文化是“无兵的文化”，偏重文德，使人文弱。士大夫对兵戎之事不了解、不关心，致使流氓无赖充斥行伍，军队素质低下，不能满足文明社会的要求。

雷海宗对中国知识分子多有批评，他认为他们都是些文弱的书生。太平盛世他们可靠皇帝与团体间无形的组织维持自己的势力，天下一乱，他们就失去自立自主的能力，大权就转移到流氓的手中，士大夫最多只能守成，并无应付局面的能力。每次天下大乱时士大夫无能的情形就暴露无遗。

因为“文武兼备的人有比较坦白光明的人格，兼文武的社会也是坦白光明的社会”，所以，雷教授主张有知识的人应该去当兵，他倡议知识分子应该修炼“武德”、修正畸形的“文德”，以此来振兴民族的风气。

雷海宗的“文化人当兵论”给当时中国年轻人极大促动。那一代的中国青年，无论是上战场的，还是在学堂准备当“学生兵”的，其精神面貌都非常好，血性男儿巨多，一改“东亚病夫”衰相。

侵略者到来后，选择“下跪”的一方未必能活命，选择“拼命”的一方也未必死路一条。所以，拼命的文人数超过了下跪文人的民国，终于没有亡国亡种。

(4)世界局势不可比

以往华夏受侵，因为中国自成一体，所以没有世界大家庭的救助。彼时中国灭亡，国际形势也未必发生巨大变化。而民国时期中国则不同，辛亥革命后中国初入世界流，已经成为世界大家庭中的一员。中国战场即便不因后来二战全面爆发而得到盟军支援，也会随着抗日的正当性，而逐步得到世界道义与物资援助，这是以往孤立的中原封建王朝望尘莫及的。

(5)最要紧的，也是对上述四条升华：汉魂被激活。

以往华夏被征服的历史时期，汉魂已被苟安割断，而民国时的汉魂，却被战争迅速点燃。

二战时期的中国，无法像一战那样独善其身、隔岸观火。二战的东方大幕就在中国拉开，作为东方主战场，中国不得不在“亡国”与“图存”中作出抉择。

最终，“亡国亡种”的危机，“救亡图存”的信念，文化人当兵，合成汉魂燃起的三大火种。抗战中，国际社会见到的是一个“从未见过的中国”——文化人如此勇敢，中国人如此团结，汉魂再次复活，再次震撼世界。

在抗战中，中国军队不断创造奇迹：长沙会战，对日作战三战三捷，打死日军十余万。长沙不在中国腹地，但日军到了抗战第七年，还是拿不下这座城。被誉为“抗日第一名将”的中国第九战区司令薛岳，率领中国官兵以“天炉战法”大破日军，中国守军守城信念岿然不动，而动摇的是日军——经历长沙惨败的日军，所谓不败之师自承“动摇了一部分官兵的必胜信念”。

八年抗战，七年不失“文化城”。长沙成为中国抗战时的文化之都，北大清华南开率先迁到这里，西南联大的雏形是在长沙奠立，而后才赴昆明。

中国军人自古以来，很少走出国门作战，而抗战时期，中国军队不仅远赴境外作战，且远征军的战斗力超过不可一世的日军。中国驻印军首创对日军“以少胜多”的战绩。中国远征军新38师师长孙立人率不满一千的兵力，击退数倍于己的敌人，救出近十倍于己的友军，轰动全球。美国总统罗斯福授予他“丰功”勋章，英王国王乔治六世则授予他“帝国司令”勋章，孙立人是第一个获得这种勋章的外籍将领。

英勇的中国远征军打出了世界水平。历时两年的缅北会战以中国军队胜利结束。中国驻印军毙伤日军10万余人，自己仅伤亡不足2万人。远征军第200师师长、少壮将军戴安澜战死沙场，年仅39岁，死前喊出——“生为中华军人，死为中华雄鬼”。

为什么戴安澜如此英烈？为什么薛岳、孙立人能够对日军保持全胜战绩？

他们的军事素养及战法得当是其一，但更深刻的原因，则因为他们都是有精神有文化的将军。比如有“战神”之称的薛岳，7岁上私塾、学堂，10岁即入新式小学读书，15岁离开家乡到广州学习军事，20几岁保定陆军军官学校毕业，26岁担任孙中山先生的警卫营长，年少的他接受了西方科学知识，使其见识比同龄人稍胜一筹。从军后即文武兼备，对捍卫中华、振兴中华的思想特别敬仰。当外敌袭来时，久藏的那股民族魂被激活，所以面对外敌，屡屡能够做出果敢的行为。

“升官发财请走别处，贪生怕死莫入此门”，这是秉承革命党精神的黄埔军校门口挂着的对联，写就“黄埔精神”四字。之所以中原大战，各路军阀都不是黄埔北伐军的对手，就是因为他们没有黄埔学生兵的这种精神。黄埔军校建校时间最短，师资条件最差，办学条件最简陋，但是产生了一大批世界级名将，后来在对日作战中屡建奇功，一扫当年旧中国的颓丧萎靡之气。

觉醒的中国给予外敌怎样的杀伤？日本权威历史学家伊藤正德在他的

著作《帝国陆军史》中,记录二战阵亡在中国的日军,共计 78.9370 万人。《中国近现代史纲要》明确写道,“日军在海外作战中损失的 287 万人中,有 150 万伤亡在中国战场”。综合两部史书,大约可以确定超过 70 万人低于 80 万人日军死在中国战场。另据中方 1946 年统计,国民政府军作总计损失 365.0465 万人,两相比较,中日军队死亡比例基本上是 5∶1。如果以往中原历朝军队以这个比例杀伤来犯之敌,那么总人口极其有限的外敌,也同样是半个中国都不可能拿去。可见,一个民族,“才”之不衰,“魂”之不散,是何等重要。

抗战八年,外敌是有史以来最凶残的侵略者之一,但中国却没有被征服,这是近代百年屈辱后,中国取得的首次反侵略战争全面胜利。虽然这里有世界局势变化的因素,但中国毕竟浴血奋战,自立荣光,也顶起了汉魂复活后的骄傲,共创了中国外战光辉岁月。

至此,不难给本节开头设问一个结语——中国抗日,“汉才”不弱,“汉魂”爆发,民心所向,即便没有美国参战,中国军队注定会赶跑日本侵略者取得最终胜利。虽然,用时不大可能是短短八年。

4. 从“战胜国”到“世界四强”——华夏文明的战时复兴

始自 1895 的“日主东洋”格局,至 1945 随日本“无条件投降”宣告结束。

日本在二战中惨败,昭告东方“后生”不敌西方“优生儿”,却再次给了东方乃至中国崭新明天。

自以为吸到西方文明精髓、达到东方文明顶峰的日本,在与西方顶级强国的对抗中遭遇完爆。这一方面说明日本的军国扩张之路不得人心,另一方面也说明,日本的“德式处方”并非西洋文明的“顶级秘方”,如是衍生的东方文明当然不是“东洋”新生的终南之径。

而古老的中国在这场大战中重新屹立世界,赢得了百年未见的尊严与发展机遇。再主东洋,重返“东方文明中心”成为可能。

二战结束后,中国堂而皇之地步入“世界四强”之列。有人说那是中国“打出来”的,也有人认为那是盟军领袖美国“扶助”的。

客观地讲，这两个因素都不可或缺。

打败日本，美国当然发挥了主导作用，但是没有中国军队的支持也不成。对于这点，二战时的美国领导人比任何人都清醒。

太平洋战争爆发后，美日大战打响之际的1941年岁末，美国总统罗斯福在征得英国等伙伴国政府同意后，主动向蒋介石抛去橄榄枝，正式提议建立中国战区，设立统帅部，以便统一指挥中国战区的中国、泰国、越南、缅甸境内作战的联合国军队，协调中国战区司令、印度军司令、南太平洋战区司令三总部之间的联系。1942年1月2日，蒋介石复电同意。4日，联合国正式推举蒋介石为中国战区统帅，建立统帅部。“汉军”与“美军”有史以来的第一次联合作战开始。

虽然时起时落，但总的来看，加入盟军的中国军队表现不俗，他们与美国并肩作战，共同完成了把“大日本”打回“本土日本”的历史使命。

接下来，就是美国“投桃报李”的时刻。

就在二战发生转折的1943年，美国总统罗斯福在与蒋介石谈话时表示，中国应取得四强之一的地位，并平等地参加四强机构，参与制定该机构的一切决定。

同年，美国率先与中国政府签订了《中美新约》，开启了废除一个世纪以来列强强加给中国的不平等条约大幕，结束了列强在中国享有的政治、军事和商业特权，使中国“百年屈辱，洗于一日”。

《中美新约》缔结次日，中国政府向全国发表《告全国军民书》：

> 我们中华民族五十年革命流血，五年半的抗战胜利，乃使不平等条约百年的沉痛历史，改变为不平等条约撤废的光荣记录。这是我们中华民族历史上，为起死回生最重要的光荣一页……

中国国内由此掀开了欢庆“起死回生”热潮，全国各大报刊发表社论感谢美国，各大城市的各界人士自发走上街头庆祝中国成为世界大家庭中的平等一员。

徐永昌将军签字一刻

中美联手，迎来1945年“中国骄傲”时刻：

1945年9月2日，在东京湾，当时世界上最大的军舰密苏里号上，举行日本向盟国全面投降的签字仪式。所有战胜国要登舰受降，经美国提议，各国一致推举中国为登舰第一国。在军乐声中，在人们肃立致敬的目光中，中国国旗冉冉升起，中国代表徐永昌上将率先登上密苏里号战舰。签字受降仪式正式开始，先是麦克阿瑟以盟军最高统帅身份在受降书上签了名，而作为国家签字的，第一个是中国代表，随后才是苏联、英国等国的代表。

这一刻全世界共享了华夏的荣光与自豪。

1945年10月，联合国正式宣告成立，中国在安理会五个常任理事国中排名第四，居美、苏、英后，列法国之前。此后，中国政府经过多轮谈判，到1947年，废除了晚清以来与法国、荷兰、比利时、巴西、挪威、瑞士、丹麦、葡萄牙等所有侵略者的种种不平等条约，让中国在世界上真正站了起来！

中美联手取得的抗战胜利，为“华夏文明的复兴”走出了承上启下的一步。此时中国，文明复兴似乎有了真正的可能。诚如美国派驻中国特使马歇尔所言：

> 中国人民正努力寻求全世界值得感激的合作，这一努力几乎是史无前例的。

东风起兮，古老大国的复兴也似乎跨越了政治文明这道坎儿。对于20世纪中叶这时的中国人来说，一首瑰丽的史诗般的复兴仿佛一蹴而就。

然而，接下来发生的一切却使复兴的憧憬化为泡影。身为国民政府最高统帅，蒋介石抗战胜利后不思内部整肃与国家重建，主动挑起内战，从而失去了大陆，蒋的盟友美国也由此失去了中国。此后中国的联合国身份虽无撼动，但西洋主导的国际组织中，已不再可能有中国的身影。中国“四强”的说法，也不大可能出现在他们口中。

5. 好景不长——从“图存”到“争雄”，这股“血”如何才能“总是热”

> 五十年革命流血，
> 五年半作战牺牲，
> 挣断了枷锁，
> 唤回了汉魂，
> 埋葬了沉重的历史，
> 展开了民族的新生，
> 正义已获得伸张，
> 神州已重睹光明……

这是1943年《中美平等新约》签订后、抗战胜利在望时，流行中国大江南北的歌曲。中国人欢喜若狂，以为“唤回了汉魂”，华夏崛起有望。

然而，当胜利真的到来时，失而复得的“汉魂”，转瞬间又得而复失。

1945年8月15日，日本投降，9月2日，中国受降。复国之后，在抗战中凝聚起来的民族精神迅速消亡，随之而来的，是政府官僚又恢复了贪腐的本态。所有的老毛病都回来了。争权夺利、拉帮结派、腐化堕落……各种投机倒把、贪污盗窃的行径比过去有过之而无不及。

不少学者分析这段历史蜕变，认为问题出在接收及接收大员身上。胜利来得突然。“白捡的胜利”，就像“白捡的财富”，一夜暴富冲昏了头脑。

诚然，这场胜利正在中国军队抗日走下坡路时突然来到。1944 年，临近日本崩盘，但却是中国军队打得最不好的一年，在豫湘桂会战中，中国守军一败涂地，日军进击中国东南全境，打穿了中国大陆线，战役使中国苦守了七年的长沙城亦遭沦陷。

世界大战场盟军优势转化为胜势、日军已成强弩之末之际，中国军队却出现对日作战的大溃败。这种表现，一度动摇了盟军老大美国对中国的信心。美国参谋长联席会议建议总统罗斯福，要求“俄国在它能力范围内尽早参加进攻日本”，以减轻美国的负担，盟军最高统帅罗斯福意识到，打败日本，光靠这样不禁打的中国盟友不行，所以将橄榄枝投给了苏联。出卖中国主权的《雅尔塔协议》就在这样的背景下出笼了，由此中国的外蒙古和东北尽归苏联势力范围。

一年前还意气风发的中国战区司令蒋介石此时非常沮丧，1944 年 7 月 21 日，在黄山整军预备会议上，他对作战不力的将领大加训斥：“自从这次中原会战（豫中会战）和长沙会战（长衡会战）以来，我们国家的地位，军队的荣誉，尤其是我们一般高级军官的荣誉，可以说扫地以尽。……外国人已经不把我们当作一个军队，不把我们军人当作军人！这种精神上的耻辱，较之于日寇侵占我们的国土，以武力来打击我们，凌辱我们，还要难受！我们自己招致了这种耻辱，如果再不激发良心，雪耻图强，使我们中国的军队，能与世界各国并驾齐驱，那就无异我们出卖了我们自己的国家一样！”

应该说，蒋介石已经在一定程度上意识到问题出在哪里。他对战役中军队的“败血现象”发出比较痛彻的悔悟：“我们军队沿途被民众包围袭击，而且缴械！这种情形，简直和帝俄时代的白俄军队一样，这样的军队当然只有失败！我们军队里面所有的车辆马匹，辎重武器，不载弹药，而专载走私的货物。到了危急的时候，货物不是被民众抢掉，就是来不及运走，抛弃道旁，然后把车辆来运家眷，到后来人马疲乏了，终于不及退出，就被民众杀死！部队里面军风纪律的败坏，可以说到了极点！”

冷静看那场会战，与其说是日本的一次回光返照，不如说是中国国民政府未来命运的预演。随后，历史发生了重大转折，日本投降，而中国并未沿着设计的路线前进。内战爆发，国民军溃不成军。

深刻分析这支曾经打出华夏骄傲的汉军主力“溃不成军”的原因，更大的问题出在“失魂”。

如果说抗战是中华民族精神——汉魂由衰败走向振兴的转折点，那么抗战胜利后，则是汉魂得而复失的又一节点。而这一切变化的轴心，就是“救亡图存”。

抗战中的中国有首响彻全国的《义勇军进行曲》，歌中那句“中华民族到了最危险的时候，每个人被迫着发出最后的吼声”道出了当时全体中国人的精神状态。即便是贪腐成性的官员，因为“民族到了危险时候”，为了“图存救亡”，也不得不紧绷起精神。

抗战打到第七年，由于国际战场对中国空前有利，美国在太平洋战役横扫日本海军，胜利就在眼前。在亡国无忧、图存有望的状态下，国家精神失去依托，于是，中国官员的堕落、政府的腐败、军队的涣散，一一重现，先前的那种舍家救国、同仇敌忾的景象难以见到了，取而代之的是怨声载道和灰心失望。

如果“亡国亡种”的危机始终未缓，如果抗日胜利是中国军队实实在在打下来的，还会不会是这番模样？

之前是志士们一寸山河一寸血，之后是贪官们一场酒宴百姓一年粮。

崽花爷钱心不痛。坐享其成者，恰恰是失去信仰、没有精神的“败家子”。这些躲在民族英雄后面的“侏儒”官员，抗战胜利后意志懈怠，贪欲横流。“一朝权在手，就把令来行。有权不用，过期作废。”大官大捞，小官小捞，形成无官不捞的局面。他们根本不把国家与国民放在心上，再次回到“躲进小楼成一统”的“积攒家业”状态。

当时,并非无人看到"失魂"的危害,也不是没有敲钟者。1948 年岁末,著名学者殷海光发表《赶快收拾人心》说,"国家在这样风雨飘摇之秋,老百姓在这样痛苦的时分,安慰在哪里呢? 希望又在哪里呢? 享有特权的人享有特权如故,人民莫可奈何。靠着私人政治关系发横财的豪门之辈,不是逍遥海外,即是特权豪强如故"。

然而,这种精神废弛的状态却得不到及时、根本治理。这一是因为政府失去了"救亡图存"的凝聚力;二是因为主流人群精神败血而无法收拾。尤其是那些"搅了一锅汤"的鼠辈官员得不到清理。因为"牵一发而动全身",正是这些形形色色的官员才构成党国政权的社会基础。这也是国民政府反腐败不见成效,也不敢在反腐败中动真格的根本原因所在——如若把这些贪官污吏都斩尽杀绝,他们的政权靠谁来进行维护?

图存已就,痼疾复发。疾在腠理,难下痛手。故此,抗战胜利以后,民族精神一泻千里,汉魂不能"保鲜",社会风气江河日下,那些国家精神的主体——政府官员们,人生的最大追求,是房子里面大箱小箱装的都是钱,他们最痛快的事情就是把门一反锁,躺在床上数钱。

官风不整,国家精神难振。虽已收复了国土,但复失民族魂。一个民族的精神,可以靠短暂的国难来激活振作,但却不能靠短暂的兴奋来提升,和平之日汉魂"保鲜问题"始终是困扰华夏民族的一个纠结点——从"图存"到"称雄",华夏文明还有多少路需要走,汉魂这股"血"如何才能"总是热"……

第十二章
百年东洋战史，三分天下文明

从19世纪中叶中英鸦片战争开始，到20世纪中叶美日太平洋战争结束，东洋百年，总体来讲处于“战时状态”。百年东洋战史，不仅令东西纷争初见分晓，而且验出了东洋列国及西洋诸强的文明真相。

倘若以文明真相区分各国，则无论东西方国家，无非处于这三种国家角色选择——受人欺负，欺负别人，主导世界。

1. 受人欺负——被野蛮征服的“文明”，非“伪”即“弱”

我爱中国人，但是显而易见的，为了抵抗凶恶的军国主义，中国的文明将大部分被摧毁，他们似乎没有别的路可走，不是被征服，就是采用他们敌人的各种“劣习”。

——罗素（英国哲学家）

作为一名跨世纪的西方思想家，生于19世纪成名于20世纪的英国人罗素算是个“知华派”。1920年他访问中国，并在北京讲学一年，回到欧洲后著《中国问题》一书，读过此书的孙中山称罗素为“唯一真正理解中国的西方人”。

罗素在中国抗战期间，做了一番对华夏文明出路的演讲，那番话道出了受人欺负的国家弱文明本质，指出中国要摆脱被日本征服命运，除在文明上“去弱图强”外别无选择。

其时，对于中国对日本的屡战屡败，全世界大概都想问几个为什么：

甲午海战，为什么自力更生的日本海军几个小时就毁灭了中国苦心经营的“亚洲第一海军”？九一八事变，为什么2万日本关东军7个小时就打跑了20万中国东北军，占领了沈阳？为什么东北军260多架德国战斗机，3000多门大炮，1万多支步枪，5800挺机枪，一夜之间，就落入日军的手里？七七事变，为什么几十万日军小跑着就占领了大半个中国？连天安门广场和长安街都站不满的几十万人，怎么就打到了武汉、广州、云贵？……

总是“以多败少”的民族，“文明本质”肯定出了问题。

许多学者认为“弱中国”问题出在“血性”——只会谴责而不会自责，只懂得“仁义”大道理，不懂得“弱肉强食”的丛林法则。这可以归结到“魂”的领域，是“汉魂失血”所致。

然而，“魂”只是文明的一方面问题，不能涵盖全部。“弱肉强食”当然是“丛林世界”的硬道理，但不是所有“铁血民族”就一定强。

追本溯源，更全面地说：旧中国的华夏文明，除“魂”之外，其他两项“才”和“道”上也出了问题，也就是说在“汉才”和“仁道”这两项上，几千年故步自封，没有实质性的变化。而守旧之物必然苍老，沉淀得更多的是弱者文化。这些弱者文化，导致本文明“自慰有余、自省不足”，甚至“以不变应万变”、以“精神胜利法”应对一切新文明挑战，结果就可想而知了。

中日“甲午战争”结束后，日本“近代教父”福泽谕吉曾从“文明”角度作过如下总结——

中国的文明程度不及日本，故不敌日本。

为什么说中国的文明不如日本？福泽进一步明确指出：因为晚清中国，只有“外在文明”，没有“内在文明”。

什么是内在文明，什么是外在文明呢？

福泽谕吉在他的《文明论概略》一书中有着细致的论述。在此,笔者删繁就简,一段蔽之:

凡是能用钱买来的,比如洋货、洋建筑,都是外在文明;而用钱买不到的,譬如世道人心的改变,方属内在文明。

依这个分法,人们不难厘清:

你吃什么穿什么玩什么住什么,衣、食、住各方面流行的生活方式,是可以用钱买来的,与内在的、本质的文明无关,属于“外在文明”。而你的价值观你的思想,是用钱买不到的,却决定了你的精神本质,则属“内在文明”。一个国家在吸取外来文明与建设本国文明的过程中,外在文明易取,内在文明难求。

其实,我们仔细分析一下福泽谕吉所言的“外在文明”,与“伪文明”的意思差不多。依此说法,华夏文明至少在清代,是被日本归纳在“伪文明”范畴。

仿佛是为了佐证福泽谕吉的判断,晚清中国大搞洋务运动,自以为开化进步,但却成为日本诟病中国徒有“外在文明”的口实。

洋务运动后,中国人是一种什么样的精神状态?英国立德夫人在1901出版的《穿蓝色长袍的国度》一书中,把当时清朝臣民整体素描为“无精打采”:

> 约四分之一的人都在吸食鸦片。有些地方土地肥沃,整村整村的男人都面色苍白,躬着背,身体都空了,也许连肋骨都空了。

这段素描形象说明:洋务运动后中国人精神状态与洋务运动前没有两样,甚至更加恶化。洋务运动并没有改变中国世道人心。

为什么洋务运动不能改变中国世道人心?

这就又涉及文明的内外之分了。改革兵制,建造巨舰,购买大炮,如此等等用人力可以制造,用金钱可以购买,是文明的外形,而非其本质,是文明的表象,而非其精神。而文明的实现,是对文明本质精神的领会与实践,只搞技术文明，忽视文明的精神，文明开化的目标终究不能实现。

对于“中国文明不如日本”，“日本教父”从“四个方面”进行了小结——

其一，法治精神——实行古代专制，全无法律可据；

其二，科学精神——沉溺愚昧既深，不知科学为何物；

其三，尊严方面——屈辱而不知耻；

其四，人道方面——刑法残忍。

福泽谕吉把中国的这“四个方面不行”，说成是中国的四个“野蛮特质”。

关于中国的四个“野蛮特质”，日本陆军大将板垣征四郎说得更不留情——中国不过是一个“拥有自治部落的地区上加上了国家这一名称而已”。

中日甲午战争爆发前，针对只有“伪文明”的中国未来，福泽谕吉曾进行了大胆预言。认为中国在“文明东渐之风潮”下，不可能自保，“已无独立维持之道”。如果没有“志士出现”，“如我维新、国事开进、改革政府、改造政治、务使人心一新”，则“不出数年，其国必亡，其国土必为世界文明诸国分割”。

福泽谕吉的话，虽然有其局限性，但对旧中国“文明”的认识与预言，却具备相当穿刺力，晚清后来的结局被他不幸言中。被野蛮征服的文明，非“伪”即“弱”。彼时华夏文明，已是“伪文明”与“弱文明”的怪胎，所以国尽可欺。而真正强大的文明，不可能被野蛮征服。

2. 欺负别人——虎狼之师“半开化”

在逝去的大多历史中，凡是有梦想的国家，都不想像旧中国那样深陷任人欺负的弱文明当中。所以，其中不少国家选择了“不受欺负却能欺负别人”的方向进行文明演进，“虎狼之师”，几乎成了贯穿中古近代“民族崛起”的代名词。

然而，这种强国虽然能在世界风光一时，但很难得到世界的认同。因为这种国家的精神本质也有问题，正如日本和魂武士道，本质上是一种“恃强凌弱”精神。这个东方世界的“另类骄傲”在二战前是一个标准的“虎狼之师”，将弱肉强食的丛林法则演绎到极致，结果引起公愤，被世界盟军打回“二级国家”行列。

而在日本的北端，另一个与东洋“扯不清”关系的传统强国，也是执迷于丛林法则的国家典范，他们的文明及其国家命运也颇耐人寻味。

（1）俄罗斯的“文明本质”

这是个在东洋史中无法省略的国家，也是个与东西世界都有着特殊关系的独一无二的国家，它的名字叫俄罗斯。

虽然就地域来说，俄罗斯横跨欧亚大陆，说它是西方大国或东方大国都可以，然而实际上它在哪方世界都“难以定居”。在历史上，俄罗斯没有值得信任的西方朋友，也没有平起平坐的东方朋友。东方国家惧怕它，西方国家排斥它。

这是为什么？

还得从“文明本质”中寻找真相。

在西方强盛、东方日本崛起时，俄罗斯也是个不甘寂寞的国家。但是，俄罗斯的国家角色，从文明本质上划分，基本也定位在“不受欺负就要欺负别人”的虎狼之师。

这与他们的历史渊源和沿革息息相关。

与中世纪的日本一样，中世纪俄罗斯不仅受到蒙古帝国的“铁血征服经”影响，而且本身就曾陷入蒙古帝国的征服范围内。

前已细述，13 世纪的欧亚大陆，是蒙古人的天下。整个东亚、中亚、北亚、西亚大部分地区，东欧和中欧大部分地区都在其统治范围内。那时欧洲大陆，有匈牙利、波兰、乌克兰、俄罗斯等多个国家被蒙古帝国占领。作为征服者，蒙古帝国对这些国家影响都不小。但是，要论哪一国受蒙古帝国“草原狼文化”的影响最深，可能这个国家非俄莫属。

“撕下一个俄罗斯人的脸皮，你就会发现一个鞑靼人”——这是流行欧洲的一句谚语，是法国启蒙思想家约瑟夫·德·梅特尔对俄罗斯人的整体评价。“鞑靼”是欧洲人对突厥与蒙古人的一种统称，“鞑靼”本不属于西方。以鞑靼人的真实面目描述俄罗斯人，这说明俄国人的精神引擎与蒙古帝国有着千丝万缕的联系。

把俄罗斯人与蒙古突厥合为一谈,这绝不是空穴来风。俄国的前身是“莫斯科公国”,曾经那不是一个完全独立的国家,而是蒙古帝国的藩属国。早期的俄罗斯地处东欧大平原,没有任何保障自身安全的天然屏障,就像没有护栏的婴儿车。正因为如此,它经常受到来自突厥、蒙古的入侵,饱受奴役之苦。

中世纪,俄罗斯大部分领土都在蒙古帝国的版图之内。莫斯科大公国(俄国前身)遭受蒙古金帐汉国的统治,长达百年。蒙古人的统治带来了这个民族的不安,同时也给该民族的血液中注入了“铁”。武力意识、扩张意识和征服意识深深地融进俄罗斯民族的心理意识中。

特殊的地理环境和历史经历,使俄罗斯民族自古就形成了本能的不安全感和对外部世界的不信任感。因此,消除这种固有的不安全感和畏惧心理,就成了俄罗斯历代统治者孜孜以求的目标。

如何达到这个目标?在俄罗斯身边,有个重量级的榜样。那就是奴役他们的蒙古帝国。仿佛是患了“斯德哥尔摩综合征”(人质爱上劫匪),侵略者反而成为被奴役者的精神领袖。随后的俄式霸业以军事开路,活脱脱就是蒙古帝国的翻版。“俄罗斯帝国思想”在很大程度上就是“蒙古帝国思想”——

要不受欺负,甚至可以欺负别人,唯一的途径就是向外扩张,最大限度地扩大疆域,把“婴儿车”造得越大越好。

俄罗斯的“造大婴儿车”思想确立了他们必须拥有一支强大的、足以战胜一切敌人的军队。纵观俄罗斯的历史,军队在国内一直拥有很高的地位,建立军事强国一直贯穿于俄罗斯强国路全程。为了达到军事政治目的,俄罗斯常常倾其所有,不计成本,甚至有时干脆用军事手段替代经济手段,以军事扩张谋求发展,成为俄罗斯特色的战略文化。

蒙古帝国为俄罗斯留下了“铁血遗产”,因为践行“铁血征服”,俄罗斯史上不断涌现“军政强人”,从彼得大帝、叶卡捷琳娜二世,到尼古拉二世,均以“铁血耀武”著称于世。

“俄国人普遍地具有一种奇怪的迷信，以为他们注定要征服世界。正是这种感情使俄国士兵在极端困苦的条件下具有惊人的坚韧和耐性”——这是19世纪中叶美国驻俄公使尼尔·布朗曾对俄国人“征服思想”的评价。

其实，这种征服世界的思想，同样能在蒙古帝国那里找到出处——要么被征服、要么主动侵略。没有其他路好走。从16世纪起，俄国人翻越乌拉尔山，向亚洲扩张，沿途实行种族灭绝政策，把土著杀光，将征服的土地直接纳入本国版图。这种思想与草原狼的生态环境异曲同工——不猎食，毋宁死。

师从蒙古帝国的俄罗斯强人，取得过类似成吉思汗的“伟业”，但在这个世界上，他们显得相当孤独，说得过去的朋友，少之又少。诸国根据历史经验对俄罗斯作出这样的判断——他们令人生畏，同时也是个“交不透”的国家。世界已经习惯俄罗斯变脸。不少人以为俄罗斯的变脸，是一种外交策略，而实际上，这里隐含根深蒂固的文化血脉。就像前面讲到的草原文化的另一面：假道伐虢，见利忘义。一切为扩大生存空间、利益最大化服务。

纵观俄罗斯在东洋变迁史中的角色，几起几落。由于军事扩张，它曾占据了旧中国东北大片领土，取得了远东“准霸主”地位。由于政治慢拍，它在几次欧洲大变革中命运多舛。20世纪初叶，沙俄帝国与日本争夺东洋霸权，遭受重创，实可谓“老军国”不敌“新军国”，或言“成也军国，败也军国”。

（2）正义可以伪装，野蛮无法隐藏

我们今天回过头来探讨军国的命运，蒙古帝国、沙俄帝国、德意志帝国、日本军国的最大病症是什么呢？

除了前面讲到的“半拉子宪政工程”，还有就是“国家精神”问题。

一个国家的本质，是国体与国家精神共同作用的产物，军国的促成亦不例外。就“国家精神”而言，军国其实是患上了严重“精神病”，其发病时的表现与信奉“丛林法则”及“社会达尔文主义”的信徒类同——只顾争强好胜，不顾道义是非。

而回顾历史，不难得见：自古“成了气候”的军队和党派，均是成功地占据了道义制高点。两个政治集团在旗鼓相当甚至敌强我弱的情况下，掌握“大是非”的一方胜算较大。拥有“大是非”的政治军事集团，等于拥有了百万雄兵，失去“大是非”的政治军事集团，迟早会成了孤家寡人。

那么，什么是“大是非”呢？

一说“正义”。什么是“正义”，很多人认为说不清，因为在历史长河中，它往往成为各种组织各色人物的惯用脸谱。显然，正义是可以伪装的。

二说“成败”。苏联领袖斯大林曾言：胜利者是不该受到谴责的。中国自古以来也有“成王败寇”之说。然而，历史反复验证，人类世界与动物世界毕竟不同，丛林法则不能简单套用于人类。

显然，无论“正义”抑或“成败”，都不是衡量“大是非”的标准。

比起“成王败寇”来，中国还有句更具生命力的老话，叫“得道多助失道寡助”，何谓“得道”，哪叫“失道”，最大的“道”是什么？

离现代最近的“失道国”，就是第二次世界大战以德意日为核心的轴心国，他们开启了一场弱肉强食的丛林战争，所幸最后变成“有道”伐“无道”。轴心国军队在战争中兽性累累，灭绝人性的屠杀无处不在，其行为超出了“人类”定义的底线。世界认识到“虎狼之师”的危害性，组成同盟军将他们打败。战后，联合国制订了《日内瓦公约》，规定战争中“禁止虐杀伤俘无辜平民”等细则，可看作是人道主义的胜利。

可见，这世上最大的“道”，就应该是人性。所有不得人心的东西，“不得道”的东西，说到底都是“没有人性”的东西。

毫无疑问，人性是鉴定一个国家文明底色及衡量“大是非”的最高标准。依此衡量，“虎狼之师”无论怎么强盛，充其量是“半开化”文明状态。因为军国精神的缘起，是“允许把一部分人不当成人”。

所有的野蛮归结成一句话，就是“不把人当人”。是把每一个人当成“人”来尊重，还是“允许把一部分人不当成人”随意践踏，这是“文明与野蛮”的分水岭。

无论哪个国家、哪个民族，什么样政权，以什么样冠冕堂皇的理由，只要鼓吹“不拿人当人”，或者“允许把一部分人不当人”，那一定是邪恶、野蛮、反人类的，迟早会给整个人类带来灾难。

二战之后，世界已无“虎狼之师”表演大舞台。军国发家史，不可能在今日世界成为“民族崛起”的典范，更不会被主流国家复制。譬如21世纪的德国，已经实现思想与体制双双完善，出现了默克尔这样的女强人，但是如此政治强人与昔日德国铁腕强人希特勒拉开了质的差距，不是因为素质，而是因为思想与体制——当代德国汲取了两度崛起两度沉沦、虎头蛇尾的教训，他们抛弃了军国独裁政体，推行民主完整版。以德国现有国力，虽然短时间不可能成为世界领袖国，但加上了德意志人的国民素质与民主政治的双保险，再度崛起，成为欧盟的掌门人、欧洲的一级强国，却已然指日可待。

3. 主导世界——什么样的文明才能缔造“领袖国”？

二战后，经受了军国摧残的世界，已经有了长足记性——

任何强大的武器，掌握在“虎狼之师”手中，他们一定会用来做成恶果。唯有代表人类最进步的“才与魂”的民族，才能把握工具的善方向，唯有人性的国体与正确的信仰，才能把一个变形的危险的世界，从根本上变成一个正常的安全的世界。

从世界历史上看，野蛮和武力固然能一时战胜“弱文明”、奴役“伪文明”，甚至灭绝“弱文明”，但真正的“强文明”绝不会向野蛮和武力屈服，也绝对可以战胜野蛮。以为靠单纯武力就可以征服世界，终究是军国思想者的一厢情愿。

此外，即便本非“虎狼之师”，如果在文明上采取“两分法”，也难久为“主导世界”的“领袖国”。

就如19世纪的英国，征服了大半个地球，可谓名副其实的“世界领袖国”。但是20世纪两次世界大战过后，其“势力范围”却逐渐缩回本土，“领袖国”地位被同一文明体系中的“后生”美国取代。

英国与美国的地位轮转，除客观规律原因之外，还充分揭示了问鼎文明制高点的真谛——无论多么进步的文明，只有造福世界，才能持久地主导世界。

以英国宪政为开端的新生西方文明，解放人的权利和欲望，并从中产生惊人的力量，但是这台“永动机”却没有运送到本土以外的国家。大英帝国的失势，虽有经济、战争、地理、人口多重因素，但核心一条，就是在殖民地没有尽施人道。他们的自由、民主、人道，并没有和统治地一同分享。所以，被征服的土地，没有日新月异的进步，反而成为过度扩张和掠夺压迫的气球，压得越紧，越导致更强大的爆炸反抗。

对内是人、对外是狼。大英帝国的两种脸谱使其从一开始就不可能是一个逻辑上和谐的帝国：你不可能一边宣扬天赋人权，一边心安理得地骑在他国人头上作威作福。

失去“世界老总”地位的英吉利，与同样做法同样下场的“世界副总”法兰西，20 世纪成为难兄难弟，他们都从“仅次于上帝”的地位跌回原地。

好东西要与大家分享。再好的“道”，不进则退。

待英国女王和法国总统明白了这番道理，醒来之日，世界已是另一番模样。同一个文明体系中的优生儿夺走了他们手中的领袖国接力棒。

这个“优生儿”长成“山姆大叔”。而“山姆大叔”继“大统”，既非一日之功，也非经济军事崛起后的自然生成。尽管美国比较有钱、军事技术十分高超，但那也不是世界领导权的胜负手。秉承近三百年的《独立宣言》，一以贯之推行“新征服经”——独文明不如众文明，才是美国独步世界的制胜法宝。

第十三章
后现代困局——这里没有“领袖国”

二战硝烟未尽，东洋即再次成为世界瞩目的焦点。战争又一次爆发，地点还是朝鲜半岛。但这一次，不是中日两强争夺东洋主导权，而是“四国演义”——20 世纪中叶，战后重组世界新秩序，东西分立“华约”与“北约”两大阵营，“中苏美日”逐鹿东洋，“必争之地”朝鲜被一分为二。

1. 这里，险些点燃“第三次世界大战”

对于 1951 年爆发的朝鲜战争，日本战后首任首相吉田茂曾言：这是上帝赐给日本的礼物。因为朝鲜战争令日本看到了恢复元气、重主东洋的希望。

果然，朝鲜战争刚开始，美国对日本的态度就发生了 180 度大转弯——由打压改造转而扶持利用。日本在战争打响后被美国推举为联合国军后方主基地，成为“总押粮官”。“兵马未动粮草先行”，重新被启用的日本非常兴奋，将朝鲜战争视为东山再起的大好机会，不遗余力给予联合国军极大配合和大力支持。

世界东西两大阵营在朝鲜对撞，却是已经“归化西方”的日本一次翻盘良机。对此，英国媒体曾公开披露，日本不遗余力助战美国，朝鲜战争期间，大约有 2.5 万日军参战,“在多个战场上都发现了日本官兵的尸体”。

中苏与美日分别领衔的朝鲜战争打了三年,“第三次世界大战”之说甚嚣尘上。但这场“四国演义”最终定格为局部战争,停战之后,一切回到原点。

一战与二战仅相隔 25 年,均是 20 世纪的产物,两次世界大战的始发地均在西洋,而“第三次世界大战”却差点在东洋要地爆发,这说明东洋的世界地位没有因为日本的淡出而削弱,反倒因为战后世界新秩序重组而愈显“抢手”了。

众所周知,两次世界大战前,世界格局是群雄争霸。两场大战过后,只剩两个“超级大国”。二战结束之后世界的最大变化,是两大战胜国美国与苏联,从盟友变为争夺世界主导权的对手。1947 年丘吉尔“铁幕演说”,揭开了两大阵营逐鹿欧亚大陆的序幕。一边,美国自命“自由世界的宪兵”,认为“野蛮人”正在入侵欧罗巴,誓言“有朝一日,解放陷入奴役状态的东中欧各国,将苏维埃制度扫进历史的垃圾堆”。另一边,苏联领导人斯大林声称:“谁解放领土,谁就能把自己的社会制度推行到他的军队所到之处,绝不可能不是这样。”

然而,关于要不要把朝鲜战争战火烧遍整个东方,交战的双方却出乎意料地达成默契。

美国一方,朝鲜联合国军总司令麦克阿瑟主张发动整体东洋战役,把中国和北朝鲜一起解决,但是美国总统杜鲁门坚决不同意。麦克阿瑟与杜鲁门由此发生严重分歧与激烈争执。1951 年 5 月美国远东军事形势听证会,讨论麦克阿瑟将战争扩大到中国去的建议时,与杜鲁门抱着同样想法的参谋长联席会议主席布莱德雷说:

> 在目前的情况下,我们反对将朝鲜战争扩大到红色中国去。经常谈论的与中国进行有限的战争行动将会使我们在非战略关键点上投入过度的资源。红色中国并不是那个寻求统治世界的国家。坦率地说,参谋长联席会议认为,这种战略(指麦克阿瑟建议进入中国作战)将会

使我们在错误的地点、错误的时间，与错误的敌人打一场错误的战争。

这就是著名言说——“卷入一场在错误的地点、错误的时间和错误的敌人的战争”的真实出处。美国政要并不后悔发动朝鲜战争，但也不打算在中国本土开战。理由就是“红色中国并不是那个寻求统治世界的国家”。而谁是那个“寻求统治世界的国家”呢？显而易见，是红色苏联。

可见，美国对大规模战争的认识是跟着“征服世界”的对手走的。在建国的200多年间，美国只把三个国家视为“征服世界”的对手，他们就是德、日、苏，因为这三个国家，“意在世界统治”，所以美国不惜与他们发动大规模战争。

至于其他与美国作对的国家，因为没有“统治世界”的想法与能力，从而不会激起美国发动大规模战争。朝鲜战争中，即便是跟中国志愿军作战，但美国总统杜鲁门深知，谁是与美国争锋的对手，所以在朝鲜战争中把真正的对手锁定为苏联而不是中国。他的理由与布莱德雷同出一辙，既然苏联没有公开参战，那么所谓“第三次世界大战”遂因失去真正的对手而无发动的必要。

而另一边，虽然作为苏联第一强人，斯大林对大战并不示弱，且信心十足地预言：“第三次世界大战，只会引起世界资本主义体系的崩溃。”但是，朝鲜战争苏军不敢明着参战的表现，说明他并不真心愿意因为争夺东洋主导权与美国大肆交战。斯大林逝世后，第一继任者马林科夫在苏联最高苏维埃会议上首次使用了“缓和”一词。针对美苏大战的传言，马林科夫指出：与美国开战的结果不仅是“消灭资本主义”，同时也将“消灭人类文明”。他的这番话，或许道出了苏联在东洋与美国博弈的真实意图与定位——“平分”而非“统一”。

也许当年日本在朝鲜战争中期望恢复得更多，但是无论日本怎么想，美苏不想大打的朝鲜战火最终没有引发世界大战，东西两大阵营原点罢战、打了个平手。东洋要地朝鲜半岛被一分为二，美国主导南部，中苏主导北部，而日本基本上还是靠边站。这种均势维持了半个多世纪。

2. 文明之困——西洋有北约，东洋有什么

20 世纪末叶，冷战结束，苏联解体，华约解散，而北约不散反扩。

不少人以为，北约是西方干涉国际事务的军事组织，殊不知他们同时也是个不折不扣的政治组织，其政治色彩与昔日盛唐中国“天可汗”可有一比——确有一套成熟的文明体系立世。

对比西方，东方这里有什么成熟持久的文明体系吗？

无论是现在还存活的“北约”，还是已经作古的“华约”，并无中国和日本的一席之地。“北约”成立国除美国、加拿大外，悉数是西欧国家，而“华约”成员国则是清一色的东欧国家，这说明什么？

这说明东方的核心地带，已经没有文明的号召力，东亚只能跟跑欧美，不能领跑世界或与欧美分庭抗礼。

不能说自近代西洋崛起后，东方文明体系完全崩溃，但是东方人期盼的新东方文明体系，自 19 世纪末百余年始终处于“转而未型”的跋涉中。太平洋战争直至冷战结束后，东方依然面临文明的世纪之困——西洋有北约，东洋有什么？东方国际组织空白，这不是轻描淡写的军事之困、战略之困，而是雄关漫道的文明之困。

（1）日本的“东方北约”梦

2006 年，一本名叫《走向美丽之国》的书在日本出版，书中明确提出别样思路的“东方北约”：在亚太地区组建由美日澳印组成的四国同盟的构想。

这本书的作者，就是日本时任首相安倍晋三。

关于四国同盟组建“东方北约”的理由，安倍认为：“印度、澳大利亚都与日本拥有共同的普遍价值观，崇尚自由与民主主义，尊重法制与基本人权。如果日、美、印、澳四国能从战略角度协商如何努力合作、以与其他国家特别是亚洲国家共同拥有这种普遍价值观，那将是最理想的。日本有必要为此发挥主导作用。”

2013 年，再度入主日本首相府的安倍晋三，加强了“四国同盟”的努力，而且还与“大北约”直接搭上关系——促使日本政府和北约签下首份共同宣

言。共同宣言昭示:日本和北约将在各领域开展紧密合作。为加强与北约的关系,日本将新设"北约日本代表"。对这份宣言,安倍颇为满意:"这意味着日本和北约将由此建立起新的合作关系。"北约秘书长拉斯穆森也高度评价称:"日本和北约的合作关系将在广泛领域为国际安全做出贡献。"

2013 年 9 月 25 日,日本外务省召集"海洋大会",13 个亚非海洋国积极响应,其中不乏东盟国。会议主题为"支援新兴海洋国家","确认太平洋海上交通重要性"。

可见,"东方北约"的想法不仅在日本颇有市场,而且正在尝试由理想变为现实的可能——由"四国联盟"到"大北约",再到"大东盟",一路绵延开来,最后完成由日本主导的"大东洋"新格局。

当然,在安倍主政的日本版大东洋核心国——"东方北约"名单里,无论怎么蔓延,中国也绝对被排斥在外。

(2)中日为何不能像美英那样组织"东方北约"

回顾中日交战史,7 世纪为朝鲜中日间发生了第一次战争,之后近千年,日本再没有对中国动武。虽然此间日本对华夏文明产生过彷徨和犹疑,但主基调还是没有脱离"认同"二字。

日本对中国发动大规模战争始自清代,这首先不是因为中国军事示弱,也不是经济实力下降,而是因为两国文明起落所致。中日争锋,虽往往军事之争在前,但归根结底是文明之争,一言以蔽之:在"文"不在"武"。

中日两国"文明脐带"关系放到世界上比较,很像英美关系。就"文明脐带"而言,美国与英国一脉相承。但是,今天北约占主导权的英美"特殊关系"的"恒久性"却远远超过东亚的中国和日本。自两场独立战争交手过后,即 1814 年签订《根特条约》以后,英美两国就化干戈为玉帛,"英美一家亲"局面两百年不破。而中日关系,自中世纪两宋灭亡、元朝伐日后就磕磕绊绊,打打停停,忽冷忽热。

为什么中日不能像美英那样"一直好"下去?为什么两国不能共建东方自治组织、一起主导东洋世界?

除战略考量之外,主要还须从"师徒同道"的角度分析。回顾欧美发展史，尽管美国后来居上，走在英国前头，美国与英国做派有些不同，但就文明体系而言，美英始终处在同一个体系中，两国文明的差别，只是改善与否的不同，并非“冰炭不同炉”的本质不同。学生没有背叛老师的教义大纲，老师没有失去“原教旨”的魅力，她只是年老体衰，但精神领袖还当得。难怪驰骋20世纪80年代的英国铁娘子撒切尔夫人自豪地说——在我一生中，我们所有的问题均来自欧洲大陆，而所有的解决办法都来自英语国家。

在“解决问题的英语国家”，当然最突出的是屡屡联手的美英。

在国际政治舞台上，美英不分家几乎成为一道永恒风景。就拿英国“跨世纪首相”布莱尔来说，无论是在什么国际问题上，都坚定地与时任美国总统的布什站在一起。有人说，布莱尔就是布什的国务卿，但实际上，在一些路线上，说不清英国首相跟随美国总统，还是美国总统呼应英国首相。诸如伊拉克战争问题，表面上取决于布什总统，而实质上决断于布莱尔首相。当时很多欧盟国家犹豫萌生退意，而布莱尔领导的英国没有丝毫退缩，一直坚定地站在美国一边，并提出“生化武器说”——萨达姆是对中东地区的一大安全威胁，伊拉克拥有生化武器，并能在45分钟内发射。从而最终让美国下定决心，发动伊拉克战争，拔掉了萨达姆这根钉子。

接任布莱尔的现任英国首相卡梅伦对美关系也同出一辙。卡梅伦认为，虽然英国已经不是19世纪那个“世界老总”，但是仍有一些“独特的资产”。

这些独特资产是什么呢？卡梅伦举出“英语、BBC、世界一流大学、宽容社会 、海外移民”等，而我以为，英国最独特的资产，仍首推“政治先生”。作为“英语世界”宪政宗师，他们的“主流与正宗”仍在发挥余热，并且时常显示出对美国的影响力。

卡梅伦对历经两百年风雨的英美“血缘关系”颇为自信：

> 似乎没有哪个国际同盟关系像英美这样受到强烈关注，英国人看起来总是不停地盯着特殊关系的健康情况，不断测量温度看其是否一切正常，不断查看脉搏看其是否会继续生存下去。我从来都不理解这

种焦虑。

美国总统奥巴马如是回应：

就像我告诉首相先生的那样，美国没有比英国更密切的朋友和盟国了。我重申对两国间特殊关系的承诺，这种关系经历了几代人、跨越了政党路线。

二战“战盛”了美国，“战衰”了英国，战后虽然英国已经力不从心，但无论遇到什么国际重大事件，仍然始终以“正统”和“主流”国家发声。即便是21世纪的今日世界，当联合国或北约的权威需要彰显时，英国声明也往往在第一时间传遍世界。今日英国无法力敌世界，但是，“政治先生”余热长存，她可以鼓动美国完成她想完成的使命。英美紧紧手拉手，形成西洋世界“双子座”。

明白了西洋里的英美一直好的原因，就不难弄清东洋里的中国和日本为什么不能一直好。

中世纪前，中日关系甜蜜蜜，主要原因，是日本对华夏文明充满敬意。中世纪后，华夏文明中落。近代后中国和日本，在文明体系上走上了分道扬镳的两条路。只有残留的文化胎记，没有共同的价值取向延续，再加上学生一方总是觊觎老师家的后院。利益与文明双重不合的两国，怎么可能“一直好下去”？又怎么可能一起组织“东方北约”？

3. 非正常国家——戴着“紧箍”的东瀛使者

(1)日本使者“予人玫瑰”

21世纪东盟国眼中的日本，和中国眼里的日本，完全不是一回事。

中国国内官方媒体有报，包括缅甸、越南和泰国在内的东盟国家并不掩饰对现代日本人的好感。这令很多中国人感到不解。因为这些国家和中国一样，也受过日本侵略，而他们对日本人的印象却并不糟糕，不像中国人那么“不待见”日本。

中国媒体就此详尽报道的最后，将原因归结为“日本经济挂帅”，给了东南亚国家投资和援助好处。然而，日本给钱，中国也给钱。虽然给的路径不同，中国投给政府，日本惠及民间。讨政府的好还是民间的好，这是一个问题；但恐怕不能涵盖全部。

无法否认，在经济方面，日本确有令东南亚国家佩服的硬实力。在东南亚国家的市场上，除“性价比”外，中国产品对日货没有任何优势。从质量上，日本制造胜于中国制造，这是没有争议空间的现实。

然而，日本的汽车电子产品在中国也很受欢迎，日本对中国的投资贡献也很大，但为什么喜欢日本人的中国人就不多？

这就必须找经济以外的原因了。究其根本，还是离不开软实力的探究。

关于日本的侵略历史，不少东南亚国家认为，过去的历史旧账不能算到今天日本人头上，这是一种积极的进步历史观，但是同样的历史，各国就有不同的理解。中国人恐怕就不能赞同把过去和现在的日本完全分开。

为什么东南亚国家和中国对日本的认识不同，甚至包括日本的历史问题，也不尽一致？

我以为，东南亚国家之所以对日本“网开一面”，主要还是因为对日本于东方“贡献”上的另一番理解。

日本在二战中的东南亚战场上，刻意表现为“东方文明的主体国”，打出日本“门罗主义宣言”——驱逐白人殖民者。被西方殖民的东南亚民族独立领导人很受用。譬如缅甸民族独立运动领导人昂山，就与日本联手，驱赶了英国殖民者。而泰国、越南、印尼也都有过类似经历，他们不喜欢法国殖民者，但又力不从心，所以“东方新霸主”日本就给了他们赶跑西方统治者的希望。

2013 年初，日本副首相麻生太郎去缅甸访问时祭拜二战日军墓地，除中国远征军老兵家属外，没有遭到当地抗议和示威，缅甸媒体上并没有什么谴责和不满的声音。这在中国是不可想象的。想想日本前首相鸠山由纪夫访华，要到南京大屠杀的中国亡灵前祈祷谢罪，中国与东盟国家之“对日观”差异，可见一斑。

当下，21 世纪的中国荧屏，除了现代家庭剧，就是抗日片。而在缅甸、菲律宾、印尼、越南等东南亚国家，很少有涉及抗日题材的影视作品。为什么？就像越南受访者对中国记者说的那样，尽管日本在二战期间曾对越南发动过侵略战争，并对越南实施了近 4 年半的占领，但现在日本在越南民众心目中的形象“还不错”。日本是越南最大的援助国。从 1992 年到 2003 年，日本向越南提供的政府开发援助达 87 亿美元，占各种外来援助的 30%。

2013 年开年之际，新组建的日本安倍政府把“初访”都给了东南亚国家并非权宜之计：他是想将历史和现代的日本形象进行全方面整合良化，再次以“东方正朔”姿态发挥“非白人世界”的领袖作用。在这一点上，他们已经初见成效，走在中国前头。

不少以“军国”眼镜看日本的人以为日本一向野蛮，殊不知他们颇具“攻心为上”的文化底蕴。在软实力上，他们也是做足文章。过去，“军国日本”打着“赶跑白人统治”的大旗“统一”东南亚，而今，“民主日本”又以“自由繁荣之弧”、保护东南亚国家不受中国“侵害”为道义制高点，支起“同道共鸣”的友谊之网。

不得不承认，这种“一手送钱，一手交心”、开启“经援”与“道义”之“双闪”外交策略，比起“一味送钱”来，确实更能交到朋友。

（2）戴着镣铐跳舞

虽然东瀛使者在南洋表现不错，但不可否认，日本如今还是戴着镣铐跳舞，“前科”所致头上紧箍，并没有随着它的翩翩起舞而自动消失。

二战后的日本，与其说退回“二流国家”行列，不如说沦为“非正常国家”，没了国家军队和交战权的日本，以日本政坛“右翼精神领袖”石原慎太郎的话来说，就是“一只被阉割的狗”。战后日本，长久以来的梦想就是成为“正常国家”，要实现这个目标，“三个独立”不可或缺。一是独立国防，二是独立外交，三是由其主导的独立国际组织。

因为迄今为止，美军占领军还未完全撤出日本本土，《和平宪法》压在头顶，“战后刑期”尚未彻底结束，所以，日本实现上述三个目标绝非易事。向周边国家示好给援，对树立日本国际威望无疑是有好处的，但不能对“实现三个独立”产生关键作用。关键在于，对内，日本政府取得选民支持修改宪法；对外，美国彻底松绑，给予日本取得与美国平等的国家地位。然而做到这两步，殊非一日之功。

尤其是美日关系的对等，短时间内恐怕难以实现。

现在的美日关系本质是什么，仍耐人寻味。

战后到现在70年，美国称日本为盟友。盟友之关系，似乎是平等的。但事实不是这样。石原慎太郎谈到日美关系时，不承认日美是盟友，而讲“日本战后一直是美国的情妇”。这种关系的描述，直接把美日放到了“不正常的男女关系”位置上。

石原口中的“情妇”，不仅“不正常”，而且“不平等”。诚如石原所言，因为日本是美国的情妇，所以“日本的精神性，国家和民族的自主性都被掠夺”。

今日世界，随着美国频频“伸手”，日本国家地位在上升，但是能不能升到与美国平起平坐程度？短期内几无答案。2013年，奥巴马连任美国总统，但即便奥巴马的竞选对手罗姆尼上台，美国民众大概也不担心本国失去领导世界、掌控日本的自信。如同历届美国总统一样，奥巴马往往一次演说，即十多次提到美国“领导世界”。在日本，他强调美国在太平洋地区的“主导地位”……这是二战之后美国总统的共识，这种共识在“亚太新战略”下得以再次强化。在这种大势下，美国对日本“且用且防”，未来日本，可能会被解除镣铐，但想彻底告别紧箍、独步世界、自由歌舞，若非在大变局中有大作为，恐难圆梦。

4. 生意大伴非领袖——华夏文明圈的现实尴尬

世所共知，古中国是东方文明的中心，但自近代华夏文明衰落、日本崛起后，东方文明中心转移，东洋秩序大乱。

时光飞转到21世纪，目前中国是亚洲第一大国，但不是亚洲第一强国；日本是亚洲第一强国，却不是第一大国。亚洲国家受中国的影响，也受日本影响，这便造成了整个东方世界秩序的错位：中国有大国的影响力，却无法对东方进行文明辐射；日本的文明程度高，却无法影响东方最大国家——中国。

如今中国，已经成为东盟第一大贸易伙伴，但却不是对东盟影响最大的国家，日本对东盟的实际影响力遥遥领先。这不仅体现在日本是东南亚的第一物资援助国，而且还体现在日本的文明软实力上。

相对而言，从文明软实力上，今日中国无法令东南亚、东北亚诸国心服口服。东北亚、东南亚原本都在华夏文明圈，但如今华夏文明对他们国家的影响，已经大为减色。隋唐时东亚、东南亚大多国家通用中国“夏历”，中国夏历年就是他们的大年。如今，那里大多数国家的新年即为西历元旦，除夕是为“西历 12 月 31 日”，而中国夏历年早已淡出传统节日的方队了。

判断一个国家文明影响力，或称软实力，有两个简单的现实量化标准，一是该国语言文字能否成为世界或区域的“第一外语”，二是文化产品出口量。

以此对照，一个国家“文明影响力大小”即一目了然。过去亚洲一些国家，以写汉字说汉语为荣。受华夏文明影响，朝鲜、越南等国都和日本一样使用汉字，但是 20 世纪以后，东北亚、东南亚国家纷纷“去汉化”，朝鲜、越南文字改革，全盘不用汉字，韩国为了“去汉化”，把叫了上千年的首都“汉城”改称“首尔”。甚至连华人占绝大多数的新加坡，都不将汉语列为“国语”。不得不说，今日汉字文化圈如同去林的草原，一天天沙化。

而衡量一个国家软实力的另外一个标准，就是文化产品。

当今，谁是世界最大的文化产品输出国？谁又是东方最大文化出口国？

第一个答案是美国。第二个答案是日本。

美国电影、美国歌曲、美国游戏、美国媒体……现在全世界都在看。奥斯卡、格莱美、普利策、NBA……美国国内很多文体活动都能产生世界影响，如此现实文化影响力除美国外世界绝无仅有。别的国家虽然也有类似活动，比如法国巴黎时装周、意大利足球甲级联赛，但是，哪个国家也没有美国这么多，影响力那么大。美国文化产品在世界各地几乎无处不在，她是世界上最大的文化输出国,毫无疑问也是当前世界第一文化大国。

同时,世所共知,日本动漫也行销世界。那不是一个简单的技术问题,而是文化影响力问题。中国原本是东方乃至世界文化的中心。但如今,在亚洲,在中国周边,几乎任何一个国家,在“文化出口”上都超越中国。据报道,20 世纪 90 年代以来,中国图书进出口贸易、进出口比例一直徘徊在 10:1,形成的逆差或赤字每年多达上亿美元。除图书外,外国音像产品,更如潮水般涌入。今日中国,不仅文化产品低于日本,而且连近邻韩国都不如,甚至反过来中国的青年人对半岛韩品韩剧还要“哈成一片”。不能不说,这是华夏文明的一种现实尴尬。

当今中国的主流文化产品、史剧大制作等,企图进军国际市场,却无一例外地惨遭失败。即便侥幸出口的《甄嬛传》类产品,表面上看是中国古装题材,展示中国传统文化,但实质上,却毫无中国传统文化的精髓。与其说是中国传统文化,不如说是宫廷文化,仇恨、谎言、暴力文化,传播的无疑是没落的宫女人格、太监人格。这类电影电视剧,本身就建立在篡改历史、颠倒黑白、轻蔑人性的基础之上。不管编导者是有意还是无意,是显意识还是潜意识,已经成为劣质文化的生产者,理所当然地,被日益文明的国际社会所摒弃。

抚今追昔,中国应该具有这样清醒的认识:

中国已经不是历史上那个文明大国,如果面对世界,中国只有“祭祖”以骄傲,世界各国与中国打交道的目的只在经济,那么“华夏文明圈”不仅不会由此增添魅力,相反还会伴随东方诸国的改革开放步伐,面临着缩回“中国本土”的更加孤独尴尬的境地。

21 世纪,中国和东北亚、东南亚诸国的经济关系已经难离难弃,但是如果华夏文明对他们的文明毫无影响与促进,也难免被他们轻视。未来,中国只有比东方诸国早一步完成文明的新生,将“大国”和“强国”合二为一,将“硬实力”和“软实力”打包整合,才有可能成为东方无可争议的领袖国。

这是不争的事实。

第十四章

众矢之的——21世纪，东洋又临“古之未有之大变局”

这里是东西文明的交会口，这里是世界战略要地，这里没有领袖国。

21世纪，“东洋”再次成为众矢之的。

1. 美国进来了，大东洋座次怎么排？

2011年岁末，美国总统奥巴马在第一任期届满前造访太平洋伙伴国澳大利亚，向世界宣布“重返亚太新战略”。

2013年年初，成功连任美国总统的奥巴马携“新战略”余勇，进入“亚太”深水区。

亚太——大东洋，这个被公认为21世纪最具活力的地带，因为美国的入主，汇聚了各路新老“故主”逐鹿，再次面临“古之未有之大变局”。

“西洋一哥”进来了，东洋诸国座次怎么排？会否“以战重组”东方新秩序？

毋庸讳言，美国的自我角色定位是“坚定的世界领导者”，它的一切战略都是跟着这个走。历届美国总统竞争总是充满悬念，然而，无论谁上台，相同的一点总能传承，那就是“美国领导世界”，不同的只是“领导世界”的具体方式。

如同历届美国总统一样，现任美国总统奥巴马每次发表“世界演说”之中心思想，就是那句每不离口的“美国愿意再次成为世界领袖”，而不是“美国永远不称霸”。他有一句标志性口号“是的，我们能”，张扬的不仅是美国总统的骄傲，而且是世界“领袖国”的底气。

美国的底气从何而来？

国土与人口，经济与军事，当然很重要，但更重要的是什么？有人说政治不重要，但我认为这个最重要。“美国第一”的自信，首先不是来自他们的国土与人口，也不是经济与军事，而应是政治。通往罗马的路有千条，通往华山顶只有一条路。一时的强国与主导世界的一哥，目标不同，道路也不尽相同。强国可以无数，“一哥”却只有一个，它基本上是“世界第一政治大国”合并同类项。

毋庸置疑，“政治大国”是美国崛起的第一标志。克林顿在赢得1996年美国总统大选时曾意味深长地说了这句话：“今天，地球上2/3的国家和一半以上的人民处在由本国人民选出的政府的治理之下，这是有史以来的第一次。”

言外之意，今日美国，主导三分之二世界政治。冷战结束后的美国总统竞选人，更加按“世界领袖”的标准要求自己，无论谁上台，都不会放弃“领导世界”的政治使命，从而使美国牢牢占据政治大国的头把交椅。

因为定位为“政治领袖国”，所以，美国是第二次世界大战之后对外用兵次数最多、最频繁的国家。自20世纪中叶始，无论成败，美国已为充当“世界警察”付出了沉重的代价，几乎每天都在打仗死人。

但是，理想归理想，手段归手段。本世纪第一个年头，美国意外陷入恐怖主义泥沼，花了十年功夫，才暂时摆脱了西域困扰，得以抖抖身上的尘土，放眼更辽阔的世界。反恐战争不仅延缓了美国对东方世界的介入，而且还改变了美国领导世界的手段——“世界一哥”不再愿冒大规模战争的风险“领导世界”。

无论“领导世界”的愿望怎么强烈，美国现在是越来越死不起人了。二战美国付出了几十万伤亡的代价，那是因为日本人炸了他们的大前门，不得不战，对美国人来说那是“保家卫国”。敌人是杀人不眨眼的德日法西斯，美国必须“战斗”，死亡是“保家卫国”的代价。而当今美国划定的“邪恶轴心国”有的离美万里，威胁不到美国本土安全，美国即便为“主导世界、捍卫自由”发动战争，但在战事中即使付出只有二战的十分之一伤亡，他们也会感到痛心疾首，也会思量抽身而退。

21 世纪初叶的伊拉克战争虽然仅仅付出了 4500 个美国大兵生命的代价，但依然招致美国人反战游行，美国广大民众不愿意把自己的孩子送到明显跟自己没多大关系的地方打仗，他们认为不值得。当下美国人对于战争死亡的承受能力，“本土威胁”要排在“道义”之前，本国人的生命，显然比宽泛的道义更受重视。

可以设想，再过一百年，美国即便实力不减，也未必能将所有亚太国家全部纳入其主导的“文明世界”中。未来亚太局部战争的可能性无法排除，但战争却不一定由美国“人”来打。“无人机”与“他国部队”可以冲锋陷阵，做更多的事情。

主导而非主力，不愿起“战事”，又想重整东方新秩序，如此美国“亚太新战略”，既展示了一种新型“领袖国模式”，又给东洋盟友在大变局舞台提供了多元角色及机会选择。

2. 日本“回来了”，历史会不会重演？

有人当导演，还须有人做主演。美国不愿干的事，日本当仁不让。2013 年 2 月 22 日，终于实现访美夙愿的日本新任首相安倍晋三，在华盛顿“美国战略和国际问题研究中心”发表演讲，踌躇满志地宣布“一个强大的日本回来了”。

（1）日本是真强还是假强

进入 21 世纪以来，每当亚太局势紧张时，周边各个国家都有各自展示“肌肉”的方式，有的国家主要靠“嘴炮”，虚张声势；有的国家主要靠“储藏”，韬光养晦，厚积薄发。

日本无疑属于后者。

当今国际观察家，围绕亚太局势，各说各话。同看待中国一样，“唱衰日本”有之，“日本威胁论”亦有之。那么经历了战后70年，日本到底是真强还是真衰？若本严谨态度，须用数据说话。

发生在2012年夏秋之交的钓鱼岛事件，换个角度看，既是中日争夺“东洋主导权”序曲，也是两国“内力”的比拼。抽丝剥茧，日本的真实国力就此一现端倪。

关于日本的国力，此前一直有“经济衰退”之说，这里有实情，也有烟幕弹成分。日本的经济，比起20年前的确放慢了增长的势头，但日本海外资产，已经超越本土近两倍，每年GDP仍在上升，而且军事、科技各个方面厚积薄发，实际上，日本已具备世界第一经济强国的实力，岂有“重衰”之理？

不妨用数据来说明真相：2012年，日本人均GDP超过45000美元，迫近美国，高居世界前列。日本海外净资产年增长神速，“海外日本”悄然打造成功。尤其在21世纪的最近10年里，日本哭穷的背后，是令世界震惊的天文数字般的技术开发投入。虽然他们将“中国制造”炒得惊天动地，但这着实是“揣着明白装糊涂”，大概他们心里比谁都清楚：中国与日本的高端制造能力，根本不在同一个层次。

了解日本的学者早就看清，21世纪日本想要成为“世界军事大国”，钱不是问题，技术更不是问题。在核反应堆储存和核弹头制造能力两项指标上，日本甚至超越美国，名列世界第一。截至2012年，日本本土拥有55座核电站，在增值反应堆技术、核聚变技术等方面，日本都走在了世界的前面。2012年11月7日《北京日报》有报道称：据美国专家估算，日本目前已经成为全球最大的武器级钚持有国，其钚元素储量已经超过美国核武库中100吨的数量，可生产上万枚核弹。

报道还披露，日本拥有超强的电脑仿真核爆能力，已研究成功运算速度达每秒6000亿次的超高速电脑，完全有能力对核爆炸进行电脑仿真试验。

鉴于日本的技术优势，舆论认为，一旦日本作出决定，很快就能制造出中远端、洲际导弹的核弹头。日本完全有能力短时间内造出核武器，近年来石原慎太郎等扬言的“三年甚至一百天造出核弹”绝非诳语。

为什么日本一边厚积，一边哭穷？

本人素来不主张动辄以“阴谋论”揣测他国，那会使我们先入为主，降低观察判断的智慧成分。研究日本历史，与其说“哭穷报忧”是日本的“阴谋”，不如说那是一种民族文化传统。我们知道日本是一个“务实”至上、危机意识根深蒂固的国家，他们注重实际不在乎虚名。“明修栈道暗度陈仓”符合他们蓄势待发的强国大计。

历史上的日本一贯如此，无论是军事战还是经济战，日本将“厚积薄发”的战略演绎得淋漓尽致。从冷战开始到后冷战时代，日本长期充当着美国“补给基地”的角色，如果没有日本出钱，那么美国的“世界警察”进程也将因为“经费不足”而严重受挫。

哭穷的人不一定没有“余粮”，摆阔的人不一定真的“有料”。厚积的日本蓄势待发。从目前日本的真实国力来推断，当今世界，除美国之外，日本真是“何患之有”！而历史已经有过验证，谁要小看这样的对手，那么到了真正对垒时，则必然会得到大跌眼镜的结果。

(2)“强日本”回来干什么

一个“强大”的日本归来，究竟要干什么？

军国？存疑。军事强国？那是必然。

说到军事强国的日本，人们会马上浮现百年前的一幕幕：如日中天的日本，先是拿下朝鲜“宗主权”，随后挑战亚洲“大陆国”清国，之后挫伤“北极熊”俄罗斯，最后在太平洋战争中与“西方一哥”美国一决雌雄……

时移世易，往事如风，今日日本重现历史“四级跳”，尤其是重演军国历史，基本不可能。这不是出于对日本文化的信任，也不出于对日本政治家的信任，而是相信这样一个铁的事实——此日本非彼日本。

诚然，21 世纪的日本加快强军和修宪的步伐，一个东方军事强国的出现不可避免。作为日本最大邻国，中国不免对日本再次走向军国化倍感担忧，所以不断提醒美国“不要搬起石头砸自己的脚”。显然，很多中国人是把美国当作阻止日本军国化的最后一道屏障。但是，细心观察分析，这其实是看走了眼。

看懂当下亚太时局，日本修宪强军，恰恰是与美国暗合，配合美国重返亚太新战略，松绑日本，制约中俄，是美国的必然战略选择，所以，美国对于日本修宪强军，应该是暗许，不存在忌惮。指望美国干涉日本修宪，既不明智，也不现实。

然而，也许有人会问，历史教训历历在目，吃过军国日本苦头的美国难道真的不担心死灰复燃吗？

其实，美国人心知肚明——日本军国没这个可能。因为阻止日本军国化的最后一道铜墙铁壁在国内。那就是“美国制造”的“日本选民”。

常看新闻的网友都不会忘记这一幕——

太平洋战争70周年之际，日本NHK电视台向民众征集战争证言，当问及是否愿意为国参战献身时，一位日本年轻人的回答是：要人民为它而死的国家，就让它灭亡好了。

我认为，这是迄今为止，日本最清醒的“民声”。

战前与战后日本爱国运动，绝对是两码事，就像中国义和团运动与五四运动，是质的不同。

日本最疯狂的爱国潮，就发生在军国覆灭的前夜。一如中国轰轰烈烈的义和团运动，发生在晚清“死亡倒计时”之中。当时，打仗不仅是成年男子的事，而且还是妇女和孩子们的“神圣使命”，怀抱婴儿送少儿上战场的日本女性形象充斥了妇女杂志的封面和宣传画，她们“无私”地把孩子送上侵略战争的前线送死。不能生育的妇女竟以“对不起天皇”的“国家罪人”自责，纷纷写出“罪己信”，有一位“石女”曾这样写道：“我多么希望能为国家生育一个男孩，可我连个女孩也没生，像我这样的石女于君、于国都感到极端不忠，感慨唏嘘，每天恨不得将自己粉身碎骨。我含泪并深感羞耻地写了这封信。”

彼时无论男女老少，日本国民无条件地为政府服务。随着战局的扩大，在广播、杂志和报纸等政府宣传工具中，无节制地生孩子、送年少的儿子加入有去无回的“神风敢死队”的“军国之母”越来越多……

而在战后的反思录中，回归理性的日本人，无一看好这样的“爱国运动”，就像中国五四时期的思想大师没有一人对“义和团”运动给予高度评价一样。那群爱国者就是一群“吸食了精神鸦片的可用蠢货”。

以上述最清醒的民声来看，在爱国的这一点上，当代日本人显然已与“大日本帝国”时的“臣民”出现了质的不同。

这首先拜美国远东军司令麦克阿瑟所赐，早在半个世纪前，他对日本的改造就呈“完成式”。那些担心日本死灰复燃的人，不妨翻看一下40年前那一幕——1970年日本著名作家三岛由纪夫策动自卫队“反水”，结果无人响应，最后成为其自杀殉道“一个人的兵变”。由此可见，麦克阿瑟对日本的改造是比较成功的。战后日本的最大改变，不是从军事大国转型经济大国，而是“世道人心”。在麦克阿瑟的改造下，日本复活军国主义政体的土壤基本已被铲除：多党制、三权分立、地方自治、基本人权，这些“宪政要件”的组合，钳制了任何军国者的野心。军国主义在日本无法成为主流，无论煽动者多么赫赫有名。

其次，要致意成熟民主社会里的理性公民。

就日本现状而言，修宪、成为正常国家，甚至发动小规模战争都是有可能的，但是发动大规模战争，重回军国老路，几无可能。因为新日本国民和美国国民的精神底色已经一致，可以卫国而战，但不会穷兵黩武、当任何战争狂人的炮灰。美国总统不愿打仗死人，日本首相更不敢再现东条英机“风采”，拿本国人生命“赌明天”。

21世纪的日本，与20世纪70年代相比，在政治组织的构成上发生了一些变化，譬如原以中老年人为多的右翼团体也有了部分青年人参加，“国家主义”抬头，这是因为后经济时代的日本需要国家精神重振国民士气。然而，所有“主义”都在民主体制下行事，“国家主义”挣不脱民主的制约。

未来日本军事的最大空间，是超越北约，成为美国第一军事伙伴，美国远东军的“总押粮官”与“开路先锋”——这是最符合美国意愿的日本角色，也是日本在“老大”东进而“钱紧”的大势下，最现实的选择。

3. 美主亚太，因为东方“无脊椎”？

21 世纪东洋向何处去？当前似乎只有美国有资格能给出答案。

但是，我们还是应该注意到，美国重返亚太的做派与以往不同。

虽然奥巴马与太平洋战争后的历届美国总统一样，言必称“领导世界”，但在欧洲，奥巴马说“倾听和领导”，而在亚洲，他说“主导”。在奥巴马阐述重返亚太战略中，多次强调美国的“主导”作用。所谓主导，与领导有相近之处，但不等同于领导。其意主要是发挥引领而非主力作用。

为什么美国不以“领导世界”的口吻强调“领导亚太”呢？分析家认为，不是美国没这个能力，而是不愿“背包袱”。东方文明虽然自近代全面衰落，但东方国家并非个个好惹。朝鲜战争和越南战争的教训历历在目，痛定思痛，美国更愿意退居幕后做“总导演”而非“领衔主演”。

另外，除了不愿背包袱，美国之所以回归亚太做“总导演”，主要是因为这里短时间内没有诞生“家长”的可能。在西洋人眼里，当下东方是一个“无脊椎”地区，域内大国难以承担起领导责任。

这句话可以换组词语说得更明白，那就是无论哪个东方国家，都不具备“领袖国”资格。朝鲜是个远离世界大家庭的孤独之国，中国、日本、韩国是东方重中之重国家，但谁也领导不了谁，三国不想看到其中一国独大，也不愿意仰一方鼻息。东亚的这个格局有点像中国的“三国演义”，三国虽合作但谁也不服谁。而美国的介入，基本属于“外力”，当然，这个外力不等同于三国里谁都能雇佣的“羌兵”，美国不仅在安全上能够为东亚盟国提供庇护作用，而且还能起到“天可汗”“总调停人”作用。

在东亚“三国演义”中，美国已经基本“驯服”了韩国与日本，日韩认美国做大哥，甘当二弟三弟，这没有问题，但问题是，这两个弟弟的关系却不似关羽张飞那般亲密，而是相当有芥蒂，虽然价值取向趋同，但历史造成的民族感情死结难以化解，谁也不买谁的账。

另外，就是中国的东方地位。应该看到，现代中国已经取代美国成为日韩的最大贸易伙伴，与东盟的自由贸易区也已经启动。中国正在成为东北亚和东南亚国家的“第一主顾”。但是,这并不表明,中国可以像美国主导美洲一样,主导亚洲。除了对朝鲜,中国对任何东方国家的影响力都十分有限。所谓主导和领袖,不是“第一生意伙伴”的代名词,而是要发挥文明的引领作用,涵盖东北亚、东南亚和太平洋的“东洋一哥”,这副担子,中日韩三国,到底谁能担得?

当韩国前总统李明博不时自诩为“大国总统”,甚至以鸟叔《江南 style》畅销全球为据,扬言韩国已成“世界中心”时,日本人笑了;当日本现任首相安倍豪言“日本要成为世界负责任的大国”时,中国人笑了;当中国一边输出奢侈品采买大军、《甄嬛传》,一边畅想复兴梦时,美国人笑了;当美国人说要实现“亚太再平衡”时,上帝笑了。

但是,国不能一日无主,那么区域就可以百年无领袖吗?如此说来,未来 30 年东洋世界,中日韩“三国演义”,总归要有一个脱颖而出。

4. 入主东洋? 俄罗斯有心无力

除了美国和中日韩三国演义,不要忘了还有一个与这里藕断丝连、东西各半的特殊大国——俄罗斯。

21 世纪的俄罗斯虽然退出了征服世界行列,但对东方并未完全放弃。

然而,这个大块头面临的最大问题是:力不从心。即便今日俄罗斯部分恢复了苏联元气,但是就连俄总统、“大帝”普京也不得不承认,俄罗斯不具备领导世界的资本。表面上看,那是因为经济与军事不济,而深度原因却在文明危机——得不到东西世界任何一方的文明认同。

由于旧的意识形态已经崩溃,而新的统一的意识形态尚未形成,因而现代俄罗斯社会陷入了某种程度的思想混乱,从而也使俄罗斯失去了推行“救世主义”的信念根基。

前面的章节已经详述近代前的俄罗斯“文明本质”。偏科军事,强施霸业——俄罗斯文明的骄傲与短板俱结于此。俄罗斯的强人们显然更重视军事,但是,政治不会因为他们的轻视而不发挥“第一文明”作用。纵观俄国历史,他们每一次巨大的变化,不是起于巨大的军事战争,而是都起源于重大的政治革命。

20 世纪，以俄罗斯为核心的苏联是世界上第一个共产体制国家，一度成为“世界第二大超级大国”、对抗西方世界的东方“老大哥”。苏俄主导的共产国际，总部设在俄都莫斯科，鼎盛时领导 65 个国家共产主义政党，推动“十月革命”烧遍半个地球，俨然红色世界的“领袖国”。

为什么彼得大帝没有办到的事，列宁斯大林办到了？

因为他们率先尝试一个新的政治制度。这种新政治制度的早期活力，使一个贫穷落后的农业国，在不到 20 年的时间里发生了翻天覆地的变化，苏联创造各种奇迹，转瞬间便成为世界第二大经济体。

而 20 世纪末，对于苏联的解体，世界也并不感到意外。一度控制半个地球的苏联解体，首先不是经济问题，而是“文明问题”。包括俄罗斯学者在内，也不否认苏联解体，首先也不是出于经济的崩溃，而是丧失了社会发展的“文明前提”。这个创造经济奇迹的大国，价值体系和现实严重脱节，人民很难从政府那里获得精神认同和感召力。苏联解体后，旧有精神体系宣告不治。俄罗斯吸取了苏联的教训，在注重经济的同时，更强调了公平正义，注重了人道精神，政治经济回归“造福人民”的正确轨道，国民的生活也向生命的更高层次绽放。但重新领导世界或者影响东方，尚不够格。

同样这不是军事问题，也非一些国际学者分析的经济问题。最关键的纠结点，不是俄罗斯没钱支撑战争、武器升级换代，而归根结底是它丧失了领袖国的前提——文明的优势。世界上领土最大的国家，欧洲能源大国、武器出口大国……这说明现代俄罗斯块头很大，实力仍不可小觑，但是，“大块头”不具备领导世界的主要资质，靠卖石油和武器使得经济有所回升，也绝对不是一个领袖国诞生的根本。如果不从文明新生上寻找出路，这个昙花一现的“远东霸主”很可能在竞争激烈的 21 世纪，再次成为没落的欧洲大国，一个“二流强国”。

在亚太世界，其实许多大国面临俄罗斯同样的问题，传统或原教旨文明破产或濒临破产，新的文明体系尚未建立。从回归世界大家庭，到领跑世界，其间还有相当长的距离。

5. 谁是东方脊梁——悬念留在中日两国

虽言“好汉不提当年勇”，但提及 70 年前的亚太格局，亚太诸国大约都“别有一番滋味在心头”。

先说美国，自二战成为“盟军大统领”后，一直希望有个东方“铁哥们”替他“署理”亚太。当时中国战区总司令蒋介石是不二人选。回想 70 年前，美国领导人大概“恨铁不成钢”。蒋总司令不争气，美国将亚太托管其手，他却力不从心，最后自身难保——被本国反对党的武装力量赶到日本吐出的亚太一岛。如此就导致东洋世界两个不可收拾的结果，一是中华民国“世界四强”“我主东洋”的好日子没过几天，无限荣光又回到无限惆怅。二是美国再无“署理”亚太的合适人选。

找个东方铁哥们“署理”亚太——这个思路美国至今还延续，然而遗憾的是，他们在亚太再也找不到当年中国盟友那样的角色。

这个担子能不能落在美国一个新盟友身上？

眼下，作为美国铁杆盟友，韩国的忠诚度没有问题，国际声誉也没有问题，问题出在体重，以朝鲜半岛一半体重，显然有点像三国中的廖化，牵制朝鲜可以，管理亚太恐难匹力。

至于美国发展的亚太后续盟友，澳大利亚和菲律宾云云，人口与先天因素将其固定在跟跑档位，亦无有统领亚太的“吞吐量”。

显然，以实力论，最有可能“署理亚太”之国还要落在中日两国头上。

毋庸讳言，蛰伏 70 年的日本有“东洋头牌”国力，但美国重用却不敢完全“放手”，因为众所周知的“历史前科”，美国且用且防；而中国，亦有“东洋头牌”块头和潜力，但跟美国基本不在同一文明体系战壕里，相互认同仅限于市场领域。

由是，若要在中日间选择一个国家担当东方脊梁，那么核心问题是——中日两国，到底谁能率先完成“文明突围”，形成引领东方乃至世界的“文明向心力”？

在给这个核心问题揭开答案前，务须弄清这样一个文明原理：

“强文明”的生成从哪里来?

当人类进入航天时代,如果有一架进口的航天飞机摆在你身边,你是把它改装得更好使用,还是应该抛开这个舶来品,再造一个氢气球“腾飞”,从而证明自己“独立自主”?

如果不是走火入魔,我想回答这个问题是不需犹豫的。让一个人升起来,显然可以有多种办法、多种工具可供选择。比如乘飞机,或坐氢气球。但是,二者不仅科技含量不同,结果也是本质不同——飞机是让人飞起来,而氢气球则是让人飘起来,在上升的高度上,二者也有着巨大差距。

制造氢气球的工艺很简单,而制造航天机则是顶尖科技。在使用价值上,一万个氢气球,也不抵一个航天飞机。当然,如果一个民族失去了长远的思维能力,那么是不可能造出高度文明的“航天飞机”的,只能靠原始的氢气球,以“飘”代“飞”。

民族崛起,问鼎区域乃至世界文明制高点与此同理——这也是“小故事大道理”。任何一个国家,想打造引领区域直至世界的“强文明”,既非一日之功,也非“闭门造车”之果。无论拥有多少年悠久历史的民族,要“文明崛起”,必须在学习当世“世界最先进文明”的前提下“走自己的路”。

中日两国,同为不折不扣的东方重量级国家,在“千年未有之大变局”中,为超越西方、求索本国乃至东方文明的新生中百转千回。古代“中主东洋”近千年,近代“日主东洋”五十年。而今,东洋又至“古之未有大变局”,“谁主东洋”之争又到风口浪尖,在此“不进则退”情势下,作为对东洋历史影响最长的华夏文明,该向何处去?是我们最终回避不了的“中心命题”。

第十五章
再主“东洋”——华夏文明需“三补”

华夏文明的主体，是“汉魂”与“汉才”。两千年核心之道，是“仁道”。改造华夏文明、再建“强文明”、重回世界主体文明行列，主要是沿着世界“大势”主线，探寻三者的出路。

1.“汉魂”补“血”——还原“原生态”

问世间，魂为何物？世俗论道，魂者不涉宗教，直指精神。所谓民族魂，就是民族精神。

(1)民族之魂可“三分”，“铁血”之中无“汉魂”

我们不妨再回顾一下英国立德夫人在1901出版的《穿蓝色长袍的国度》一书中对当时中国人整体状态的描述：

我从没见过比这里的人更加虚弱无力的了。在路上，人们都是在散步，而不是像我们想的那样，驮着东西赶路。

此时中国正值日落西山的末世，完全是一种“失魂”状态。如此精神状态，与“东亚病夫”的称谓一拍即合。所谓病夫，不在身体，甚至不在个人精神状态，而在“国疾”。晚清时的中国，虽深受鸦片之害，但也并非个个都是大烟鬼，那时也出现不少“拳打东西两洋”的“霍元甲式传奇”，他们在“舞台”上打败俄国大力士与日本武士很容易，却不能从根本上改变“东亚病夫”面貌。因为整个国家陷入内外交困，成为被侮辱与损害的对象。

从一个民族的文明组成而言，“魂”乃无形核心，在一个国家的文明走向中，它要发挥“主动力”作用。而在中国历史的两次“华夷之变”中，华夏文明的“主动力”汉魂爆发力有限，其时在各民族的比拼中，她已经处于精神链的下层。

那么，世界各民族之“魂”大致怎样分类？如何来判断一个民族“魂”之竞争力？

纵览世界各民族的精神特点，天下之“魂”可三分：

1. 铁血魂。此魂不一定“良”，但一定“强”。

近代世界，自诩为优秀民族的日本“大和民族”、德国“日耳曼民族”，以及以“救世主”自居的俄罗斯人，均拥有着傲慢的“精神本钱”——铁血之魂。

凡是具有铁血之魂的民族，大都好战，不受欺负。当然，此魂亦是双刃剑，好战民族一旦融入军国体制，也易走上他毁及自毁之路。

2. 海之魂。顾名思义，此乃海洋大国的民族精神。此魂包容性较强，具有海纳百川特点。前期代表是英格兰精神，后来为美利坚继承。持有此魂的国家国民看似散漫，但却都不好惹。譬如美国人，这个世界最大移民国，民族意识模糊，国民追求个性自由，但美军的战斗力却是世界数一数二的。日本人惹了美国，招致二战惨败。俄国人惹了美国，拖致冷战解体。你可以像基地组织头目拉登那样去袭击美国，但换来的结果却是家破人亡，直至寄存之国的政权变了颜色，自己死无葬身之地。

3. 韧之魂。所谓“韧之魂”特点，与铁血魂相比，就如舌头与牙齿。不善勇武进攻，而以耐力见长。“韧之魂”大多产生于农业族群。农业较之于畜牧业和渔猎业，缺少明显的性别特征，种地不需要攻击，不需要冒险，需要的是女性的勤劳与忍耐，操此主业的民族，文化性格偏软，趋向于女性。

在食物链中，韧之魂民族与“食草动物”类同，所以往往是悲剧的主体，作为悲剧主体的他们，有着惊人的隐忍。只有在“忍无可忍”时，才有血脉贲张时的爆发。譬如“日主东洋”期间，被“铁血日本”压在头上的“隐忍中国”不断向“国际社会”求援，却不断遭冷嘲热讽：你们自己不争，怎望靠别人“输血”苟活？结果，“中华民族到了最危险的时候”，一场被逼无奈的抗战，才打回了几许民族尊严。

以“魂”的角度看，华夏民族屡任外族屠戮，乃至近代受制于一衣带水的日本50年，就是“韧之魂”不敌“铁血魂”所导致的悲命。

(2)汉魂原本不乏“血”

古老的非洲流传着“角马的悲剧”寓言：

> 角马原本是生活在非洲大陆上的一种牛。原先和角马生存在一起的狮、虎、豹、狼等都没有角马的个头大，在很多时候还很怕角马。因此，角马凭着个大还能暂时性地威风一下，还时不时接受点馈赠，日子也很是悠闲。而虎、豹、狼虽然个头小，却极其凶猛，经常捕食一些小动物，渐渐地身体强壮了，牙齿锋利了，性情也更加凶猛了，天长日久，对于体形庞大的角马也开始袭击起来。角马无力阻止昔日小字辈的攻击，就想变成长于奔驰的骏马。但在变化的过程中，又舍不得八字角和八卦蹄，于是变到一半又不变了。最后失去了强壮，保留了笨拙，劣势进一步明显，最终被吞食殆尽。

回顾两宋以降千百年来华夏民族苦难历程，与角马的命运何其相似。

拥有五千年历史的华夏民族何以变成角马群？历史上究竟有没有过汉魂存在？那里面到底含没含过“铁”和“血”？

确切的答案应该说是有。而且成“逆时针”排列。

首先要追溯到秦汉时代，知道蒙恬和陈汤在这方面干了什么。

“却匈奴七百余里，胡人不敢南下而牧马。”《过秦论》这段说的就是秦人蒙恬的威风。秦始皇修筑万里长城，构成了北方漫长的防御线。蒙恬守北防十余年，匈奴慑其威猛，不敢来犯。这蒙恬的震慑力，犹如虎啸山林，实在说得上是威风八面。

而蒙恬的威风只是汉魂的前奏，因为秦朝在中国历史上太短命、稍纵即逝，随之而来的两汉才是凝聚汉魂的大时代，可以说，汉魂之型，原生于秦，成型于两汉。

汉魂一句标志性的口号，始于西汉将军陈汤。

历史公认，汉元帝是个庸君，然而由他执政始，汉朝的外患却日渐稀少，匈奴很少主动攻汉，汉匈之间延续了60年“平安无事”。这是为什么？

当然，这里有匈奴内乱“式微”的因素，但再“式微”，匈奴也没有弱到惧怕汉朝庸君的地步。所以，这里还是“汉朝作为”起到至关重要的作用。

众所周知，汉元帝期间，汉匈两国发生了两件事。一次是“和亲外交”——昭君出塞，另一次是“郅支城之战”——汉将陈汤对匈奴郅支单于发动的“斩首行动”。这是两件截然不同的事情，一个是“用女人换和平”，给敌国领导人吹“枕边风”。另一个是“以战止战”，硬碰硬。这两件事发生时间几乎是“前后脚”，之后，汉匈历史出现了出奇的漫长安静期。

这安静，究竟是谁造就？有人说是送去的美女昭君之劳，还有人力挺陈汤之功。“斩首行动”与“金钱美女”，究竟哪个对外敌更具“说服力”？

和亲与合战的效果，须从比较中得出答案。纵观中原外战史，无论是汉还是宋，无论是送钱送美女还是送土地，其前提都是“打不过”。而唐朝之所以没有屈辱史，直接原因就在“打得过”。可见，是否“打得过”才是“和平”的大前提，而金钱美女只是在此基础之上的次生因素。说起汉对匈奴的战争屡处下风，大多数史学爱好者都理解为“农耕民族不敌游牧民族”。然而，在西汉前即前秦时期中原王朝，汉民族对胡人的交战，即便是单打独斗，也是不落下风的，譬如秦将蒙恬，就是匈奴的克星。这怎么解释呢？

毋庸置疑，蒙恬的威风是塞外打出来的，是铁血魂而非韧之魂。那么，蒙恬之后，继承华夏余威的将军是谁呢？

这位西汉陈汤算一个。比他发动的对匈奴“郅支城之战”更闻名的，是脱自其口的外战誓言：

> 臣闻天下之大义，当混为一。昔有唐虞，今有强汉。匈奴呼韩邪单于已称北藩，唯郅支单于叛逆，未伏其辜，大夏之西，以为强汉不能臣也。郅支单于惨毒行于民，大恶通于天。臣延寿、臣汤将义兵，行天诛，赖陛下神灵，阴阳并应，天气精明，陷陈克敌，斩郅支首及名王以下。宜悬头槁街蛮夷邸间，以示万里，明犯强汉者，虽远必诛！

以上这段陈汤“奏表”，就是汉魂标志语的出处。“明犯强汉者，虽远必诛！”依此誓言，“汉魂”成型。

陈汤乃出守西域一区区副将，地位并不显赫，但他用含“铁”与“血”的华夏之魂，实战行动来告诉外敌：汉朝是大国，大国就应该是这个样子——如有冒犯就是死路一条！

任何欲壑难填之物，一旦有生命之忧，所有的欲望便全部失去，只剩下求生的本能，人与狼，俱如是。任何时候，唯有以战止战，才能换来永久的和平，而送出金钱美女土地，换来的可能是一时和平，但留下的却是永世耻辱，精神不能翻身。

谁带来的汉匈60年和平？昭君有家不能回，令汉忍辱，陈汤直捣黄龙令汉扬眉。昭君苦楚，陈汤平定。

由上述这段历史不难看出，几度沉浮的华夏民族，本来兼备“铁血”汉魂。中世纪后华夏文明失血严重，才导致华夏民族蜕变成典型的“韧之魂”民族。近代以后，华夏民族几近血色全无，所以屡遭外邻欺辱，万劫难复。

（3）积弱民族如散沙，优秀民族如散文

20世纪中叶，欧洲有两大移民群，一个是犹太族，另一个叫罗姆族。他们都曾遭到希特勒主导的大搞种族主义的德意志第三帝国的迫害与屠杀。然而，屠杀过后，这两个民族的命运却出现严重反差。

半个世纪后，犹太人建立的以色列国已经成为中东明珠，而罗姆人却在欧洲再次遭遇被驱逐潮。2010年，以法国为首的欧洲国家对罗姆移民发出遣返令，引发世界声讨。但是世人有无想到，此时欧洲，为什么不再排斥犹太人而依然排斥罗姆人？

必须从这两大移民族群的自身寻找答案。

罗姆人就是俗称的吉普赛人，第二次世界大战时期，当纳粹德国对外来民族的迫害达到高潮，罗姆人如犹太人一样被关进集中营惨遭屠杀，约有 40 万散居德国的罗姆人遇难。

当然，比起罗姆人，犹太人遇害的更多，约有 600 万犹太人遭到灭绝式屠杀。

一个遭到局部屠杀，另一个遭到大规模种族灭绝屠杀，按理说，后者应该比前者更难恢复。但是，大半个世纪后，罗姆人仍在世界流浪，仍被欧洲嫌弃。而一度被打散的犹太民族，却在敌国群中扎根，建立中东小而强之国——以色列，成为欧盟的座上宾。

为什么同遭迫害，一个民族能够崛起，另一个民族却一蹶不振？

答案就在他们的“魂魄”里。

表面看，罗姆人遭歧视，是因为他们所受的教育低。大多数罗姆人甚至从小没有上学机会。而实际上，这里边起关键因素的，不是教育，而是“魂”。罗姆人一直沉于“民间艺术”，没有出现过思想、政治的巨人，罗姆人聚在一起，总人口达 1000 万，但这个欧洲目前最大移民群长期处于“无魂”状态，始终一盘散沙。

而同样遭到浩劫的犹太人，却以“复国主义”为依托，唤醒了犹太人强烈的民族精神。19 世纪末叶，犹太人平斯克尔提出：“人们歧视犹太人，是因为我们不是一个国家，这个问题的唯一解决方法就是建立犹太国。”犹太人赫茨尔撰写《犹太国》一书，进一步提出了犹太复国主义的理论和纲领。在他领导下，第一次犹太人代表大会成功举行。

20 世纪中叶，纳粹德国的种族屠杀没有令犹太人魂飞魄散，反而促使犹太人民族精神空前凝聚、加快复国步伐。1948 年犹太人宣布独立建国，以色列横空出世。这个人口仅 700 万的国家，是彼时中东地区唯一一个民主国家，也是中东地区最有高度的国家——经济发展、政治自由和整体人类发展指数最高的国家。

5 次中东战争，以色列前后共遭到总人口达 1.5 亿的 14 个阿拉伯国家的联合攻击，然而，她不仅未被阿拉伯人从地球上抹去，反而一次比一次强大，领土不减反增。在乱象丛生的中东地区站稳了脚跟。

14 个国家打不过一个国家，1.5 亿人不是 700 万人的对手？是什么让颠沛流离的犹太人变得如此强大？首先是他们复活了自己的国家，其次也是最重要的，是他们复活了犹太精神。看看他们的圣城耶路撒冷的那道“哭墙”，你就会发现他们的精神之源。那里写满了犹太人的血泪史，时刻提醒着他们：一个无魂的民族，活着如同死去。不自强，毋宁死。

所以，这个民族创造了以小见大、“铁血魂”加“海之魂”之“犹太魂”，一个总人口只有几百万的民族，却创造了思想和军事经典神话。而一次次被洗劫的罗姆人，因为他们没有足以凝聚本民族的精神，各自为战，大部分罗姆人至今生活在贫困与社会边缘，在现代社会亦难以立足。虽然一千万罗姆人在欧洲无处不在，是欧洲最大的少数民族，总人数超过以色列全国人口，但他们一无国家，二无独立自治区，三无成型的政治组织，成为欧洲富国和穷国之间踢来踢去的皮球。只有流浪、偷盗、乞讨、杂耍与他们连在一起。

一名居住加拿大有名的罗姆人作家，在一篇题名为《被诅咒的吉普赛人》的文章里曾写道：“我们的音乐，我们的艺术，我们的传统服饰，都被偷走了，在世界各地的演奏厅跟博物馆里，它们被当作西班牙、匈牙利、捷克、法国等国的文化演奏着、展示着，所有我们几百年来的创作，都被偷走了，而我们却从来没有停止过被人称为‘小偷’。”

这种喊冤固然令人心酸，但是血泪交加的罗姆人啊，你们唯一没有创造的，是民族精神。

半个世纪以来，犹太人与罗姆人同遇不同命的结果告诉世界——优秀民族似散文，形散而魂不散；而积弱的民族恰好相反——形在而魂散，沙上累塔，百废难兴。

(4)汉魂如何完成自我救赎?

世界上没有任何一个民族,能够在精神上成为另一个民族的救世主,汉魂非华夏民族自救则不足以再生。

——笔者

从抗战响彻中国的《义勇军进行曲》中即可管窥,“每个人被迫着发出最后的吼声”是在“中华民族到了最危险的时候”。这当然不能全部解释为“亡国亡种方可唤醒汉魂”,但“图存救亡”的确是汉魂在中世纪后出现的转型。

从“称雄”到“图存”,以南宋岳飞冤死、中原断魂为分水岭。有了第一次亡国,就有了第N次的“救亡图存”。汉魂从“犯我者虽远必诛”,到了“最危险的时候被迫着发出最后的吼声”,成为“触底反弹”的“韧之魂”。

“韧之魂”的先天缺陷,是血性不足,以此魂系之的民族,在历史中往往是“被食”之物,非王者“领袖国”之精神塑造。

在发动全面侵华战争前,一些研究中国历史的日本人认为,对中国人只要使用屠杀威吓就可以征服,并习惯下来,变成驯顺的奴仆。对此,他们很容易找到依据——明末,满洲人用“嘉定三屠”“扬州十日”征服汉族人。明末清初,尚有顾炎武这样的读书人坚守气节与健全的人格,保持着独立的政治生活姿态,从而缔造了“天下兴亡,匹夫有责”的精神气概。但是,到了清中晚期,即便是曾国藩、康有为这样的优秀汉族知识分子,也根本想不到民族解放的事,而是一心想着效忠清皇室了。他们愿意做奴才、习惯做奴才、立志做奴才。被后人推崇为道德典范的《曾国藩家书》,从精神领域观察,不过是曾国藩借“修身、劝学、治家”之名,行“奴才没有野心,老佛爷不要杀我”的哀鸣之实,是一个汉族知识分子精神泯灭的典型表现。

由是观之,屠杀威吓对征服汉民族多么有效。

于是,认准此道的后继者就有了南京大屠杀、百人斩比赛、三光政策。

这都是华夏民族血性消退、怯懦退缩酿成的苦果。

不少人以为这是农耕民族与游牧民族的差异,但笔者认为更大的始作俑者来自“上层建筑”。否则就不足以解释为何同为农耕社会的南越人比汉民族更有血性和战斗力。

毋庸讳言,汉魂失血与“上层建筑”关系重大。中世纪后,中国封建王朝从体制到教义悉数是“去势”的。他们推崇的“三大教”——儒、道、佛,均为无骨产物。佛无性,道阴柔,儒家表面似乎是刚柔相济,可惜后来理学化的“三纲五常”八剑齐下,导致儒家文化嬗变为“阉割术”。

自“儒学”被偏安南宋小朝廷的“圣贤”施以“理学”洗礼,情调越发“内敛”,即对华夏文明产生严重雌化作用,使汉魂失血过多,自动放弃称雄,从而导致北方少数民族骑马南下侵袭,攻城掳掠犹如探囊取物。

历史学家总是在讲:中华文化有极大的包容性,讲中庸之道,提倡“和为贵”,对待不同民族,我们的态度是“四海之内,皆兄弟也”。对待文明程度不如我们的民族,我们也更多地用“怀柔”之术去应对,而非如西方人那样惯常使用武力征服。对于仇敌,我们不提倡“以牙还牙”,而是“以德报怨”。

然而,“和文化”就一定以失去魂魄和血性为代价吗?中国人推崇阴柔功夫,盛赞舌头的不朽,但没有牙齿的口腔,徒有舌头又能干什么呢?当“和文化”异化为“雌化”,则这个族群无论人数如何之多,都是毫无反抗力的“土豆”与“羔羊”。一个民族血性男子大量减少,必然会威胁到整个民族的生存。

二战过后,华夏民族被开除“球籍”的危机暂时得缓。但汉魂的保鲜问题始终纠结于本民族。21 世纪新百年,华夏民族如何完成精神救赎?由“称雄”异化为“图存”的汉魂,能否再从“图存”回到“称雄”?

在探寻华夏民族的精神出路之前,首先必须厘清:改造一个民族的精神,与改造一个民族的文化是相通的,但又不完全是一回事。表面看来,“文化”与“精神”大同小异,其实不然。文化与精神既相通又有区别,一个人有文化,不等于有精神;而一个人没有文化,不妨碍他拥有精神。精神可来自文化,但主要来自信仰,这种信仰可以是宗教,亦可以是核心价值观。

所以,完成华夏民族的精神救赎,最大的要务是还原“汉魂”的精神实质。

对于“汉魂”的精神实质，中外学者有很多不同的归纳。其中集中于两项——“有容乃大”，“坚韧不拔”。

“汉魂”的精神实质——是“有容乃大”还是“坚韧不拔”？我以为华夏民族能够存在到今天，这两项功效都不可或缺。

仔细研究中国历史，汉唐时的中国，置顶世界封建文明的顶峰，那时的汉魂特点是霸气十足“犯汉必诛”下的海纳百川。而宋朝始，文明式微，屡遭外族侵袭，在征服与反征服过程中，我们就会发现一个规律性的东西，那就是——在被外族征服后，汉民族人口大量减少后总会有个恢复期，在此期间汉民族的元气慢慢得到恢复，待汉人逐渐掌握了少数民族的军权后，然后发动“驱逐鞑虏，恢复中华”的起义。这就说明，华夏民族没有真正的精神消亡。

“汉魂”固有一种反抗精神，这种精神或许在一个时间段里消失，但终究不会消亡，诸如“王侯将相宁有种乎”蔑视权贵的大无畏精神，使汉民族成为起义最多的东方民族，炼成“东方不死鸟”。

可见，坚韧与反抗是汉魂的主体。华夏亡国不亡种，是因为绵里藏针的汉魂，如果绥靖苟安文化成为中国的国家精神，则“汉魂”不复存在，中国恐早已亡矣。

由是，则不难找到华夏民族的精神出路。华夏文明重塑“强文明”，必须“补血”。而“血源”并不需要从外面的世界找，只需引自祖先一脉——由“坚韧与反抗”返回霸气十足的“原生态汉魂”——“明犯强汉者，虽远必诛！”

2.“汉才”补“水”——中国亦须产“洋人”

冰是睡着的水，水是醒来的冰。追溯华夏文明的前身，本非“自闭型”文明。中世纪前的“汉才”本身就是多文明“化合物”，但进入近代后，海纳百川的“汉才”不见了，展示在世人面前的，是铁板一块的“固态汉才”。

而在水一方，同处东洋的日本却显示了不同的文化属性——水性。从国体到思想很快与“洋才”融为一体——从而一举成为“东洋”新代表。

19 世纪末 20 世纪初，日本尝尽“水煮洋才”甜头，中国吃尽“固守汉才”苦头。于是，中国的救亡者终于意识到文明拯救的根本——“汉才”补“水”势在必行。

（1）三“洋”入华府，谁是“汉才”最佳伙伴？

20 世纪，是中国遭受“外才”冲击最剧烈年代，“东洋才”“美才”“俄才”，接二连三地挑战，对中国本土之才——传统“汉才”构成冲击和洗礼。

同一国家学生，不同国家的教师，教学成果大相径庭。20 世纪 30 年代，华夏民族内部，就出现不同“派”。譬如中国最大政党国民党内，分出“本土派”、东洋派和美才派。他们各自为战，互相看不起。

先说东洋派。辛亥革命之前，即清末民初，“东洋才”可谓中国青年人第一憧憬。赴日求学的中国青年，无不充满对“东洋才”的向往。他们以毕业日本武学堂为荣。国民军二号人物何应钦，就是日本振武学堂的高材生。蒋介石、唐继尧、阎锡山等都是东京振武学堂毕业生。振武学堂是日本方面从 1903 年起为中国留学生设立的陆军预备学校，每年数百名毕业生大多升入士官学校继续深造，他们不仅受到日本化的西洋文明影响，同时也受到日本武士道的影响，从而形成一个新武人群体。振武学堂开办初期，那时中国还是清政府苟延残喘时，清政府培植的“东洋之花”，后来成为它自己的掘墓人。这些振武学堂出来的许多人，回国先投身推翻清政府的辛亥革命，再后来成为民国军界著名人物。诸如被称为“中国士官三杰”的蔡锷、张孝准、蒋百里，都是日本陆军士官学校的高材生，他们不仅在辛亥革命中表现突出，而且还分别在护国运动中做出非凡贡献。

在民国初期的人们看来，日本振武学堂焕发的阳刚魅力无与伦比。很多中国军人以出自那里而自豪于世，但在日本人眼里，振武学堂只相当于日本军校“学前班”，陆大——日本陆军大学，才是东洋才俊的最高阶梯。能进入那里的中国军人屈指可数，校志记载只有王俊、王树常、熊式辉三位。这三位毕业后，虽然都成为国民军新政学系的“将星人物”，但在中国军营中仅为萤火之光。可见日本反哺汉才，也如猫授老虎一般，对“上树”绝技颇有保留。

而五四运动之后，“日主中从”的局面让华人看不到“汉才崛起”的希望，中国的革命力量不得不开始另寻“才路”。此时，恰好俄国发生了红色革命，引起世界瞩目。于是中国一度掀起“俄才热”，部分青年的学习对象，由“东洋之才”向“俄才”转变。

之后30年代，“美才”在中国得到推崇。20世纪30年代，中国迎来“黄金十年”，黄金十年以1928年北洋政府倒台、南京国民政府建立为开端，以日本全面侵华、卢沟桥事变爆发为结束。尽管其间经受了封建军阀们复辟的挑战、日本的蚕食等灾难，但从政治、经济、文化和教育上看，中国无疑是进入到一个“全面融入世界”的时代。

“黄金十年”中期，中国掀起“美才热”，华人以美为师，憧憬一个美好时代。“美才”给东方古国带来先进思想文化，迎来了一个培养大师和文化巨匠的时代。此间，中国的文化进步神速。年轻一代皆以“新学”为荣，奉为中国唯一出路，全国的教育制度、政府运作、经济运作，城市人的生活模式，均为新派人物主持。学习美洋的新社会、新生活已成主流。

民国那些被人以“大师”相称的人，几无“东洋之才”门徒，更无“俄才”门下，而大多师从美才。譬如有着“民国第一大师”之称的胡适，是典型的“美式教育”出来的人才。他在清政府执政的最后一年考取官费生赴美国留学，师从美国著名学者杜威。回国后以北大教授身份，宣传个性自由、民主和科学，积极提倡“文学改良”和白话文学，成为当时“中国新文化运动领袖”。

学贯中西的胡适，对传统汉才与现代洋才有着清醒认识。他不主张崇拜孔子和儒学，在孔子诞辰时他著文发出长啸——“现在大多数明白事理的人已打破了孔教的迷梦。辛亥革命后的中国社会进步，不是孔夫子之赐，是大家努力革命的结果，是大家接受一个新世界的新文明的结果。只有向前走是有希望的，开倒车是不会成功的”。

胡适有一篇著名的《我们对于近代西洋文明的态度》的英文演讲稿，对以美才为核心的西洋文明的赞扬很热烈。文章驳斥了中国所谓国学家的精神文明、物质文明二分法。打破了“西方是物质文明，中国是精神文明”的成见。他说，不能把贫穷落后说成是精神文明。“贫穷落后只是贫穷落后，里面往往没有精神，越贫穷的人往往越容易变成物质的奴隶。”此论一针见血，可谓高屋建瓴。

“美才”生产大师，大师推动生产“全新”思想。“黄金十年”流行“美才”的中国社会，已催生几许全新的科学民主文化成长。

然而，古老而固化的中华大地，虽然接触到了新世界，但不可能个个都是“外才”的拥趸。譬如国民政府元老级人物陈立夫，青年时代曾留学美国，但基本上是遵循“三纲五常”的中国士大夫，他既看不惯日本陆军士官学校出身、东洋做派的何应钦，更不喜欢在哈佛大学受教育、整个“美范儿”的宋子文。

就对中国本土“士大夫”的冲击而言，“东洋派”的震撼不及“美才派”。比如陈立夫，如果说他与何应钦是谋略不同，与宋子文则是“文明的冲突”。同为党内巨擘，陈立夫最不满意的人就是宋子文。陈立夫在回忆录中写了国民党失败的两大原因后，还多说了几句——“任用人才要特别谨慎，治大国必须有大量，见识小、度量小的人，绝不能治大国的。又如果他中国书很少读过，他写的说的都是英语，他自然不能治理中国了”。

稍有历史常识的人一眼就知道这话说的是“全盘美化”的宋子文。

这里，陈立夫比较服气的，就是蒋家了。从老蒋的出身和经历看，显然是个中西合璧的人物——日本东京振武学堂毕业生，娶“美式大家闺秀”宋美龄为妻，奉国学大师王阳明为师，儿子是留苏生，简直是日、美、俄、中“四才俱全”之“全才”。

按理说，由这等“全才”来一统中国，应该是众望所归了。然而，具有讽刺意味的是，这个“全才”最后却成为非驴非马的四不像，在决定中国命运的20世纪中叶，悻悻地退出了历史主舞台。

纵观中华裂变大时代，“三洋”入华府，东洋才、美才、俄才与汉才风云际会，难解难分。“三洋”之中，到底谁是“汉才”最佳伴侣，历史迄今无法给出明确答案。但是，关于汉才的未来，有一点，以往的历史早已给出醒目回答，那就是——汉才不融不兴。

（2）改造“汉才”之成功样本——百年前中国怎样告别“两个元旦”纠结

自19世纪中国被西方“惊扰”后，汉才与洋才如何共处就成为一个有始无终的划时代课题。

经过了两个世纪的论证，中西合璧似乎成为公认的最好出路。

然而，一个最关键的问题至今还没有解决，中西合璧，谁为体，谁为用？

在历次国学热方兴未艾之际，国学家给出的答案多半是秉承“中学为体、西学为用”，这与晚清“洋务派”所依托的理论大同小异，而史实证明：“中学为体、西学为用”并不能挽救国家的颓势，遑论完美的合璧？

给中西合璧找一条出路，其实也就是给古老的汉才找一条现代化的出路。这是每一个传统国家走向现代化必须完成的政治文化任务。

孙中山常言，世界潮流浩浩荡荡，顺之则昌，逆之则亡。汉才与洋才怎么结合才顺乎历史发展潮流？怎么样的中西合璧才是趋于完美的？其实，历史早就造出了一份样本，样本虽小，但却是汉才与洋才最成功的一次化学反应。

这个汉才与洋才最成功的一次化学反应的成果，就运行在我们的现代时空中——那就是我们的现行日历。

中国现行日历，分农历与公历，追本溯源，它们就是夏历（农历）与西历（公历）。

中国在1912之前，单一使用本国“历法”，只有一个“年”，一个“元旦”。夏历也就是现在所言的农历，在中国有五千年的历史。但这种局面在民国成立时，被历史性打破。

辛亥革命胜利，中华民国成立，1912年1月2日，民国临时大总统孙中山发布《临时大总统改历改元通电》：

> 中华民国改用阳历，以黄帝纪元四千六百九年十一月十三日，为中华民国元年元旦。经由各省代表团议决，由本总统颁行。订定于阳历正月十五日，补祝新年。请布告。孙文。

同年1月颁布临时大总统令《命内务部编印历书令》：

> 兹经本院（参议院）开会议决如下：一、由政府于阴历十二月前制定历书，颁发各省。二、新旧二历并存。三、新历下附星期，旧历下附节气。四、旧时习惯可存者，择要附录，吉凶神宿一律删除。

通电发出之后，中国出现了两个元旦两个年，政府和民间进入为过“哪个年”而纠结时段。

孙中山倡导改用阳历（西历、公历）是因为他认为必须学习西洋，中国应该与世界接轨。当时正值世界改历运动兴起，因此，革命的中国决定废除旧历而改用西历，这是走向现代化的必然步骤。

但同时“新旧二历并存”也显示出孙中山的改历思想是希望“中西合璧”，最终以新夏历达到“世界大同”：

> 我国阴历自轩辕时代创行至今，沿用数千年之久，中经五十余次更改。其法原较阳历为善，惟闰月一层，不便国家预算。光复之初，议改阳历，乃应付环境一时权宜之办法，并非永久固定不能改变之事。以后我国仍应精研历法，另行改良，以求适宜于国计民情，使世界各国一律改用我国之历，达于大同之域，庶为我国之光荣。

可以说，孙中山的“中西结合”思想始终是走在时代前列的，而接下来的民国第一任正式大总统袁世凯就缺乏这样的现代化意识了。

继孙中山历法改革之后，袁世凯也进行了立法“改革”。定四时节：

> 定阴历元旦为春节，端午为夏节，中秋为秋节，冬至为冬节。凡我国民均得休息，在公人员亦准给假一日。

然而“夏节”“秋节”“冬节”的制度没有被保留下来，而称正月初一为

“春节”并放假休息，则一直沿用下来。我国古代多以立春为春节，袁世凯却把阴历元旦“过大年”改称“春节”，致使严冬过“春节”名实相悖，且更阻滞了我国历法的改革创新。袁世凯的改历虽有顺从民俗的一面，但从改历大局来看却是历史的倒退。一如他从“民国大总统”倒退为“中华帝国的皇帝”一般。

1930年，南京政府秉承孙中山“现代化”思想，进行“废除旧历”改革。但是，这一次他们矫枉过正，甚至想把夏历变成历史，立即遭到民间强烈抵触。

“西历”与“夏历”问题上的冲突，集中反映了传统与现代、华夏文明与西方文明的冲突。是政府激进，还是民众顽固？在西历与夏历对峙与冲突的背后，究竟暗含着怎样的文化意蕴？

夏历与西历，可分别代表中西文明——汉才和洋才。

夏历与西历各有短长，一个是围着月亮转，一个是围着太阳转。

由于夏历协调了月球公转的周期，你一看日历就可以知道，当天夜里的能见度如何。夏历的最有价值之处，是设置了二十四节气，便于安排农作。

然而夏历的缺点也很明显，每年的同一历月的天数并不确定，不方便统计天数，不方便较长时间的区别，也不方便记忆。

西历只管太阳，没有月亮，相对来说算法简单，天数基本固定，误差较小。但单轨制的太阳历法，一年四季各季的长短不同，各月的日数不等，大小月的排列无规律。

夏历与西历的优缺点也可以视为中西文化的差别缩影。而两历并用，取长补短，才能最大程度地综合两种历法的优点而避免其缺点。

国民政府在废除旧历岁时年节问题上之所以受到民间社会的顽强抵制与舆论的严厉批评，与它在认识上的误区和采用的办法过激有直接关系。而这种误区最突出的表现，在于对旧历的性质认识不清，对旧历的合理性认识不明，对习俗变革的难度估计严重不足。

官厅以为要创造新中国，非扫除旧有的一切迷信陋习和封建思想不可，要扫除迷信陋习，非废旧历不可，要除旧历非禁止过旧历年不可。

这种认识决定了政府辞旧迎新的过激办法。

过激的口号及暴烈的举动，造成政府与民众之间的冲突，也妨碍了国历之推行。政府在对待传统方面的过激举措，不仅一般民众不能接受，就是知识界许多人亦感到不可思议。民国废除旧历运动没有取得预期效果，因为它忽视了中国传统文化中仍然活跃的、有生命力的东西。中国奉行旧历，已历数十世纪，民众物质生活以至精神生活，“莫不依为绳尺”，国民政府骤然间废除旧历，所要面对的不仅仅是数千年中国的民众日常习惯，而且是几千年来中国民众所赖以生活的深厚的风俗文化。因此，看似简单的变更日期，实际上包含着巨大的社会变革，同时也意味着这场社会变革的难度，远远超出了当时推行者的预料。

既然旧历有其合理性，而公历不能不推行，那么唯一的出路，便是如何将公历与旧历进行调适。但不是简单的物理反应，而是融入式的化学反应。

传统不能抹杀，现代化又是大势所趋，国民政府的历法运动最终回归孙中山“中西合璧”的本位。国民政府改变了“旧历既废，则凡附带之旧习惯应一律废除，免留痕迹”的过激办法，采取“渐衰渐胜之道”的变通办法。

30年代初以后，中国逐步确立了公历在整个社会上的主导地位，形成了一种以公历为主、旧历为辅的新局面。中国逐渐被拧在了世界时钟的发条上。民间接受西历新年为“元旦”，政府沿称夏历元旦为“春节”，列为国家第一传统节日，等于间接承认夏历新年为民间“大年”。

中西合璧的一次小型化学实验，成矣！

(3)成功样本启示录

夏历与西历的成功结合，不是一次物理反应，而是一次化学反应。农历和公历至今和谐相处，你中有我，我中有你，这份“汉才与洋才成功结合样本”给我们的启示大焉。

首先，革故鼎新主要推动力量离不开政治。夏历与西历的改革运动主要是依靠政治力量进行的一场自上而下的社会变革运动。

其次，这不是个一蹴而就、非此即彼的简单问题。采用公历是世界趋势，但沿用旧历则是个民族内部问题，几经反复与磨合，确立了最佳交融结果："行夏正，所以顺农时，从西历，所以便统计。"

回望历史长河，深感中国人在中西合璧的作为上并不缺少智慧，尽管在夏历与西历合璧样本中，显然确立的是"西历为体，夏历为用"，但这正是直面世界潮流、面向未来的积极进取方式。"西历为体"并不影响我们把传统日历中的大年初一当成最大的节日来过。中国人一边日常与世界大家庭同步"公历"，一边在特殊的日子里尽享旧历中的传统节日。这岂不是中西合璧的难得惬意？

现行日历留下了中西合璧的一份完美小样本，这份样本给予我们的最大启示是"汉才"亦可融"洋才"，传统华夏文明必须经过"现代化"洗礼，才能在世界舞台上与西洋文明齐飞比翼！

(4)中国亦可产"洋人"——《功夫熊猫3》可以中美合拍

时针指向21世纪，世界从"井水不犯河水"迈向"地球村"。从全球文化走向观察，中西合璧的机会不是更少，而是更多。

譬如2008年出产的美国大片《功夫熊猫》和2009年出产的《阿凡达》可谓美国这个"文化大国"的世纪代表作。虽然是地地道道的美国造，但两部片子均在中国的市场得到超乎寻常的热烈反响。

这两部片子，一个融合了华夏文明元素，一个提出了人类终极命运问题。

《功夫熊猫》具备了中国式童话的所有元素，成品却是美国造。为什么美国人能够把中国原料制为"成品"返销中国并成功地掀起波澜？

《功夫熊猫》让我看到的是，今日中国与世界第一文化大国的差距。这好比是一个饭店，并不缺少菜料，但是却没有一个像样的厨子，做出一桌味道十足的饭菜。"美才"高于"汉才"的，不仅仅是工艺，最重要的是拥有行销世界的文化思想。

一个好厨子的手艺，关键的不是手，而是脑袋——思想。催人深思的哲学家乌龟的语言，令人忍俊不禁的熊猫的悟道，那是人的思想而不是机器技术的体现。

而抵制《功夫熊猫》的喧嚣让我们看到的是一副副不可救药的"自闭症"嘴脸。这与当初老佛爷慈禧抵制火车而喜欢驴车一样愚蠢和不可救药。

而另一部大片《阿凡达》对中国人的冲击,也不仅仅是视觉,还有大脑。地球千疮百孔,能源终将耗尽,未来人类向何处去,会不会被其他星球接受?怎么才能被另一个世界接受?一旦发生利益与文化冲突怎么办?

美国大导演卡梅隆想到的这些东西,似乎很"务虚",但却是人类的终极命运,人是什么,人从何处来,又将归向何处。《阿凡达》占据了人类思想的制高点。故此热映全世界。

《功夫熊猫》《阿凡达》的火爆,应该使我们的文明视野延展开来,对"洋货"和"洋人"重新定义——那不是欧美人的专利和专用名词,中国同样是个海洋大国,为何不能像他们一样海纳百川,盛产高质量的"洋货",培养盖世"洋才"和"洋人"?如果说"美才"代表西洋文明制高点,那么"汉才"一旦成功补水,登上"东洋"制高点,则两洋合璧的潜力和前景,是否更值得期待?

2011年出笼的还是美国独家制作的《功夫熊猫2》,效果不如第一部好,而直到2013年《阿凡达》续集也没下文,我以为这给中美合拍留下悬念,中国元素的"世界化"与人类终极命运设计,可以由中美联合完成,汉才与美才联手,华夏文明与美利坚文明取长补短、吐故纳新,会创造及主导一个多么美好的世界!

3.易"仁"为"人"——"人道"与"仁道"是两码事,一如"血性"和"狼性"之大不同

无论给华夏文明注入什么,说到底是都必须是现代文明产物,而非古董回收。汉魂补血,汉才补水,并非要生产与人性割离的野性,与时代脱节的洋垃圾,准确地说,汉魂要血性不要狼性,汉才要海纳百川不要泥沙俱下。

此番道理,同样适用于华夏文明另一要件。那就是在中国流传两千年之久的"仁道",若不加现代洗礼,亦与世界公认的"人道"隔着十万八千里。

(1)"仁道"从来不"人道"

从儒家观点看,践行"仁道"的"仁政"是国家政治的最高境界,推行"仁

政”者当然也是具有“人味”的。但纵览中国历史，统治者的“人味”却相当罕见。这是为什么？

清末李伯元小说《活地狱》给出了一份旁注答案，他在书中楔子写道：“我为什么要做这一部书呢？只因我们中国国民，第一件吃苦的事，也不是水火，也不是刀兵。……不是别的，就是那毛骨悚然的刑具。”

李伯元的话不仅得到清朝牢狱的验证，而且可以上溯两千年。常言道：虎毒不食子。但是中国历代君王，却普遍比老虎狠毒，他们中不仅因为争权“食子”，而且因为“失权”也“食子”，诸如亡国之君的“食子”现象，触目惊心，比比皆是。三国蜀汉亡国时，后主刘禅顺降。而刘禅的儿子北地王刘谌，坚决不降。当他感觉大势已去、无力回天、阻挡不了亡国命运时，就在刘禅送出玉玺投降的当天，带领全部家小来到祭奠先帝刘备的昭烈庙，先杀死妻子和儿女，而后自杀。

再如明末“大西皇帝”张献忠，不仅嗜杀无辜，而且对自己的子女也毫不留情。在他将要失去川地、放弃成都之际，召开一个“家庭大会”，在这次“家庭大会”上，他“尽杀其妻妾，一子尚幼，亦扑杀之”。就连自己咿呀学语的幼子，也不放过。

在“食子”的君王中，有的也很讲究对子女“区别对待”，比如明朝末代皇帝朱由检，他是杀女不杀子，因为“性别男”，太子慈烺、三子定王慈炯、四子永王慈焕被朱由检安排逃离皇宫。因为“性别女”，妻妾、女儿纷纷被朱由检砍杀。

亡君为什么临死“食子”？他们给出的是这样的答案——

张献忠在杀完全家之后，对手下第一猛将、干儿子孙可望说：“我亦一英雄，不可留幼子为人所擒，汝终为世子矣。”意思是，我不能留下骨肉让敌人擒获，你就做我的永远接班人吧。

朱由检在砍杀15岁的长公主前，也流着泪说了一句“名言”：“汝何故生我家？”责问女儿，为什么要降生到帝王家。

这些亡君，给出“食子”的理由比较流于表面，那么，深层的原因是什么？他们究竟出于什么心态“食子”呢？以我小结，亡君之所以“食子”，一是出自

“殉葬”心态，这是一种奴隶主心态，强烈占有欲的发挥，认为妻子儿女都是自己的财产，既随他来就应该随他走。第二个原因，是出于恐惧。这个原因占据更大比例。

留下儿女，为什么是件“恐怖”的事情呢？

因为这些亡君的后代，面临着车裂、凌迟、腰斩、绞杀等“非人”的刑罚。

中国封建社会历代刑罚，均在残忍之列。即便是后人盛赞的“华夏文明登峰造极”的大宋朝，那刑罚也绝对让你惊恐万分。《水浒传》中，策划西门庆和潘金莲通奸、谋害武大的王婆，虽然没有死在武松刀下，但在事发之后，被景阳县府处以极刑——凌迟处死。可见“文明的北宋”依然沿用历代残忍的刑罚，凌迟、腰斩一应俱全。

2007 年前后，笔者曾去过北京“东岳庙”，也曾“观光”过传说关押过苏三的洪洞县衙牢房。在那里，地狱七十六司殿及各种酷刑用具一应俱全；那里会告诉你“牢房”为什么也叫“牢笼”——因为牢内从地面到屋顶不到一米高，人在那里永远站不起来，关在那里生不如死。

一旦到了那些地方，你不仅明白了古代中国人为什么那么奴顺，而且也破晓了亡国之君“食子”的深因：一旦他们由“王”沦为“寇”，便会与黎民一样，充满对非人刑罚的恐惧。

中国“非人”刑罚，与封建社会的年头一样长。历代统治者，名为儒家拥趸，实为法家信徒。所以他们普遍笃信：残酷刑罚利于统治。残忍的刑罚，不仅吓唬住了百姓，也吓唬住了帝王。尤其是“成者王败者寇”的情形下，他们担心“以血还血以牙还牙”，所以，“食子”也便成为“免于恐惧的最后一技”。

野蛮的狼道不仅让每个胜利者变成“食人”者，也会令每个失败者变成下一个轮回的“食人”者。张献忠杀亲骨肉不杀干儿子、崇祯杀女不杀子，还包含着一个复仇纠结：杀女不希望她们遭活罪，留子是希望有朝一日给自己报仇雪恨，以同样残酷的手段惩罚敌人。

以其人之道还治其人之身，在独夫亲手缔造的恐怖世界里，以残暴制造恐惧，以疯狂释放恐惧，是为常态怪圈。从对手那儿得不到的仁慈，也休想从自己这里得过去。

(2)仁道与人道是不是一回事

中国历史中,充满了一些“杀身成仁”的传奇,诸如“刘安杀妻献主”与“张巡食人守城”,这些“杀他人之身成自己之仁”的人,因为“护国有功”,常常被赞为“大义之士”。

但从未有人追问:不是为了保护百姓生命的“护国”究竟有何用?建立在“泯灭人性”基础上的“大义”即“仁”的真实面目又是什么?

对于古代中国人来说,“仁道”可谓“人间第一正道”。在儒家“五常”中,仁居首位。孔子的“仁道”在中国流传了两千年,其间也出现了各种解释。在有些词条中,“仁道”与“人道”被合并同类项,标明二者“相通”。那么,孔子的“仁道”内涵究竟是什么,“仁道”与“人道”是不是一码事?

孔子的第一传承人孟子尝言:“仁也者,人也,合而言之,道也。”此语似乎是说“仁道”就是“人道”,而实际上“仁道”与“人道”是两个概念。

关于“仁”,孔子在不同的场合有不同的表述。《论语·颜渊》:“樊迟问仁。子曰:‘爱人’。”《说文》的解释与孔子大同小异,“仁,亲也”。根据这两家权威解词,“仁”为“亲爱”之意。如果再具体一点,对“仁”这个象形文字进行拆解,“仁”是指“两个人相互亲近关爱”。这里,有《春秋元命苞》的望文生义:“仁者。情志好生爱人,故立字二人为仁。”而《礼记·经解》给出的拆解是:“上下相亲谓之仁。”

“上下相亲”——我以为这应该是孔子“仁道”的“正解”。

平心而论,“仁道”的出发点并无不妥——即便在现代文明社会,“两个人相互亲近关爱”也是良俗美德。问题不出在“相亲”,而出在“上下”。“仁”中两人,一大一小,有高有低,上下有别。

显然,对于古代中国人来说,熟知的是“仁道”,而非“人道”。虽然中国自古也有“人道”这个词语,“人道”一词很早就出现在中国的词汇中,譬如《礼记·丧服小记》云:“亲亲、尊尊、长长,男女有别,人道之大者也。”然而,这里的“人道”,其实是“仁道”的通假,与“人道”的真实含义相去甚远。

《礼》书记载,孔子一边宣讲“仁道”,一边倡导“活人陪葬”,是惨无人道的殉葬坚定支持者，并且他把殉葬视为“礼”的重中之重。

《礼》曰：“礼有以多为贵者……天子崩，七月而葬，五重八翣，诸侯五月而葬，三重六翣，大夫三月而葬，再重四翣。”

这是孔子的原话，此言体现了他是殉葬制度方面的专家。“八翣”“六翣”“四翣”就是指殉葬的妻妾和侍女数目。

杀人献祭和活人殉葬本是古老的野蛮礼数，而孔子携《周礼》把它正规化了。

对血淋淋的殉葬，孔子不仅赞美其“礼”，而且竟认为这是“仁道”一部分：“祀帝于郊，敬之至也，宗庙之祭，仁之至也，丧礼，忠之至也，备服器，仁之至也，宾客之用币，义之至也，故君子欲观仁义之道，礼其本也。”

“诵诗三百，不足以一献，一献之礼，不足以大飨，大飨之礼，不足以大旅（旅酬六尸），大旅具矣，不足以飨帝。”

当有人提出用木偶代替活人殉葬，孔子坚决反对，《孟子》记载：

“仲尼曰：始作俑者，其无后乎！”

这话不是反对殉葬，而是咒骂用俑来陪葬的人：用木头代替活人糊弄死去的祖先，是要断子绝孙的！

如此无情的仁道，其“人性”在哪里呢？

可见，“仁道”与“人道”不仅相去甚远，而且与后来世界唱响的“人道主义”更不是一回事。毫无疑问，从哲学角度上讲，“人道主义”是个舶来品，它始自 15 世纪西方文艺复兴。这里的“人道”与“人文”一脉相承，其精神核心是提倡人性，反对神权，倡导个性解放。“我是人，人的一切特性我是无所不有”，这是文艺复兴三剑客意大利人但丁、彼特拉克、薄伽丘喊出的响亮口号。

人的本性是什么？孔子给出“性本善”，荀子祭出“性本恶”。西方哲学家给出“性本私”，自利是人的本能，所以每个人都应该享有“天赋人权”。

到了 18 世纪，法国启蒙运动的“三大启蒙思想家”伏尔泰、卢梭、孟德斯鸠，从哲学的角度把人道主义系统化、理论化，六字以蔽之：“自由、平等、博爱。”伏尔泰的“法律面前人人平等”、孟德斯鸠的“三权分立”、卢梭的“主权在民”，将“人道主义”推上“立法”高度。

作为文艺复兴与启蒙运动的产物，人道主义与“仁道”的区别，不在“博爱”，而在“平等”。中国古代圣贤也强调“亲而不可不广者”。关键在于这种“爱”是建立在什么社会基础之上以及用什么手段来实现。

关于实现“仁”的手段，孔子给出的答案是“克己复礼”。克什么“己”、复什么“礼”？“己”为君主，“礼”为周礼。可见，“仁道”是中国由奴隶制转型封建制时期的道德指南，是道德家孔子对“君与臣”“父与子”，以及“夫与妻”的伦理总结。与中国“仁道”连体的，是中国的封建君主制。

也许是历史局限，两千年前的孔子只能把“仁道”定位为“上级对下级发善心”，君主对臣民发善心。这种善心凭的是君主“自觉”、道德自律，“克己复礼”并没有制度制约，所以没有任何保障。

对于下级，受教孔子“仁道”的人，是“被驯化的奴”，而非“平等的人”。儒家三纲，君为臣纲，父为子纲，夫为妻纲。儒家“五常”，仁义礼智信。然而，“三纲”无“人”，“五常”无“勇”。如此“仁道”，中国封建君主后来心领神会，那是圣人为他们“做稳天子”着想，被此洗脑的人不会“作乱犯上”。而历史上那些刘安、张巡之流，泯灭人性践行“仁道”，其目的也无非是为君主肝脑涂地、看家护院。

将“仁道”与“人道”划到治国当中，体现的也是两种泾渭分明的“政”。中国封建君主制，主打“仁政”大旗，其中虽有“民为重，社稷次之，君为轻”的配文，但它配合的是君主专制，孰轻孰重，一切掌握在皇帝手里，其本质却还是“君为重”——“天子”权威大于一切。

而西哲的“人道”，对应的是民主宪政。它的价值体系是卢梭倡导的“天赋人权”和“主权在民”。

如此一比，昼夜分明。宪政的本质是民政，仁政的本质是君政。中国先知早就看透了这一点，比如五四时期的中国新文化启蒙者对“三纲五常”大加抨击，他们深知：孔子的“仁道”终究是为君主服务，“仁政”的主权在君不在民，所以既不能限制君主“不仁”，也不会使国民成为“大写的人”。

从古至今，凡是与封建藕断丝连的事物，无不与儒教及其第一标符“仁道”难舍难离。而儒教下的仁道与文艺复兴的人道，就像专制与民主比较一样，其实是冰炭不同炉，水火不容。

两者取舍，就像孔教与共和，乃“绝对两不相容之物，存其一必废其一”。

(3)易“仁”为“人”，华夏文明绕不过去的坎儿

判断一个国家是否文明，现代世界大体有三个公认标准：

其一，法治精神；其二，科学精神；其三，人道思想。

关于人道思想，我想在此补充说明。在中世纪之前，人类世界狼道纵横，不人道的刑罚遍布世界，东方有凌迟、腰斩，西方有吊笼、碎头、锯刑，无不体现出极端的野蛮与残忍。

人性于世界的局部苏醒，是在近代西洋文明新生后；全面苏醒，是在经历二战后。可以说，是“民主宪政”和“反法西斯战争”奠定了人道主义“大势”。

20 世纪初叶，中国发生了以“民族独立和民主宪政”为目标的辛亥革命，清朝灭亡，民国建成。在此改朝换代之际，就没有出现皇族的恐慌及“食子”现象。因为在孙中山的主持下，《中华民国临时约法》在颁布国家民主路径时，也宣布国法渐趋人道：废除一切酷刑。从“凌迟腰斩”到“废除酷法”，华夏文明走了五千年。不得不承认，这是拜世界文明“大势”所赐。

据此不难推断，无论现在，还是未来，华夏文明如若再造重生，至少还应该在第三个标准基础之上，强化一款：易“仁”为“人”。新文明的建立，与口号喊了多少年没有关系，而关键在于触及灵魂的思想革命。物质之新只是现代人外在标志，内在标志则新在精神。倘若没有思想革命，即便推陈出新，在一无信仰、二无核心价值体系的情况下，也是徒有形式之新，而无内容之新。

由是，华夏文明重新问鼎“强文明”，让中国人在新文明中普享尊严，确立影响世界的价值体系和国家自信，易“仁”为“人”，终究是一道绕不过去的坎儿。

大结语
还原东洋史，只为华夏文明谋新生

文已至此，想必读者不难对本书要义心领神会。

此要义可一言蔽之：还原东洋史，只为华夏文明谋新生。

就此，再说点“多余的话”。就文明的起落而论，笔者也倾向于中国古代史应终结于宋。理由是，自两宋灭亡，华夏文明就从“称雄”转向“图存”。从朱元璋到孙中山，华夏复兴梦此起彼伏，已历经几百年。而此梦之圆，归根结底是要通过文明新生来实现。没有华夏文明新生，华夏充其量复古而无法实现复兴。

而关于文明的简要理解，我更愿意将其形容为一杯水——“才”如“杯”，“魂”如“源”，“道”如“用”。“杯子”可以使水变形，“水源”是水质的第一保证，这杯水的用途即为其最后命运。就一个国家的文明而言，国体是“水杯”，人心是“水源”，“国道”是“水用”。水放在圆形的容器就会变成圆形，放在四方形的容器就会变成四方形。然而，即使换了容器，装在杯中的水质没有改变也是不行的。况且，明明是污水，如果不净化就长期做饮用水，那也注定是要生出病人的。

如是而论，东洋之水亦是文明之水。“谁主东洋”亦即“一江春水向何方”。想当年，十九世纪末二十世纪初，日本力夺“东洋”称谓其实就包含“文明流向”意指——合流西洋。他们认为，现代欧洲文明，是目前人类智慧所能达到的最高程度，其他仍然处于野蛮状态或半开化地位的国家，如果想使本国文明进步，就必须以欧洲文明为目标。

合流西洋后的日本，20 世纪相继创造了两次奇迹，先是“世界第二军国”，后是“世界第二经济强国”。这使他们更加笃信西洋文明“顶峰论”。

20 世纪 90 年代，冷战结束后，美籍日裔学者弗朗西斯 · 福山出版《历史的终结》，在世界范围引起巨大反响。此书认为，历史的进步就是自由意识的进步、人人获得自由的过程，终点就是实现人的自由。当一种文明体系能够从根本上满足了人性中这种需要的时候，历史就走向终结。而冷战结束以后，人类文明体发展已到达终点，从此之后，构成历史最基本的原则和制度就不再进步了。

福山还为此论找到历史依据，进入 20 世纪以后，为了和西洋文明竞争，为了取得更快的社会发展，很多国家尝试了不同的文明体系，但是其中没有一种能被证明是比西方文明更为先进，更有希望，更有生命力，更能代表未来前途的。除了以自由民主制为核心的西方文明，人类社会没有别的进化可能，这就是历史的终结。

应该说，在对人类进步的终极目的分析上，福山的话有一定道理，但以西洋文明盖棺人类文明，我认为不是一种科学的进取态度。17 世纪牛顿定律早就告诉我们，运动是绝对的、静止是相对的。地球上只要有人类存在一天，历史不会结束，文明也不会终结——即便“人类想象不出超越自由民主制的文明”，至少可以对它继续完善。

而福山的“文明终结论”，即便放到百年前，也不能够赢得所有“前辈”的共鸣。20 世纪初，提出“新东洋论”的一部分日本学者并不主张对西洋文明全盘复制，“东洋”概念即强调区别于抗拒西化的中国、亚洲其他地区，又强调有别于西方世界。大多数日本学者反对西方史家坚持“西方文明永恒代表最高文明”的观点，认为：文明的发展是无止境的，虽然西洋各国有朝向文明方面发展的趋势，却并非尽善尽美，所以日本不应满足于目前的西洋文明。

彼时日本学界渐次形成对文明的三大共识：

1. 世界历史不是国别史的汇集，而是人类整体的历史；

2. 目前的最高文明即为西洋文明，在一定阶段内代表着人类发展的潮流和趋向，因而东方国家要以西洋文明为目标；

3. 最高文明是相对的，并非固定不变的，较高文明的出现始于各地区、民族之间的碰撞与交流，随着东方卷入西洋文明的风潮之中，相互融合，未来的世界历史未必不能以东方为中心。

虽然不能否认，20 世纪初的日本“新东洋”及“文明中心移动”论，曾经一度成为日本统治东方乃至征服世界的理论工具，但同时也不能否认，他们上述对文明的三大共识不无学术价值。回顾世界主体文明的演变轨迹，从汉唐文明照耀东方而至英国文明主宰世界，“文明中心移动”确实客观存在。“江山代有才人出，各领风骚数百年。”将来世界文明的中心未必不能再移于东方——取西洋文化与东方旧时文化精华相合，自成一种新文明，蔚为壮观。

那么谁来担当这个主角呢？日本学者认为本国责无旁贷。早在 1880 年，日本“国家大校长”福泽谕吉就宣称：“方今东洋列国之中，作为文明中心并堪任盟主以挡西洋诸国者，舍我日本国民又其谁也。”

而笔者以为，作为东方文明发祥地的中国，不应甘居日本之后。

自百年前发生辛亥革命、重燃强文明希望，夺回“东方文明主导权”之愿在中国志士心中一刻也未停歇。尤其是日本在太平洋战争中挑战西方未遂，几遭毁灭性打击之后，中国在东方的复兴即得到前所未有的机遇。

今日中国，经济总量超越日本，成为世界第二经济体，“中国崛起论”此起彼伏。而崛起的真正标志，不是具有世界最大工厂，而是华夏文明重回东方乃至世界文明中心。

今日世界，东洋的范畴已经超越狭义地理空间，与“亚太”合并同类项。泛东北亚、东南亚、太平洋，印度、俄罗斯、澳大利亚、新西兰诸国也成为政经意义上的东洋国家。亚太经合组织成员国已达 21 个。以中日韩为轴心的大东洋正在形成，大东洋将汇聚世界最有活力的国家，无疑，谁主东洋，谁将有望成为“世界领袖国”。

当然，从目前整个世界文明格局看，东洋要抛开西洋盟主美国，形成“东方人的东洋”，恐怕还需要漫长的征程，这首先不是一个经济体系问题，而是文明价值体系问题。谁能在这里脱颖而出，首先必须要形成辐射世界的新文明体系。不言而喻，一场东方文明的再生运动，要比建立什么样的经合组织更具历史标志意义。

21 世纪，无论自动还是被动，势必卷入大东洋新棋局中的“新旧东洋”代表——中日两国都难以“沉睡”，而“东方文明中心”属于日本还是中国，却留待时间一现端倪。或许，未来 30 年，21 世纪中叶的中国和日本，面临的最大问题，已不是相互超越、争夺“东方文明中心”“谁主东洋”，而是谁能超越美国，成为“世界文明一哥”。